Archiv-Nr. 13 15 40

Druck von Konrad Triltsch, Würzburg-Aumühle.

Printed in Germany

L 65

Betriebs- und verkehrswi
Herausg
Prof. Dr. Konrad Mellerowicz, Berli
Prof. Dr. jur. Dr. phil.
Heft

Die Mark
des deutschen
und ihre betriebswi

V
Dr. rer. pol.
Diplom-K

Walter de G
vormals G. J. Göschen'sche Verlagsh
buchhandlung – Georg Reimer –
Berlin

Inhaltsverzeichnis.

Vorwort.

Mit dem Siege der nationalsozialistischen Idee hielt die nationalsozialistische Auffassung ihren Einzug auch in das Wirtschaftsleben. Damit ist der Handel in Deutschland nicht mehr Selbstzweck. Er wurde als ein Teil der Gesamtwirtschaft Mittel zum Zweck, ein Diener des Volkes. Die Ausübung jeder händlerischen Tätigkeit muß sich in allen Dingen den weltanschaulichen Grundsätzen anpassen, welche der heutigen Wirtschaftsgesinnung das Gepräge geben.

Diese neue Wirtschaftsgesinnung ordnet auch den Handel mit Wein dem Ziel der bestmöglichen Versorgung des Volkes unter. Es gilt, die Bedarfsdeckung nach neuen Gesichtspunkten auszurichten. Daneben muß teilweise mit alten Überlieferungen, die gerade dem Weinfach zu eigen sind, gebrochen werden. Ein weltanschaulich so umwälzendes Gedankengut stellt der Wirtschaft völlig neue Aufgaben. Es darf also nicht eine historisch gebundene Einstellung zu einer sklavischen Wiederholung altfundierter Grundsätze im wirtschaftlichen Tauschverkehr führen, sondern es müssen die gemachten Erfahrungen berücksichtigt und nach der neuen Wirtschaftsgesinnung ausgerichtet werden.

Wie diese Forderung im Weinhandel bisher erfüllt wurde und noch zu erfüllen ist, soll in dieser Arbeit aufgezeigt werden, die in dem von Prof. Dr. Deutsch geführten Seminar für Handel und Verkehr an der Handels-Hochschule Leipzig entstand.

I. Teil

Die Marktaufgabe des deutschen Weinhandels.

A. Die Charakteristik der Ware.

1. Der landwirtschaftliche Charakter der Ware, insbesondere ihre standortgebundene Produktion in Deutschland.

a) Erzeugungsgrundlagen.

a 1) Das Wesen der landwirtschaftlichen Produktion.

Die Natur ist die Grundlage aller landwirtschaftlichen Erzeugung. Sowohl die Hervorbringung tierischer als auch die pflanzlicher Stoffe, die beiden Hauptgebiete landwirtschaftlicher Betätigung, stehen unmittelbar oder mittelbar in engster Beziehung zu den natürlichen Organismen. Der Grund und Boden ist die Ausgangsbasis für die Landwirschaft. Er liefert die Kräfte und Stoffe, die eine Erzeugung überhaupt erst ermöglichen und wird dadurch zum Gegenstand menschlicher Betätigung. Neben der ursprünglich-natürlichen Fruchtbarkeit des Bodens beeinflussen klimatische Faktoren, Temperaturschwankungen und Niederschläge, entscheidend Art und Umfang der Erzeugung. Das verleiht der landwirtschaftlichen Produktion den Charakter der Unsicherheit, der um so größer ist, je mehr die einzelnen Kulturpflanzen gegen feine klimatische Unterschiede empfindlich sind. Die Landwirtschaft ist daher ein ausgesprochen naturgebundenes Gewerbe, das dem Bauer den Weg seiner Betätigung vorschreibt. Seine Maßnahmen müssen sich vollständig auf den Rhythmus, den die Jahreszeiten bedingen, einstellen. Dieser von der Natur vorgezeichnete Arbeitsgang findet letztlich in der Regelmäßigkeit der jährlichen Umschlagsperiode in der gesamten Wirtschaft seinen Niederschlag.

Der Grund und Boden hat aber nicht nur als Stoff- und Kraftquelle seine Bedeutung, sondern ist auch Standort der Produktion. [1]) Wenn auch bei wirt-

---

[1]) F. Bülow, Volkswirtschaftslehre, 3. Aufl. Leipzig 1934, S. 307.

schaftlicher Notwendigkeit der natürliche Standort von Pflanzen verändert werden kann, gilt es doch immer, Klima und Boden zu beachten. Das ist eine Erfahrung, für die gerade die Rebe ein treffendes Beispiel darstellt.

Die Möglichkeit, sich gegen die Unberechenbarkeit natürlicher Vorgänge zu schützen und die landwirtschaftlichen Produktionsbedingungen in vorgeschriebene Bahnen zu lenken, bleibt stark beschränkt. Der Bauer kann zwar durch seine Berufserfahrung und die Errungenschaften moderner Landwirtschaftstechnik und -wissenschaft auf die Naturkräfte fördernd und ausgleichend einwirken, aber das organische Leben kann er durch kein technisches Hilfsmittel ersetzen. [2]) Handelt es sich doch bei allen Ertragssteigerungen (z. B. durch die Wahl von Saaten oder Rebsorten, die den örtlichen Verhältnissen angepaßt sind, durch künstliche Düngung oder intensive Bodenbearbeitung) immer nur um ein Erforschen und Erkennen organischer Vorgänge, die dann, um den besten wirtschaftlichen Erfolg zu erzielen, von dem Bauer harmonisch aufeinander abgestimmt werden.

Deutlich geht daraus der Unterschied zwischen landwirtschaftlicher und industrieller Produktion hervor. Die Industrie konnte in ihrem Ablauf weitgehend dem menschlichen Willen unterworfen werden. Sie machte sich die Natur gefügig. Die Landwirtschaft blieb dagegen nach wie vor ein an den natürlichen Ablauf der Jahreszeiten gebundenes Gewerbe.

Als Zweig der landwirtschaftlichen Gütererzeugung unterliegt somit auch die Weinproduktion dieser Naturgebundenheit, der sich die Winzer entgegen allen Rationalisierungsmaßnahmen unterzuordnen haben. Deutliche Spuren beweisen, daß der Weinstock früher in Gebieten verbreitet war, in welchen er heute nicht mehr zu finden ist. [3]) Das erklärt sich daraus, daß man erst nach und nach die Eigentümlichkeit der Rebe und den ihr zuträglichsten Standort erforschte und sie ausschließlich an geeigneten Stellen vermehrte. Durch die verbesserte Kultur und die daraus hervorgehende größere Masse von Weinbauerzeugnissen wurde später der mühsame und nur wenig sichere Weinbau an den ungeeigneten Stellen entbehrlich, zumal man mit wachsendem Handelsverkehr immer weniger auf die lokalen Weinernten angewiesen war. Andererseits dämmten verheerende Rebenkrankheiten, die in der Mitte des 19. Jahrhunderts auftraten, den Weinbau ein. Solche Gegebenheiten gestalteten den Weinbau so schwierig, daß er heute nur noch bei intensivstem Betrieb und unter günstigsten wirtschaftlichen und klimatischen Bedingungen lebensfähig ist.

---

[2]) F. Bülow, a. a. O., S. 302.

[3]) von Bassermann-Jordan, Geschichte des Weinbaus; Müller, ‚Weinbaulexikon', Berlin 1930, Seite 286 ff.

a 2) Der Boden.

Die Rebe stellt an den Boden keine großen Ansprüche. Es gibt kaum eine Bodenart, auf der sie sich nicht entwickeln könnte. Regelmäßig sichere und wertvolle Erträge setzen jedoch einen warmen, lockeren und tiefgründigen Boden voraus. Man unterscheidet im wesentlichen zwei Bodenarten: Qualitäts- und Quantitätsböden, je nach Güte und Menge ihrer Erträge. Zu den Quantitätsböden zählt man außer den Humusböden vor allen Dingen solche, die nicht zu trocken oder sandig-lehmig sind. Sie zeigen sich bei geeigneter Sortenwahl sehr ergiebig und dienen der Massenerzeugung von geringeren und mittleren Weinen. Qualitätsböden werden meist von den Urgesteinen Granit, Gneis, Quarzit, Tonschiefer, Trachit, Porphyr und Basalt gebildet. In Deutschland sind ca. 50 v. H. der gesamten Rebfläche solche als „absolutes Rebland" bezeichneten Berglagen.[4]) Sie würden bei Auflassen des Weinbaues entweder gar nicht genutzt oder nur in Wald und Heide umgewandelt werden können. Erst durch die Umwandlung magerer, auch forstwirtschaftlich kaum verwendbarer Steilhänge in Weingärten ist die Vorbedingung für die Ansiedlung und Unterhaltung zahlreicher Menschen gegeben.

Im Interesse der Volksernährung werden dagegen Böden, die zweckdienlicher durch andere landwirtschaftliche Kulturen ausgenutzt werden könnten, künftig für Weinbau nicht mehr freigegeben (8000 ha guter Weizenboden sind heute mit Reben bestellt.[5]) Auf Grund einer in der Verordnung über den Anbau von Weinreben vom 6. März 1937 ausgesprochenen Ermächtigung,[6]) die sich nach der Aufhebung der Verordnung vom 3. 11. 1934 notwendig gezeigt hatte, erging eine Anordnung des Verwaltungsamtes des Reichsbauernführers.[7]) Nach dieser wird die Genehmigung zur weinbergsmäßigen Neuanpflanzung von Weinreben sowie zur Anlage von Rebschulen nur dann erteilt, wenn das zur Neuanpflanzung vorgesehene Grundstück sich nicht zum Anbau von Körnerfrüchten eignet, und seine Lage oder Beschaffenheit nur die Gewinnung minderwertiger Erzeugnisse erwarten läßt. Als Neuanpflanzung gilt dabei auch die Anpflanzung von Reben auf Flächen, die bereits Reben trugen. Die Genehmigung wird in jedem Falle nur unter der Bedingung erteilt, daß bei der Neu-

---

[4]) Fahrschon, Geschichtliches über den Weinbau in Deutschland Weinbaulexikon, Berlin 1930, a. a. O., Seite 152.

[5]) Frankfurter Zeitung vom 11. 12. 36.

[6]) Mit dieser Verordnung wurde die Anbauregelung von Weinbauerzeugnissen der Hauptabteilung II des Reichsnährstandes übertragen (Weinfachkalender S. 272) Rgbl. I, Nr. 32 vom 13. 3. 37, S. 297.

[7]) 1. Anordnung des Verwaltungsamtes des Reichsbauernführers betr. Anbau von Weinreben vom 1. April 1937, Weinfachkalender S. 271.

anlage nur die für die einzelnen Weinbaugebiete ausdrücklich zugelassenen Europäerrebsorten angepflanzt werden.

Diese Vorsorge erwies sich als notwendig, da Massenträger[8]) wie die Fitz- und Müller-Thurgaurebe von den spezifischen Weinbergsgeländen in die Täler und Niederungen wanderten und dort auf rein landwirtschaftlichen Böden in immer größerem Maße angebaut worden waren. Abgesehen davon, daß diese Böden auch anderweitig landwirtschaftlich zu verwenden sind, liefern sie in der Regel Erzeugnisse, die nur unter Anwendung von Kulturverfahren, wie Zuckerwasserzusatz, Verschnitt, handelsfähig gemacht werden können.

Ferner war in den letzten Jahren auch der Hybridenweinbau[9]) anteilmäßig immer mehr ausgedehnt worden. In den eigentlichen Weinbaugebieten des Reiches erhöhte sich die Gefahr, daß durch diese Hybridenweine die deutschen Qualitätsweine in ihrer Güte beeinträchtigt wurden. Neben dem Anbauverbot wurde deshalb auch noch ein Andienungszwang[10]) für Hybridentrauben erlassen und gleichzeitig wurden Festpreise eingeführt. Eine genaue Überwachung der in den Verkehr kommenden Hybridenweine ist damit gewährleistet.

Die in der Verordnung über den Anbau von Weinreben besonders erwähnte Genehmigungspflicht für die Verwendung von Europäersorten in den deutschen Weinbaugebieten erklärt sich gleichfalls aus der Bodenbeschaffenheit, die bestimmend für die Wahl der Rebsorten ist. Besonders die tieferen Schichten des Bodens müssen einer genauen Beachtung unterzogen werden, dringen doch manche Rebsorten bis 12 und 15 m tief in das Erdreich ein.[11])

a 3) Das Klima.

Neben der Produktionskraft des Bodens bestimmen sich die landwirtschaftlichen Erträge durch klimatische Erscheinungen. Unter den Kulturpflanzen, die klimatisch besonders stark empfindlich sind, steht der Weinstock obenan. Er braucht zu seinem Gedeihen einen warmen, jedoch nicht zu heißen Standort und einen gewissen, nicht übermäßigen Feuchtigkeitsgrad. Diese günstigen Bedingungen findet die Rebe vor allem in der gemäßigten Zone, die zwischen den 35. und 45. nördlichen und südlichen Breitengraden liegt; hier liefert sie die größten Erträge. Im subtropischen und tropischen Klima trägt die Rebe das ganze Jahr hindurch Blüten und Früchte in allen Stufen der Entwicklung, sie zeigt also keinen Ab-

---

[8]) Rebsorten mit quantitativ sehr hohen, qualitativ geringen Erträgen.

[9]) Unmittelbar tragende und unveredelte amerikanische Rebstöcke.

[10]) Anordnung Nr. 83 d der Hauptvereinigung der deutschen Garten- und Weinbauwirtschaft, betr. Absatz von Hybridentrauben .... vom 16. Sept. 1936. RNVBl. Nr. 89 vom 18. 9. 36.

[11]) Klingner, H., Der deutsche Weinbau, Neustadt a. d. H. 1935, S. 18.

schluß ihrer Vegetation [12]). Abgesehen davon, daß so eine Kelterung unmöglich gemacht wird, verwachsen hier die Beeren infolge zu heißen Klimas. Bei hinzutretender großer Feuchtigkeit werden sie wässerig, bei zu großer Trockenheit aber klein und unvollkommen, so daß vom Äquator bis zu 20 Grad nördlicher und südlicher Breite der Weinstock selten angepflanzt wird.

Wenn dennoch über diese Grenzen hinaus Weinbau anzutreffen ist, so hat hier die Auswahl der Lage und die Behandlung der Rebe die verschiedenen Mängel des Klimas ausgeglichen. So finden wir in nördlichen Gebieten, wo eigentlich von einem natürlichen Standort nicht mehr gesprochen werden kann, die Rebe mit Erfolg an den nach Süden gewandten Hängen angepflanzt, in tropischen Gegenden treffen wir sie vereinzelt in hochgelegenen Plateaus und Bergländern. Besonders in nördlichen Zonen sind zur Erzeugung guter Weine sorgfältige Pflege des Weinstocks und gute Fachkenntnisse nötig. Der Winzer hat hier nicht allein mit dem geringen Wachstum der Rebstöcke zu rechnen, sondern er muß ständig um die Erhaltung und Vervollkommnung seines Produktes kämpfen. Dieser angespannten Aufmerksamkeit ist es zu verdanken, daß sich die Kenntnis von der Behandlung der Rebe in den nördlichen Weinbaugebieten weit über die der südlichen Länder erhoben hat.

Neben der Wärmemenge ist die Wärmeverteilung während des Jahres bedeutungsvoll. Voraussetzung für eine gute Ernte sind zunächst genügend hohe Temperaturen während der eigentlichen Sommermonate, besonders aber während der Rebblüte und der Traubenreife. Winterkälte verträgt der Weinstock ohne Schaden, vorausgesetzt, daß sein Holz gut ausgereift ist. Mit Beginn des Austriebes ist die Rebe gegen Frost jedoch sehr empfindlich. Kälterückschläge haben dann verheerende Wirkung. Gegenden, wo sie häufig auftreten, sind daher für Weinbau nicht geeignet.

Schließlich muß noch die Verteilung der Niederschlagsmengen erwähnt werden, die gerade auf den Charakter der Weine wesentlichen Einfluß hat. Während z. B. die nebligen, feuchten Herbsttage (sogenannte Traubendrücker) im Rheinland die Art der rheinischen Weine mitbestimmen, ermöglicht der trockene Herbst in Ungarn die Erzeugung hochgradiger Süßweine, die aus den von der Sonne fast vollkommen ausgetrockneten Beeren gewonnen werden.

Neben einigen wirtschaftlichen Bedingungen geben vor allem diese dargestellten klimatischen Eigenheiten der Ausdehnung des Weinbaues auch in Deutschland das Gepräge. Während noch vor einem Jahrhundert Weinbau in

---

12) Mader, J., Die klimatischen Verhältnisse in ihrer Bedeutung für den Weinbau, in Babo-Mach, Handbuch des Weinbaus, 1. Halbband, 4. Auflage, S. 457. Berlin, Verlag Paul Parey.

den nördlichsten Ostseeprovinzen betrieben wurde, finden wir ihn heute nur noch mit wenigen Ausnahmen in den westlichen Provinzen des Reiches. Trotz dieses Rückganges liegt der Weinbau in Deutschland (zwischen dem 48. und 53. nördlichen Breitengrad) auch heute noch an der nördlichsten Grenze des Gebietes, in dem der Anbau des Weinstocks im Freien möglich ist. Aber auch in den klimatisch sehr günstigen Tälern des Rheins und seiner Nebenflüsse kann er nur an den gegen die Sonne gekehrten Bergwänden nutzbringend angebaut werden. In Deutschland wachsen daher die hochwertigsten Weine in den nach Süden, Südwesten und Südosten geneigten Lagen. Oft wird durch künstliche Aufschüttung der Hänge der Neigungswinkel des Weinberggeländes verbessert. Auch die Bedeckung des Weinbergbodens (z. B. mit Schiefer) soll die Einstrahlung der Wärme erhöhen.

Da die rauhen Nord- und Ostwinde schon häufig den Weinkulturen großen Schaden zugefügt haben, sind windgeschützte Lagen besonders wertvoll. Durch Anlegen von Windschutzeinrichtungen (hohen Mauern, Anpflanzung von Gehölz) versucht man, besonders die schädliche Wirkung der im Frühjahr frostbringenden Winde zu mindern.[13]) Aber auch unter diesen Voraussetzungen ist nur dann an eine vollkommene Reifung der Trauben zu denken, wenn nicht zu starke Feuchtigkeit hinzutritt. Abgesehen davon, daß mit zunehmender Niederschlagshäufigkeit die Bekämpfung der Rebenschädlinge immer intensiver betrieben werden muß [ein anormaler Witterungsverlauf kann besonders das Überhandnehmen der kryptogamischen Krankheiten[14]) verursachen], reifen die Trauben bei häufigem Regen und verminderter Sonnenscheindauer in Deutschland nicht mehr aus. Die deutschen Weinbauzonen liegen aus diesem Grunde fast ausschließlich in Trockengebieten, die nur eine Jahresniederschlagsmenge von 500—600 mm haben, und die umso geeigneter sind, als der Weinstock auch im Hochsommer ziemlich lange Trockenperioden ohne größeren Schaden aushält.

Trotzdem erleidet der deutsche Weinbau alljährlich durch Witterungsunbilden und pflanzliche und tierische Schädlinge, die zum großen Teil wieder als Folge klimatischer Erscheinungen auftreten, beträchtlichen Schaden.

Zum Beispiel wurde nach einer im September 1936 vom Reichsnährstand durchgeführten Erhebung[15]) schätzungsweise mit folgender Ernteminderung durch ungünstige Witterungsverhältnisse und das Auftreten von Schädlingen und Krankheiten gerechnet:

---

[13]) Zillig, Klima und Weinbau, Weinbaulexikon S. 424.

[14]) Kryptogamen sind Sporenpflanzen z. B. Pilze, Bakterien u. a.

[15]) „Das Weinblatt“ Heft 44 vom 31. Okt. 36, Weinbauerhebungen des Reichsnährstandes.

Ernteminderung durch ungünstige Witterung und Schädlinge:

	Ernteaus- sichten *)	Beeinträchtigung der Ernteaussichten i. v. H. durch			
		pflanzl. Schädlinge	tierische Schädlinge	Witterungs- einflüsse	insgesamt
Baden	51	11	7	12	30
Rheinpfalz	58	9	11	9	29
Franken	61	14	4	5	23
Rheinhessen	69	9	6	9	24
Nahe und Glan	62	10	10	8	28
Rheingau	61	12	7	8	27
Mittelrhein	61	10	8	5	23
Mosel-S. R.	55	5	15	4	24
Ahr	56	18	9	16	43
Durchschnitt:					
1936	59	11	9	8	28
1935	68	3	3	6	12

*) 100 = Vollherbst, 75 = Dreiviertelherbst, 50 = halber Herbst.

Danach wurde ein Ernteverlust durch Schädlinge und Witterungseinflüsse im Jahre 1936 von durchschnittlich 28 v. H. angenommen, im vorhergehenden Jahre waren es nur 12 v. H. Besonders tierische und pflanzliche Schädlinge waren mit verheerender Wirkung aufgetreten.

Diesen natürlichen Nachteilen steht jedoch ein Vorzug gegenüber. Es ist eine eigenartige Erscheinung, daß in den Grenzgebieten, wo die Rebe gerade noch fortkommt und die Trauben eben noch reif werden, die rassigsten, blumigsten, feinsten und vor allem auch bekömmlichsten Weine wachsen. Diesem Umstand verdanken die in Deutschland erzeugten Weine, daß sie in der Welt als Spitzengewächse bekannt sind.

Demnach ändert sich die Zusammensetzung des Weines mit den klimatischen Verhältnissen. Die in südlichen Gegenden wachsenden Trauben weisen einen hohen Zucker- und einen niedrigen Säuregehalt auf, nach dem Norden zu vermindert sich der Zuckergehalt immer mehr, dagegen nimmt die Säure zu. Es bildet sich auf diese Weise eine Abstufung, die sich von den schwachen, sauren, wenig zuckerhaltigen Weinen der nördlichen Grenze bis zu den Weinen des Südens erstreckt, bei denen sich der Zucker so sehr verdichtet, daß er die Gärung mehr oder weniger unterdrückt. Ähnlich liegen die Verhältnisse des Aromas. Da es ein Erzeugnis einer gewissen Stufe der Traubenreife ist, kommt es in einigen Weinbaugegenden überhaupt nicht zur Entwicklung, in anderen wird es durch zu hohen Zuckergehalt überdeckt. Dabei verstehen wir unter Aroma gewisse „Bukettstoffe" [16]), die schon fertig in den Traubenhülsen enthalten sind oder sich erst während der Gärung bilden. [17])

b) Die Weinanbauflächen und ihre Erträge.

b 1) im Altreich.

Nachdem die natürlichen Gegebenheiten als Grundlagen für die Gestaltung und Entwicklung des deutschen Weinbaues erkannt sind, sollen anschließend die deutschen Weinbaugebiete und ihre Erträge dargestellt werden. Während im Jahre 1905/06 noch insgesamt 120 000 ha Bodenfläche mit Reben bepflanzt waren, ging die im Ertrag stehende Anbaufläche auf 71 000 ha im Jahre 1931 zurück. Nach diesem niedrigsten Stand nahm die Weinerntefläche wieder etwas zu; 1937 umfaßten die deutschen Weinbaugebiete eine Gesamtfläche von 81 711 ha, von denen 73 699 ha im Ertrag standen. Das waren rund 0,3 v. H. der gesamten landwirtschaftlich genutzten Fläche Deutschlands, deren Verteilung auf die Länder und Provinzen aus der Tabelle I im Anhang hervorgeht.

Wie ersichtlich, ist der gesamte Weinbau im Südwesten des Reiches zusammengedrängt (99,87 v. H.). Er konzentriert sich auf die Bezirke des Ober- und Mittelrheins, sowie des Neckar-, Main- und Moselgebietes. Seine nördlichste Grenze liegt zwischen Bonn im Westen und Grünberg im Osten des Reiches. Flächenmäßig ist die bayrische Pfalz das größte zusammenhängende Weinbaugebiet. Es folgen Hessen, Baden und die preußischen Weinbaugebiete. Von den 97 ha Rebfläche, die in der Rubrik „übrige Weinbaugebiete" erscheinen, entfallen auf Sachsen 83; der Rest verteilt sich auf Thüringen und Schlesien. Die deutsche Weinmosternte 1937 betrug 2 522 107 hl, was ungefähr dem Durchschnitt der vergangenen zehn Jahre (2,67 Mill. hl) entspricht. Damit bleibt sie aber erheblich hinter den Erntemengen der letzten drei Jahre zurück. Die Jahre 1934 und 1935 hatten allerdings bis dahin unerreichte Rekordernten von 4,5 bezw. 4,2 Mill. hl gebracht. Im Vergleich zu den Ernteergebnissen vor dem Kriege während der Jahre 1900—14 mit einem Durchschnitt von 1,7 Mill. hl (19 hl/ha) und den Jahren 1920—1932 mit einer durchschnittlichen Erntemenge von 2,2 Mill. hl (31 hl/ha) konnte das Ernteergebnis auf 3,4 Mill. hl (45 hl/ha) in den Jahren 1933—1937 beachtlich gesteigert werden. Diese Stei-

---

[16]) Bukett vom französ. bouquet ist beim Wein die Eigenart an Duftstoffen, auch Blume genannt. Näheres siehe Weinbaulexikon a. a. O., Seite 121.

[17]) Neßler, J., Die Bereitung, Pflege und Untersuchung des Weines, Stuttgart-Geisenheim 1930, S. 152 und 158.

gerung beruht nicht zuletzt auf den seit den letzten Jahren durchgeführten Maßnahmen, die Erträge der Weinberge durch Auslese bester Träger, Neuanbau ertragreicher Sorten, intensive Düngung und Schädlingsbekämpfung zu heben.

Diese durchschnittlichen Erträge weisen in den einzelnen Jahren Unterschiede auf, wie in keinem anderen Zweig der Landwirtschaft. Witterung und Schädlinge haben Ertragsschwankungen in Menge und Güte zur Folge, die den Weinmarkt in den vergangenen Jahren oft schwer in Mitleidenschaft zogen. So wur-

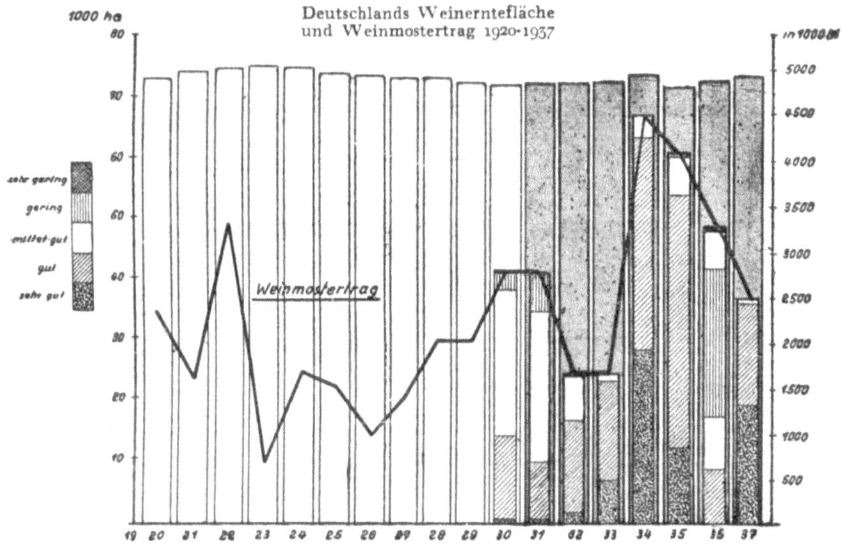

den im Jahre 1923 10,6 hl/ha geerntet, während das Jahr 1934 62 hl/ha brachte. 1937 waren 52,7 v. H. aller Weinmoste mit „sehr gut" und 46,1 v. H. mit „gut" beurteilt, dagegen 1936 nur 0,1 v. H. mit „sehr gut", 16,8 v. H. mit „gut", 67,1 v. H. mit „mittelgut" und 14,4 v. H. mit „gering". Diese Unsicherheit in den Erträgen läßt den Weinbau im allgemeinen in Verbindung mit der Landwirtschaft auftreten, wodurch nicht nur das Risiko, sondern auch die Arbeit günstiger verteilt werden kann.

An der Erntemenge sind in Deutschland überwiegend Weißweine beteiligt (1937 rd. 75 v. H.). 55 995 ha, d. h. 75,97 v. H. der im Ertrag stehenden Rebfläche waren 1937 mit Weißweinsorten bepflanzt.[18]) Zu den bekanntesten Weißweinsorten, die in Deutschland angepflanzt werden, sind Riesling, Sylvaner,

[18]) Vgl. „Wirtschaft u. Statistik", 1. Märzheft 1938, S. 178.

Elbling und Gutedel zu rechnen. An Rotweinsorten sind Portugieser, Trollinger und Burgunder erwähnenswert. Im Jahre 1937 dienten dem Rotweinbau 12 202 ha (16,55 v. H.), insgesamt wurden 456 193 hl (rund 18,3 v. H.) Rotwein erzeugt. Der Rest von 5 502 ha (7,47 v. H.) war mit gemischten Beständen bepflanzt. Aus diesen Beständen und teilweise auch noch aus einem Gemisch von roten und weißen Trauben wurden rd. 172 000 hl (6,7 v. H.) gemischter Wein, auch Schillerwein genannt, [19]) hergestellt, der fast ausschließlich in Württemberg zum Ausschank kommt. Der Anteil der Weinarten an den Erntemengen während der letzten 10 Jahre zeigt folgende Aufstellung: [20])

Anteil der Weinarten an der Erntemenge:

Jahr	Gesamtertrag hl	v. H.	davon a) Weißwein hl	v. H.	b) Rotwein hl	v. H.	c) gemischter Wein hl	v. H.
1928	2 052 807	100	1 619 124	78.9	270 208	13.2	163 475	7.9
1929	2 019 427	100	1 588 217	78.7	265 434	13.1	165 776	8.2
1930	2 813 744	100	2 087 010	74.2	483 595	17.2	243 139	8.6
1931	2 839 536	100	2 263 852	79.7	392 920	13.8	182 764	6.5
1932	1 721 702	100	1 330 000	77.2	274 000	15.9	117 702	6.9
1933	1 798 536	100	1 415 161	78.7	294 350	16.4	89 025	4.9
1934	4 524 825	100	3 515 317	77.7	743 128	16.4	266 380	5.9
1935	4 145 546	100	3 205 907	77.4	656 494	15.8	283 145	6.8
1936	3 315 387	100	2 452 567	74.0	642 922	19.3	219 898	6.6
1937	2 522 017	100	1 893 687	75.1	456 193	18.1	172 137	6.8

Der Geldwert der deutschen Weinmosternten, ausgedrückt in den Preisen ab Hof, betrug im Durchschnitt der Jahre 1927—1936 etwa 130 Millionen Reichsmark. In seiner Abhängigkeit von den drei Faktoren Erntemenge, -güte und Preisgestaltung weist er naturgemäß in den einzelnen Jahren beträchtliche Unterschiede auf. [20])

---

[19]) Schillerweine sind hellrosa gefärbte Weine, die entweder durch Vergärenlassen eines Gemisches von roten und weißen Trauben auf den Trestern oder durch Angären roter Trauben auf den Trestern und nachträglichem Verschneiden mit weißen Weinen entstehen.

[20]) Nach Angabe der Zentralstatistischen Abteilung des Reichsnährstandes, Berlin.

Weinmostertrag und sein Geldwert während einzelner Jahre:

Jahr	Im Ertrag stehende Rebfläche ha	Gesamtweinmostertrag hl	Ertrag je ha hl	Geldwert insgesamt RM	Preis je hl Most RM
1911	81 505	2 169 799	26,6	143 072 299	65,9
1912	80 825	1 648 656	18,6	78 315 350	47,5
1913	78 982	824 808	9,5	41 941 035	50,8
1926	72 958	989 343	13,6	86 585 784	87,5
1927	72 749	1 427 619	19,6	145 817 467	102,1
1928	72 609	2 052 807	28,3	199 956 609	97,4
1929	71 814	2 019 427	28,1	117 178 715	58,0
1930	71 355	2 813 744	39,4	119 420 307	42,4
1931	71 179	2 839 536	39,9	82 045 044	28,9
1932	71 506	1 721 702	24,1	84 415 987	49,0
1933	71 947	1 798 536	25,0	102 784 847	57,1
1934	72 995	4 524 825	62,0	183 303 000	40,5
1935	71 683	4 145 546	57,8	154 628 865	37,3
1936	72 464	3 315 387	45,8	119 685 471	36,1
1937	73 699	2 522 017	34,2	149 807 810	59,4

Ein großes Angebot, durch reiche Ernten verursacht, wirkte besonders in den vergangenen Jahren preisdrückend. Mangelnder Lagerraum zur Unterbringung großer Mengen und geringe Kenntnisse über die Behandlung und Pflege der Moste und Weine bei den kleinen Winzern veranlaßten diese, schnell und billig ihre Ware abzustoßen.

Neben diesem Faktor Ertrag beeinflußt die Güte den Preis. Wehr [21]) weist nach, daß besonders die Qualität der Moste auf die Preisgestaltung einwirkt. Der landwirtschaftliche Charakter der Ware ist somit für den Geldwert bestimmend. Wenn das Bestreben, den Weinpreis der allgemeinen wirtschaftlichen Lage anzupassen, noch nicht den rechten Erfolg gezeigt hat, so erklärt sich dieser Sonderkonjunkturablauf [22]) allein aus Ernteschwankungen.

Eine der ersten Aufgaben für die Weinmarktordnung war deshalb die Sicherung angemessener Herbstpreise für die Weinbauern, die 1934 mit der Einführung von Richtpreisen gelöst wurde. In den Jahren 1934 und 1935 waren diese Richtpreise als unterste Preisgrenze (Mindest- oder Auffangpreise) festgesetzt.

---

[21]) Wehr, Virtus-Heinrich, Weinbau und Konjunktur, Würzburg 1934, Seite 27.

[22]) Wehr, a. a. O., Seite 29.

Eine Bewertung über diese Richtpreise hinaus war nicht geregelt. Für die Winzer war eine unwirtschaftliche Preisbildung auf Grund der großen Lagervorräte nicht zu erwarten. Um die geschaffene Absatzgröße nicht durch überhohe Weinpreise zu verlieren, war die Preisstopverordnung vom 26. 11. 1936 [23]), die Festsetzung von oberen Preisgrenzen für Konsumweine, nötig. Der Markt mußte unter allen Umständen mit Ausschankweinen zu angemessenen Preisen versorgt werden. Solange allerdings eine einheitliche Preisführung vom letzten Verteiler zum Verbraucher nicht geschaffen ist, kann das bisherige Richtpreissystem nicht zur vollen Auswirkung kommen. Es muß deshalb als vordringlich angesehen werden, hier in Kürze eine Lösung zu finden.

Eine Preisbildung für Qualitätsweine fand vorerst nur in einer Verordnung vom 28. 11. 1936 betr. Genehmigung von Weinversteigerungen ihren Niederschlag. [24]) Danach müssen Weine, die auf dem Versteigerungsweg ihren Absatz finden sollen — diese müssen sich immer durch einen besonderen Qualitätsgrad auszeichnen — einer vorhergehenden Geschmacksprobe und Taxation [25]) unterworfen werden. Entsprechen sie in ihrer Qualität nicht den Anforderungen, die normalerweise an Versteigerungsweine zu stellen sind, werden sie zur Versteigerung nicht zugelassen. Gleichzeitig wird durch diese Maßnahme das Versteigerungswesen örtlich und zeitlich einer mehr Erfolg versprechenden Regelung unterworfen.

Der Wein macht von der Ernte bis zur Konsumreife eine fortschreitende Wertsteigerung durch, die ca. 50 v. H. vom ursprünglichen Produktionswert beträgt. Damit steigt der Gesamtwert der deutschen Weinerzeugung auf schätzungsweise 200 Millionen Reichsmark. Um diesem Ansteigen gerecht zu werden, wurden für alle weinlagernden Betriebe Preisstufen geschaffen, die erstmalig Preisspannen für junge Weine festlegen. Zur jeweiligen Grundlage für die Preisbildung in den Erzeugerkellern wurden Herbstpreise und die Preise nach dem ersten und zweiten Abstich festgelegt.

Gemessen am Gesamtproduktionswert der deutschen Landwirtschaft, machte der des deutschen Weinbaues z. B. im Jahre 1935 mit 154,6 Mill. Reichsmark 1,3 v. H. aus:

---

[23]) RGBl. I, Seite 955.

[24]) Anordnung Nr. 64 d. Hvg. d. dt. Garten- u. Weinbauwirtsch ... vom 18. März 1936, RNVBl. Nr. 31 v. 30. 3. 36, S. 161.

[25]) Nach einem Erlaß d. Preiskomm. v. 1. 3. 37 (s. Deutsche Wein-Zeitung Nr. 20 vom 9. 3. 37) und d. Ergänzung v. 30. 9. 37 (s. D.W.Z. v. 12. 10. 37).

Anteil der einzelnen Betriebszweige am Gesamtwert der landwirtschaftlichen Erzeugung im Jahre 1935: [26])

	v. H.
Getreide	18,3
Kartoffeln	6,5
Zucker	5,4
Obst	4,0
Gemüse	2,5
Wein	1,3
andere pflanzl. Erzeugnisse	1,4
I. Pflanzl. Erzeugnisse zusammen:	39,4
Schlachtvieh	35,2
Geflügel und Eier	4,8
Kuhmilch	18,9
andere pflanzl. Erzeugnisse	1,7
II. Tierische Erzeugnisse zusammen:	60,6
I. und II. zusammen:	100,0

Während, wie erwähnt, rein flächenmäßig 1937 das Land Bayern vor Preußen und den anderen Weinbaugebieten steht, zeigen die güte- und mengenmäßigen Ernteunterschiede einerseits während des gleichen Erntejahres in den einzelnen Gebieten, dann aber auch von Jahr zu Jahr in demselben Weinbaugebiet eine andere Reihenfolge. Voran steht der preußische Rheingau, wo im Jahre 1937 durchschnittlich RM 83,40/hl für Weißwein bezahlt wurden. [27]) Es folgen Rheinhessen (Oppenheim) mit RM 82,40/hl und das preußische Mosel-Saar-Ruwergebiet mit RM 81,10/hl. Mengenmäßig steht Sachsen-Thüringen mit 51,1 hl/ha vor Preußen, Hessen und Württemberg. Diese qualitativen und quantitativen Unterschiede in der Weinmosternte sind schon immer das auffälligste Merkmal der deutschen Weinproduktionsverhältnisse gewesen. Durch intensivste Bebauungsmaßnahmen hat im Laufe der Jahre der Winzer versucht, diese Ernteschwankungen auf ein Minimum herabzudrücken, eine Tatsache, die den Weinbau neben dem Gartenbau zur intensivsten landwirtschaftlichen Kultur werden ließ. Während der Aufwand an Arbeit für 1 ha Ackerland jährlich auf 50—60 Arbeitstage angenommen wird, berechnet man ihn für eine gleich große

---

[26]) „Wochenberichte des Inst. f. Konj." Nr. 32, Seite 128.
[27]) Wirtschaft u. Statistik Nr. 5, 1. Märzheft 1938.

Weinbaufläche auf 300 Arbeitstage, der Arbeitsaufwand für den Weinbau macht etwa 50—60 v.H. des gesamten Betriebsaufwandes aus. [28])

Weinbau wird vorwiegend von kleineren Betrieben ausgeübt. Nach der letzten Betriebszählung vom Jahre 1925 gab es in Deutschland 189 758 Weinbaubetriebe. Davon hatten 94 v.H. eine Größe von 5 a bis 1 ha, etwa 12 000 waren über 4 Morgen groß. [29]) Die von diesen Betrieben genutzte Bodenfläche betrug 542 000 ha. Von ihnen waren 66 074 ha mit Reben bepflanzt und auch ertragsfähig, also 0,27 v. H. der gesamten landwirtschaftlichen Nutzfläche Deutschlands (29,4 Mill. ha).

Wie aus Tabelle II im Anhang hervorgeht, werden nur relativ geringe Flächen der Weinbaubetriebe als Weinberg benützt, der größte Teil unterliegt sonstiger landwirtschaftlicher Bebauung. Mit abnehmender Größe der von den Weinbaubetrieben genutzten Gesamtfläche nimmt der Umfang anderer Kulturarten zu. Diese von den Winzern in so ausgedehntem Maße nebenher betriebene Landwirtschaft soll die bereits erwähnte Unsicherheit im Ertrag der Weinberge durch einen Ausgleich mit Hilfe anderer Kulturen mindern. Der größere Anteil des Ackerlandes am Gesamtbesitz macht in den Betrieben der Klein- und Mittelwinzer in schlechten Weinjahren die Weinbauwirtschaft erst lebensfähig. Nach einer Angabe der Hauptvereinigung der deutschen Weinbauwirtschaft haben diese Zahlen im wesentlichen noch Gültigkeit. Etwa 200 000 Winzerfamilien mit rund 600 000 Menschen ernährt heute der Weinbau in Deutschland.

Der Weinbau Deutschlands ist im Vergleich zu dem der Welt recht unbedeutend. So nahm im Jahre 1932 die Rebfläche mit 72 000 ha in Deutschland erst den 15. Platz in den Reihen der Weinbauländer der Welt ein. Mit einer durchschnittlichen Produktionsmenge von 2,7 Mill. hl stand Deutschland in den Jahren 1932—1934 an der 13. Stelle. Der Anteil des deutschen Rebareals an der gesamten Weltweinbaufläche machte im Jahre 1932 0,76 v.H. aus, der Anteil an der Weltweinproduktion im Durchschnitt der Jahre 1932—1934 1,42 v.H. Die Rekordweinernte des Jahres 1934 läßt dabei das Verhältnis von Anbaufläche und geernteter Menge im Vergleich zu den anderen Ländern noch besonders günstig erscheinen. Da sich die Rebfläche innerhalb der Jahre 1932—1934 in Deutschland nur geringfügig geändert hat, dürfte ihr Anteil von 1932 auch einem Durchschnitt 1932—1934 ungefähr entsprechen, vorausgesetzt, daß auch die Weltweinbaufläche in dieser Zeit gleich geblieben ist. (Siehe Tabelle III im Anhang!)

---

[28]) Kaserer, Weinbaulexikon a. a. O., S. 892.
[29]) Statistik des Deutschen Reiches, Band 411.

b 2) in der Ostmark.

Letztmalig wurde im Jahre 1930 eine landwirtschaftliche Betriebszählung in Österreich durchgeführt, danach gab es 67 297 Weinbaubetriebe mit einer Gesamtfläche von 568 606 ha, davon dienten 27 592 ha (4,85 v.H.) dem Weinbau.[30]) Reine Weinbaubetriebe wurden 2 596 gezählt mit einer Rebfläche von 1 125 ha. Insgesamt fanden 266 425 Personen im Weinbau Beschäftigung. Im einzelnen ergab sich folgendes Bild:

Größenklasse nach der Weinbaufläche	Weinbaubetriebe Gesamtzahl absolut	Weinbaubetriebe Gesamtzahl in v. H.	Fläche dieser Betriebe Gesamtfläche in ha	Fläche dieser Betriebe Gesamtfläche in v. H.	Fläche dieser Betriebe Weinbaufl. in ha	Beschäftigtenzahl absolut	Beschäftigtenzahl in v. H.
unter 10 ar	8 914	1,27	45 885	8,07	552	29 505	11,07
10—50 ar	41 083	61,05	270 114	47,51	10 211	146 583	55,02
50 ar — 1 ha	12 072	13,24	106 226	18,68	8,282	52 730	19,79
1 ha — 2 ha	4 374	17,94	65 301	11,48	5,756	26 419	9,92
2 ha und mehr	854	6,50	81 080	14,26	2,791	11 188	4,20
insgesamt:	67 297	100,00	568 606	100,00	27,592	266 425	100,00

Wie im Altreich herrschen auch in der Ostmark die Kleinbetriebe vor. Wenn man sie nach der Größe ihrer Weinbaufläche unterscheidet, entfallen 62,32 v.H. unter 50 a, 75,56 v.H. — also über $^3/_4$ aller Weinbaubetriebe — unter 1 ha. Das beweist, daß zu den 67 297 Weinbaubetrieben mit rund 27 600 ha Weinbaufläche noch eine weit größere sonstige landwirtschaftliche Nutzfläche, nämlich 541 014 ha gehört. Es kamen demnach auf 1 ha Weinberg 19,6 ha Ackerfläche mit anderer Nutzungsart.

Wie sich die Weinbaubetriebe und die Rebfläche auf die einzelnen Bundesländer verteilten, zeigt folgende Aufstellung:

[30]) Zusammengestellt nach der landwirtschaftl. Betriebszählung in der Republik Österreich von 14. Juni 1930; Gesamtergebnisse für Österreich, herausgegeben vom Bundesamt für Statistik, Wien 1932, S. 58/59.

Länder [31])	Zahl der Weinbaubetriebe	Rebfläche in ha	Rebfläche in v. H.	Zahl der Beschäftigten
Niederösterreich	42 875	18 525	67,14	160 385
Burgenland	13 922	5 395	19,55	50 343
Steiermark	10 077	3 342	12,11	54 034
Wien	392	324	1,17	1 408
Vorarlberg	24	4	0,02	174
Kärnten	7	2	0,01	81
zusammen:	67 297	27 592	100,00	266 425

Niederösterreich war mit über 67 v. H. der gesamten Rebfläche das größte Weinbaugebiet in Österreich, Burgenland konnte knapp 20 v.H., Steiermark 12 v.H. auf sich vereinigen. Unbedeutend war der Weinbau in Vorarlberg und Kärnten.

Bis 1936 nahm die Weinanbaufläche ständig zu. Sie konnte sich seit 1930 auf über 1000 ha vergrößern:

Weinbaugebiete [32])	1933 ha	1934 ha	1935 ha	1936 ha	1936 in v.H.
Niederösterreich	20 401	20 494	21 507	25 605	67,82
Burgenland	6 411	6 953	7 588	8 853	23,45
Steiermark	3 766	3 667	3 979	2 869	7,60
Wien	464	469	477	424	1,12
Vorarlberg	4	4	4	5	0,01
zusammen:	31 046	31 587	33 555	37 752	100,00

Das größte deutsche Weinbaugebiet ist Niederösterreich mit einer Rebfläche von über 25 000 ha. Im großen Abstand folgen Burgenland und Steiermark. Der Weinbau in Vorarlberg ist auch heute noch unbedeutend, der in der Umgebung von Wien wurde durch die Ausdehnung der Stadt noch etwas geringer. Die Weingartenfläche des großdeutschen Reiches [33]) wuchs damit auf rund 110 000 ha an.

---

[31]) Zusammengestellt nach der landwirtschaftl. Betriebszählung in der Republik Österreich vom 14. Juni 1930. Die neue Gebietseinteilung konnte wegen der älteren statistischen Unterlagen nicht berücksichtigt werden.

[32]) „Das Weinblatt", 36. Jahrg., Heft 22, vom 29. 5. 1938, S. 369.

[33]) Mit dem Anschluß der Sudetengebiete, Böhmens und Mährens wuchs die Weinbaufläche des großd. Reiches um ca. 5000 ha auf rd. 115 000 ha an

Bekannte Weinorte bei Wien sind Grinzing, Nußdorf, Heiligenstadt u. a. Hier wird der junge Wein (Heurige) fast ausschließlich in Straußwirtschaften [34]) abgesetzt. In Niederösterreich wird an der Donau und ihren Nebenflüssen (bekannte Orte: Klosterneuburg, Sitz einer Weinbauversuchsanstalt, Spitz in der Wachau, Krems, u. a.), an den Hängen der Mankartsberge (Haugsdorf, Hadres) und des Leithagebirges, ferner im Wiener Wald und an der Straße Wien-Brünn (Marchfeldgebiet) Weinbau betrieben. Bekannte Weinbauorte in Steiermark sind Silberberg, Gamlitz, Steinriegel-Kitzek u. a., im Burgenland, früher zu Ungarn gehörig, Rust, Mörbisch, St. Margarethen, Oggau.

Einer durchschnittlichen Erntemenge von 1 Mill. hl während der Jahre 1934—37 [35]) entspricht eine in der gleichen Zeit geerntete Menge von 30 v. H. im Altreich. Arthold spricht in der Deutschen Weinzeitung [36]) von 60 000 weinbautreibenden Familien. Hier sind aber alle diejenigen mitgezählt, die nur in kleinstem Umfange neben einer sonstigen landwirtschaftlichen Betätigung Weinbau betreiben.

Der Handel mit Wein wurde 1930 von 2 083 Betrieben mit 5 283 Beschäftigten ausgeübt. [37]) Allerdings sind in dieser Zahl auch die Handelsbetriebe mit Bier und Obstmosten enthalten. Von diesen Betrieben hatten über 90 v. H. bis zu 5 Beschäftigte; insgesamt fanden in ihnen 2 767 Personen Arbeit. 188 Betriebe mit 6—20 Beschäftigten wiesen eine Beschäftigtenzahl von 1 783, 17 Betriebe mit 21 bis 100 Beschäftigten eine von 629 auf. Ein Betrieb hatte 104 Beschäftigte. Daneben gab es noch 15 gewerbliche Weinkellereien, in denen 112 Personen arbeiteten.

In der Ostmark kam auf den Kopf der Bevölkerung während der Jahre 1929—1936 ein Weinverbrauch von durchschnittlich 17 l, [38]) im Altreich im gleichen Zeitraum von nur 5 l. Vorwiegend wird Weißwein getrunken, entsprechend der Erzeugung, die nur zu einem Zehntel aus Rotweinen besteht. Rotweine finden vorwiegend in Tirol, Vorarlberg und Steiermark Absatz.

Der Weinaußenhandel zeigte 1937 folgendes Bild: [39]) Insgesamt wurden 569 hl im Faß und 194 hl in Flaschen ausgeführt. Der beste Abnehmer von

---

[34]) Durch den Aushang eines Straußes, Kranzes oder dgl. zeigt der Winzer den Ausschank eigener Gewächse an.

[35]) Das Weinblatt vom 20. III. 1938, 36. Jahrg., Heft 12.

[36]) M. Arthold, Grundlegendes vom österreichischen Weinbau, in D. W. Z. vom 16. 5. 1938.

[37]) Gewerbliche Betriebszählung in der Republik Österreich vom 14. Juni 1930. Gesamtergebnisse für Österreich, herausgegeben vom Bundesamt für Statistik, Wien, 1932.

[38]) Das Weinblatt, Jahrgang 1938, Heft 12, S. 195.

[39]) Das Weinblatt, Jahrgang 1938, Heft 12, 13.

Faßwein war die Tschechoslowakei mit 55 v.H. vor Polen mit 36 v.H. und Deutschland mit 7 v.H. Flaschenweine gingen insbesondere nach den Vereinigten Staaten von Amerika (45 v.H.), Großbritannien (23 v.H.) und die Niederlande (8 v.H.).

Die Weineinfuhr war mit insgesamt 58 791 hl Faßwein und 84 hl Flaschenwein beträchtlich. Aus Italien kamen allein 47 500 hl, aus Ungarn 8 396 hl, aus Südslawien 1 535 hl. Aus dem Altreich kamen nur 25 hl. Flaschenweine wurden überwiegend aus dem Altreich (24 hl) und Frankreich (30 hl) bezogen. Schaumweine kamen fast ausschließlich aus Frankreich (87 hl = 98 v.H.), ein kleiner Rest kam aus Ungarn.

2. Die wesentlichen Elemente des Grundstoffs.

a) Herstellung der Ware.

Nach vollendeter Traubenreife, die entsprechend der Witterung früher oder später, in Deutschland jedoch meist im Laufe des Oktober erreicht ist, werden die Trauben gelesen. Der Reifegrad bestimmt dabei die chemische Zusammensetzung der Beeren und damit die Güte des zu erwartenden Weins. Es ist daher von größter Bedeutung, so weit es der Zustand der Trauben und die Witterung erlauben, die Lese erst nach eingetretener Vollreife zu beginnen. Aus dem gleichen Weinberg kann man Moste verschiedener Güte gewinnen, wenn man beispielsweise die vollreifen Beeren von den edelfaulen getrennt einsammelt. Diese Auslesen, besonders die der edelfaulen Beeren, werden in erster Linie in den Qualitätsweinbaugebieten des Rheingaues, der Pfalz und Rheinhessens gewonnen. Ihre Produkte sind als Spitzenweine in der ganzen Welt bekannt.

Die Trauben werden entweder gleich im Weinberg oder im Kelterraum gemahlen (gemaischt), um das nun folgende Auspressen (Keltern) des Saftes aus den Beeren vorteilhafter zu gestalten. Während Rotweinmoste auf den Trestern vergoren werden, um dem bei der Gärung entstehenden Alkohol die Möglichkeit zu geben, die roten Farbstoffe aus den absterbenden Hülsenzellen zu lösen, preßt man Weißweinmoste in der Regel sofort ab. Die Weißweinbereitung hat heute die Maischegärung fast vollständig aufgegeben. Im weitaus größten Umfange werden zum Abpressen hydraulische Keltern benutzt. Die Mostausbeute wechselt entsprechend der Beschaffenheit der Trauben und der Leistungsfähigkeit der Keltern. Neßler [40]) gibt an, daß zur Gewinnung von 1 hl

---

[40]) Neßler, J., Die Bereitung, Pflege und Untersuchung des Weins, 9. Aufl., neubearbeitet von E. von der Heide und K. Kroemer, Geisenheim, 1930, Seite 66.

Most durchschnittlich 115—150 **kg** Trauben nötig sind, auch der von ihm zitierte Meißner kam zu einem ähnlichen Resultat.

Die abgepreßten Moste werden in die Gärkeller gepumpt und dort in Gärfässern gelagert. Bei der jetzt einsetzenden Gärung [41]) steht die Umwandlung des Zuckers, der sich im Most befindet, in Alkohol und Kohlensäure im Vordergrund. Sie wird durch die Hefe verursacht. Da neben den echten Weinhefen auch Krankheitserreger im Most vorhanden sind, deren Tätigkeit sich besonders bei langsamer Entwicklung der Gärung bemerkbar macht und kranke und fehlerhafte Weine liefern kann, verwendet man vielfach — besonders in Jahren mit überwiegend faulem Lesegut — reingezüchtete Weinhefen beim Gärverfahren. Diese entwickeln sich im Most sehr schnell und unterdrücken die Krankheitserreger dadurch, daß sie in kürzester Zeit Alkohol und Kohlensäure bilden. Die stürmische Gärung, während der der Most trübe wird und stark Kohlensäure entwickelt (federweiß), ist meist nach einer Woche beendet. Hemmend auf die Gärung wirken besonders ein zu hoher Zuckergehalt (über 25 v.H.) [42]) und zu hohe Temperaturen (über 50°). Die Temperatur steigt ohnehin während der Gärung stark an.

Um Moste und Weine, die aus unreifen Trauben gewonnen werden und infolgedessen für den Konsum ungeeignet sind, absatzfähig zu machen, ist es nach dem Weingesetz vom 25. Juli 1930 gestattet, sie zu verbessern. Nach § 3 Absatz 1 des Weingesetzes darf den aus inländischen Trauben gewonnenen Mosten oder Weinen „Zucker, auch in reinem Wasser gelöst, zugesetzt werden, um einem natürlichen Mangel an Zucker oder Alkohol oder einem natürlichen Übermaß an Säure insoweit abzuhelfen, als es der Beschaffenheit der aus Trauben gleicher Art und Herkunft in guten Jahrgängen ohne Zusatz gewonnenen Erzeugnisse entspricht." [43]) Der Zuckerwasserzusatz wurde im Gesetz auf ein Viertel der gesamten Flüssigkeit beschränkt. Zu 75 Liter Wein darf in keinem Falle mehr als 25 Liter Zuckerwasser gegeben werden. Entspricht somit der Säuregehalt normalen Verhältnissen und ist lediglich ein Zuckermangel festzustellen, setzt man zur Abhilfe nur Zucker zu (Trockenzuckerung). Ist dagegen ein Übermaß an Säure vorhanden, so wird dem durch Zusatz einer wässerigen Zuckerwasserlösung abgeholfen. Meist liegt gleichzeitig ein Übermaß an Säure und ein Mangel an

---

[41]) Unter dem Begriff der Gärung ist die Gesamtheit aller Umsetzungen zu verstehen, die der Most oder Wein durch alle Arten von Hefen erfährt. In diesem Rahmen kann jedoch nicht näher darauf eingegangen werden, vielmehr muß auf die einschlägige Literatur verwiesen werden.

[42]) Kotte, Alkoholische Gärung, Weinbaulexikon S. 269.

[43]) Weingesetz vom 15. 7. 1930, RGBl. S. 356, vom 29. Juli 1930, § 3, Absatz 1.

Zucker vor. Verbesserungen im Geschmack werden schließlich noch durch Entsäuerung [44]) und Verschnitte [45]) erreicht.

Nach vollendeter Gärung, d. h. nachdem die Hefe den Zucker bis auf kleine Reste vergoren hat und nach und nach abstirbt, ist es nötig, den Jungwein vom Hefetrub zu trennen. Dieser auch als Abstich bezeichnete Vorgang soll den jungen Wein gleichzeitig luftbeständig machen und alle die Stoffe aus dem Wein ausfällen, die leicht Sauerstoff aufnehmen und den Wein immer wieder trüben. Die Größe der Luftzufuhr hängt dabei immer von der Zusammensetzung der Weine ab. Mit fortschreitender Klärung der Jungweine tritt der Weincharakter immer deutlicher hervor. Zur Beschleunigung des Ausbaues, zur Entfernung fehlerhafter Eigenschaften im Geruch und Geschmack oder zur dauernden Haltbarmachung dienen die verschiedenen Schönungsmittel, insbesondere die „Möslinger Blauschönung", die den Wein vor nachträglichen Trübungen auf der Flasche bewahrt, indem sie alle in ihm befindlichen Eiweiß- und Metallverbindungen ausfällt. Dieselben Aufgaben hat auch die Filtration, die schließlich den Höchstgrad der Klärung (Hochglanz) erreicht. Allmählich wird so aus dem Jungwein ein wohlschmeckender, vollreifer Wein, der — nachdem er seine erste Reife auf dem Faß durchgemacht hat — auf Flaschen gefüllt wird, wo er sich zur letzten Vollendung entwickelt.

b) Die Haltbarkeit und Lebensdauer.

Jeder Wein muß zunächst im Faß eine bestimmte Zeit lagern, um sich auszubauen und damit haltbar zu werden. Dieser durch Abstich, Schönung und Filtration begünstigte Ausbau des Weines auf dem Faß beruht besonders auf einer Oxydation nicht luftbeständiger Stoffe, Entfernung der Kohlensäure, Säureabbau und verschiedenen anderen Vorgängen, die z. T. noch wenig erkannt sind. Gute Rhein- und Moselweine bedürfen hierzu durchschnittlich 1—3 Jahre. Leichte, besonders aus Massenträgern gewonnene Weine bauen sich meist innerhalb eines Jahres aus und müssen jugendlich getrunken werden, da sie schon nach kurzer Lagerzeit an Geschmack verlieren.

Nach vollendetem Ausbau auf dem Faß muß der Wein unverzüglich auf Flaschen gefüllt werden, da er sonst leicht einen Holzgeschmack annimmt und durch die größere Berührungsfläche mit der Luft schnell altert und einen firnen Geschmack erhält. Nach der Abfüllung baut sich der Wein zu seiner vollendeten Reife, der sogenannten Flaschenreife, aus, die von jedem Kenner sofort erkannt

---

[44]) Weingesetz, a. a. O., § 2.

[45]) Verordnung zur Ausführung des Weingesetzes, RGBl. Nr. 47 Teil I vom 16. 7. 1932, Art. 4 A 3.

und hochgeschätzt wird. Diese Veränderungen auf der Flasche werden in erster Linie durch lebende Mikroorganismen und Traubenfermente bedingt, aber auch hier sind die Ursachen teilweise noch recht unklar.

Solange die Weine mit der Luft nicht in Berührung kommen und eine ordnungsgemäße Behandlung und Pflege, wie sie im vorhergehenden Abschnitt angedeutet wurde, erhalten haben, ist ihre Haltbarkeit entsprechend ihrer Qualität und Zusammensetzung über Jahre hinaus gesichert.

Sobald jedoch Faß- oder Flaschenweine im Anbruch liegen und so der Luft ausgesetzt sind, verlieren sie zunächst die Kohlensäure, die entweicht und dem Wein damit die Frische nimmt. Außerdem verlieren sie alle sonstigen leichtflüchtigen Stoffe, wie Alkohol und Bukett. Bei längerer Lufteinwirkung wirkt schließlich der Sauerstoff auf die Extraktstoffe, verursacht Oxydation und damit Ausscheidungen, Trübungen und geschmackliche Beeinträchtigungen. Ferner entwickeln sich schon nach einigen Tagen Pilze, Bakterien und wilde Hefen, deren Keime entweder im Wein von Natur aus schon vorhanden sind oder durch die Luft übertragen werden. Diese greifen den Alkohol, die Säuren und die Extraktstoffe, die im Wein vorhanden sind, an und zerstören sie schließlich vollständig, so daß der Wein schon nach kurzer Zeit ungenießbar und vollständig verdorben wird. Dieser Gefahr unterliegen insbesondere sogenannte Schoppenweine, die direkt vom Faß aus „verschenkt" werden. Ist das Gebinde, in dem der Wein lagert, dabei recht groß, so dauert es mitunter Wochen, ehe das gesamte Quantum verschenkt ist. Da sowohl Schwefelung als auch Behandlung mit Kohlensäure die Entwicklung der Krankheitserreger nicht unterbinden können, bleibt nur übrig, diese offenen Weine in kleinen Fässern zu lagern, so daß der Luftzutritt auf ein Minimum herabgedrückt und die Lagerzeit unter Zutritt von Luft abgekürzt wird.

Aber auch der gehaltvollere Flaschenwein hält seinen ursprünglichen Charakter nicht unbegrenzt. Er verliert unter Umständen schon nach einigen Jahren Lagerzeit immer mehr an Geschmack und Bukett. Während noch vor einigen Jahrzehnten firne [46]) Weine besonders begehrt waren, finden diese heute keinen Absatz mehr, es muß deshalb dafür Sorge getragen werden, frühzeitig alternde Weine schnell abzusetzen.

c) Die Möglichkeiten des Transportes.

Die Haltbarkeit und die Möglichkeit einer längeren Lagerung machten den Wein schon im Altertum zum Handelsgegenstand. Der Versand ist vor allem

[46]) Lagernde Weine entwickeln mit der Zeit durch den oxydierenden Einfluß der Luft sogen. Firnbukette, welche die in weitem Maße den Wert des Weines bestimmenden Traubenbukette verdrängen.

nötig, um die Ware aus den eng begrenzten Produktionsgebieten in Deutschland nach den übrigen Verbrauchsgegenden zu schaffen.

Der Transport von Wein geschieht in den weitaus überwiegenden Fällen in Fässern und Flaschen. Eigens dazu hergestellte Transportfässer, die besonders stabil gebaut sind, haben — soweit es sich um Rhein-, Pfalz- oder Hessenweine handelt — ein Fassungsvermögen von 600 Ltr. (Halbstück). An der Mosel werden das Halbfuder (ca. 500 Ltr.) und Fuder (ca. 1000 Ltr.) verwandt. Größere Gebinde trifft man zu Transportzwecken seltener an. Daneben finden wir noch kleinere Gebinde: Viertelstück (300 Ltr.), Ohm (150 Ltr.), Hecto (100 Ltr.) u. a. m. Beim Versand von Bordeaux und Burgunder sowie sonstigen ausländischen Rot- und Süßweinen ist vorwiegend das Oxhoft mit einem Fassungsvermögen von ca. 200 Ltr. gebräuchlich.

Trotz eines ermäßigten Vorzugstarifes auf der Reichsbahn ist der Transport einmal wegen des hohen Eigengewichtes von Wein, dann aber besonders wegen des hohen Gewichtes der Versandgefäße verhältnismäßig teuer. Um Transportkosten zu sparen, stellt die Reichsbahn daher Zisternen, Tanks, Reservoirwagen und sogenannte Schildkröten zur Verfügung, die zum Weintransport Verwendung finden können. Tanks fassen ca. 100—200 hl und auch mehr, Schildkröten finden beim Flaschenversand Verwendung und können 600 und mehr Dreiviertelliter- bezw. Liter-Flaschen aufnehmen.

Der Flaschenweinversand hat, abgesehen von dem zwischen Handel und Privatkundschaft, auch zwischen Handel und Gastwirten in jüngster Zeit an Bedeutung und Umfang gewonnen, eine Entwicklung, die sehr zu begrüßen ist. Besonders den in der Weinbehandlung unerfahrenen Gastwirten und Hotelbesitzern ist zu empfehlen, Schankweine, die bisher im Faß bezogen wurden, in Flaschen gefüllt vom Lieferanten zu nehmen. Wenn so auch eine Mehrfracht und ein Aufschlag für die Abfüllung gegenüber dem Bezug im Faß entstehen, wird doch verhütet, daß offene Ausschankweine den erwähnten Zersetzungserscheinungen anheimfallen und an Frische, Qualität und Bekömmlichkeit verlieren. Im übrigen sollen die zum Versand kommenden, auf Flaschen abgefüllten Weine eine bestimmte Lagerzeit durchmachen, um sich von der sogenannten Flaschenkrankheit zu erholen, die sich durch die Lüftung unmittelbar nach dem Abfüllen in einem flachen und verschlagenen Geschmack äußert.

Neben den Transport auf der Reichsbahn tritt der auf Schiffen und Lastkraftwagen. Der Schiffsversand ist durch seine Abhängigkeit von der Anfahrt begrenzt, er spielt aber besonders im Ex- und Importhandel eine bedeutende Rolle. Mit dem Ausbau des Wasserstraßennetzes in Deutschland wird er auch für den innerdeutschen Handel an Umfang gewinnen. Der Lastkraftwagentransport hat in neuester Zeit einen Aufschwung erlebt und besonders im Nahverkehr die Reichsbahn verdrängt. Zu einer Kostenersparnis tritt hier die günstige direkte Verladung und Ablieferung.

3. Die zusätzlichen Elemente des Grundstoffs.

a) Die Art der Ausstattung.

Während Schankweine in Fässern oder Flaschen ohne besondere Ausstattung geliefert werden, schmückt man auf Flaschen gefüllte Tischweine je nach der Preislage besonders aus. Hierzu gehört der Korkbrand, ferner die Etikettierung, die Verkapselung und die Verpackung. Im Mittelpunkt steht das Etikett, dessen Ausgestaltung sich in jüngster Zeit stark entwickelt hat. In höchster lithographischer Form und Vollendung werden Schrift und Bild gestaltet. Vorherrschend ist neben der runden und ovalen die rechteckige Form des Etiketts. Es wird in der Regel auf dem Flaschenleib angebracht, daneben finden wir auch die Halsschleife, die den Vorzug hat, beim Kühlen nicht abzufallen. [47])

Doch soll das Etikett nicht nur das wohlgefällige Aussehen der Flasche erhöhen, sondern auch ihren Inhalt zum Schutz der Verbraucher genauestens kennzeichnen. Die bereits im Weingesetz geregelte Kennzeichnung von Wein §§ 5—8 [48]) erfuhr durch die Anordnung Nr 3 des Reichsbeauftragten für Weinbauerzeugnisse vom 10. Sept. 1935 [49]) eine vom Verbraucher schon lange gewünschte Bereicherung. Heute muß das Weinetikett neben dem Namen des Händlers oder Produzenten und seines Wohnsitzes, aus dem hervorgeht, wer abgefüllt hat oder für wessen Rechnung der Wein abgefüllt worden ist (§ 1 Abs. b), den Ortsnamen des Erzeugnisses sowie sein Ursprungsgebiet aufweisen (§ 1 Abs. a). Bei ausländischen Weinen muß das Land angegeben sein, in dem der Wein erzeugt ist, es sei denn, die Herkunft ergibt sich schon aus der Bezeichnung. Der Orts- oder Lagebezeichnung kann der Name der Traubensorte beigefügt werden, aus der der Wein gewonnen worden ist (§ 2).

Zum Flaschenschild tritt die Kapsel, die im Einklang zur Farbe des Etikettes ausgewählt wird und oft mit dem Aufdruck der Firma versehen ist. Bisher fanden vorwiegend bleihaltige Zinnlegierungen bei der Herstellung von Flaschenkapseln Verwendung, die allmählich besonders für im Preise niedrige Ware durch eine Legierung aus Aluminium ersetzt werden. Häufig findet man noch Flaschenlack im Gebrauch. Auch die Flaschenkapsel hat eine zweite Aufgabe zu erfüllen:

---

[47]) Vgl. Kittel, Weinbaulexikon, a. a. O., S. 208.
[48]) Weingesetz a. a. O., vom 15. 7. 1930.
[49]) Anordnung Nr. 3 RNVBl. Seite 570 und die Bekanntmachungen vom 12. 9. 35, 30. Okt. 35 und vom 8. 1. 1936.

sie soll den Korken vor äußeren Einflüssen schützen, insbesondere das Eindringen von tierischen Korkschädlingen und Pilzen verhindern.

b) Die Darbietungsform.

Wein wird dem letzten Konsumenten in Flaschen oder offen dargeboten, überwiegend kommen Flaschenweine in den Verkehr, der offene Ausschank beschränkt sich größtenteils auf Gaststätten. Das Glas der Flaschen soll möglichst alkalifrei sein, um ungünstige Geschmacksveränderungen zu vermeiden. Alkalische Schwefelverbindungen können aus dem Glas in den Wein übergehen und diesen in seinem Geschmack so ungünstig verändern, daß er unbrauchbar wird.[50]) — Auch soll das Glas keine Luftblasen aufweisen, um Bruch, der besonders bei der Verkorkung und später, bei der Lagerung in großen Stapeln leicht eintritt, zu vermeiden.

Die meisten Weinflaschen sind in Deutschland grün gefärbt. Diese haben auch den niedrigsten Anschaffungspreis.[51]) Grundsätzlich sind für Weißweine gefärbte Flaschen vorzuziehen, da oft unvermeidliche, meist aber geringfügige Trübungen in weißen Flaschen auffällig erscheinen und beim Verbraucher Anstoß erregen, während sie in gefärbten Flaschen nicht sichtbar sind. Daneben sind es natürlich auch noch andere Gründe, z. B. die Lichteinwirkung, die es ratsam erscheinen lassen, Farbflaschen zu verwenden. Braune Flaschen (Braunsteinzusatz zum Glasfluß) haben sich für bessere und Qualitätsweine des Rheinlandes eingebürgert, gute Moselweine werden auf stahlblaue Flaschen gefüllt.

Die Flaschenform wechselt stark. Fast jedes Weinbaugebiet der Welt hat seine eigene.[52]) Für Weißweine in Deutschland ist die Schlegelflasche vorherrschend, für Frankenweine ist die Bocksbeutelflasche üblich. Deutsche Rotweine kommen häufig auch in der Schlegelflasche in den Verkehr, sonst ist die Bordeauxflasche vorherrschend, die im übrigen für alle französischen und sonstigen ausländischen Rotweine in Deutschland Verwendung findet. Lediglich Rotweine aus Burgund werden auf sogenannte Burgunderflaschen, die den Schaumweinflaschen ähnlich sind, gefüllt. Tokayerweine kommen in weißen, langhalsigen Flaschen in den Verkehr, Chianti in ballonförmigen, langhalsigen Flaschen mit weißem Boden aus weißem Bastgeflecht. Alle Flaschen sind mit einem besonders starken Halsende versehen, in Form eines Ringstreifens aus Glas, um dem Druck des Korkens standzuhalten.

---

[50]) Babo u. Mach, Weinbau und Kellerwirtschaft, 2. Bd., 6. Aufl., 1. Halbband, Berlin 1927, S. 424.

[51]) vgl. Müller, Weinbaulexikon a. a. O., Seite 230/1.

[52]) vgl. Müller, Weinbaulexikon a. a. O., Seite 230/1.

Offene Weine werden entweder glasweise oder in Karaffen ausgeschenkt, letztere mit einem Inhalt von ca. ¼ Ltr. Diese Form der Darbietung findet als sogen. Schoppen fast ausschließlich für rote und weiße Konsumweine Verwendung.

Der Flascheninhalt wechselt stark. Die sogen. „ganze" Flasche enthält ca. ¾ Liter, sie ist vorherrschend im Verkehr. Daneben gibt es Liter-, halbe und viertel Flaschen. Versuchsweise ist man in Amerika dazu übergegangen, Wein auch in Blechbüchsen zu handeln. Wie weit man damit Erfolg haben wird, ist eine Frage der Zeit. In Deutschland ist wohl kaum mit dieser für unsere Begriffe etwas sonderbaren Darbietungsform zu rechnen. Die Deutsche Weinzeitung [53]) schreibt dazu sehr treffend: „Man muß den außerordentlich großen Dosenkonservenverbrauch für sehr viele Nahrungsmittel der Nordamerikaner kennen, um zu begreifen, daß die Abfüllung auch von Wein und Bier in solchen Metalldosen für diese Verbraucher ein naheliegender und dazu einleuchtender Gedanke ist. Die europäischen Geschmacksgewohnheiten sind demgegenüber erheblich verfeinert und vor allem auch traditionell gebunden. Die Glasflasche ist in Europa ursprünglich beheimatet, jedenfalls soweit es sich um ihre mengenmäßige Herstellung und Verwendung zur Abfüllung und Lagerung von Wein handelt."

4. Die Werbeempfindlichkeit der Ware.

Die dargestellte Eigenart der Ware sowie die Gewohnheit und die Anschauung der Verbraucher haben auf den Weinkonsum einen wesentlichen Einfluß, eine Tatsache, die alle am Weinabsatz Interessierten veranlaßt, diese Gegebenheiten durch geeignete Maßnahmen zu beeinflussen. Diese äußern sich insbesondere in einer intensiven Werbetätigkeit, die mittels planmäßiger Werbemittel das Ziel der Werbung „Beeinflussung zur Anbahnung, Erfüllung und Weiterpflanzung des dargebotenen Zweckes" [54]) zu erreichen versucht. Grundsätzlich sollen nur die Werbemittel angewandt werden, die bei geringsten Kosten und größtem Erfolg (Grundsatz der Wirtschaftlichkeit) [55]) auf den Umworbenen die günstigste Auswirkung haben (Grundsatz der Wirksamkeit). [56])

Von außerordentlicher Bedeutung sind daher die Motive, die gewählt werden müssen, um die Verbraucher zu einem vermehrten Weinkonsum zu veranlassen. Ganz allgemein ist zu sagen, daß alle absatzhemmenden Elemente entkräftet, absatzfördernde Faktoren besonders hervorgestellt werden müssen.

---

[53]) Nr. 25 v. 1. IV. 36, Eignen sich Konservenbüchsen z. Weinverpackung?

[54]) Seyffert, Rudolf, Allgemeine Werbelehre, Stuttgart, 1928, Seite 53.

[55]) Seyffert, a. a. O., Seite 54.

[56]) Seyffert, a. a. O., Seite 53.

Das Hauptmotiv, dessen sich die Weinwerbung im nationalsozialistischen Staat bedienen mußte und auch bedient hat, war eindeutig und klar umrissen. Es galt der Entkräftung des die Not des deutschen Weinfaches besonders verursachenden Vorurteils weiter Bevölkerungskreise, daß der Weingenuß ein Vorrecht einer eng begrenzten, besitzenden Klasse sei. Wie sehr gerade diese Parole auf den Weinabsatz hemmend gewirkt hatte, beweisen die später zu erläuternden Absatzziffern während der Patenweinaktion.

Ferner gilt es, die immer wieder von den Alkoholgegnern verbreitete Ansicht zu bekämpfen, daß der Weingenuß mit einer gesundheitsschädlichen Wirkung verbunden sei. In leicht zugänglicher Form, z. B. mit statistischen Zahlen und Tabellen oder an Hand wissenschaftlicher Begründungen, muß dem Verbraucher immer wieder bewiesen werden, daß sowohl die Erhaltung der Gesundheit als auch die Leistungsfähigkeit durch mäßigen Alkoholgenuß nicht gefährdet werden.

Schließlich muß die Werbung auf die Eigenart der Ware eingehen. Der verbreiteten Ansicht über die „deutschen Säuerlinge" kann nur durch Qualitätssteigerung entgegengetreten werden. Die beste Werbung ist zum Mißerfolg verurteilt, wenn immer wieder Weine angeboten werden, die durch ihren Geschmack und ihr Aussehen die gesamte deutsche Weinbauwirtschaft in Mißkredit bringen. Wenn ein „spritziger, süffiger" Wein angeboten wird, muß er diesem charakterisierten Geschmack auch gerecht werden, denn hier liegt das Prinzip der Wahrheit in der Werbung verankert. Ein Dauererfolg einer Einzelwerbung wird sich erst dann einstellen, wenn das Vertrauen der Verbraucher zu diesen geflügelten Worten sich als gerechtfertigt herausgestellt hat. Es sollte nicht nur im Interesse einer dauerhaften Wirkung jeder Einzelwerbung liegen, dem Grundsatz der Wahrheit mehr Beachtung zu schenken, sondern auch um der Rückwirkung auf die Einschätzung seiner eigenen Werbung willen. [57])

In diesem Rahmen muß auch noch auf die verschiedenartigsten Verwendungs- und Zubereitungsmöglichkeiten von Wein durch Rezepte für Bowlen, Punsche, ferner für Suppen und Speisen sowie auf Bequemlichkeiten beim Einkauf u. a. m. hingewiesen werden.

Für die Einzelwerbung bietet sich die Möglichkeit, auch andere Genuß- oder Nahrungsmittel mit in die Weinwerbung aufzunehmen, an deren Absatz zwar kein unmittelbares Interesse besteht, mit deren Verbrauch sich aber das Werbeobjekt in einen günstigen Zusammenhang bringen läßt. So kann die Weinwerbung z. B. auf den Fischverzehr anspielen, da dieser einen entscheidenden Einfluß auf den Weinverbrauch ausübt, denn kein anderes Getränk ist in diesem Falle dem Wein ebenbürtig.

---

[57]) Seyffert, a. a. O., S. 56.

Der Weinwerbung bieten sich aber zusätzliche Schwierigkeiten, die überhaupt alle Werbung für landwirtschaftliche Erzeugnisse auszeichnen. Die Schwerfälligkeit der weinbaulichen Produktion gestattet es nicht, jeder beliebigen Nachfrage gerecht zu werden. Nachdem einerseits durch einen stark angestiegenen Mehrverbrauch das ersehnte Ziel erreicht worden ist, andererseits aber die Weinernten der Jahre 1937 und 1938 dieser Nachfrage in keinem Falle gerecht werden konnten, wird die Bedarfsdeckung das dringlichste Problem werden. Entweder muß der Weinverbrauch wieder zurückgehen oder die Einfuhr muß gesteigert werden. Beides erscheint nicht wünschenswert. So werden zunächst die gemeinschaftlichen Werbemaßnahmen eingeschränkt, wenn nicht sogar eingestellt werden müssen. Das Ziel der Aktion, dem Wein dauernde Freunde zu schaffen, wird aber auf Grund früherer Erfahrungen durch eine Unterbrechung der Werbung in Frage gestellt. Es liegt aber im Interesse des gesamten Faches, wenn die angeknüpften Beziehungen zwischen Erzeuger, Verteiler und Verbraucher nicht wieder abreißen. Denn erst dann, wenn die Weinfreundlichkeit ein selbstverständliches Gemeingut aller Deutschen geworden ist, wird es auch ohne Werbemaßnahmen keine Weinabsatzkrisen mehr geben. Die Lösung der Werbefrage dürfte in einer Erinnerungswerbung liegen, wie sie bereits im Jahre 1938 während zweier Tage durchgeführt wurde. Sie wird dazu beitragen, neue wirkliche Weinfreunde zu erhalten und auch die Forderung auf die Aufrechterhaltung der angebahnten Geschäftsbeziehungen erfüllen, ohne durch besondere öffentliche Veranstaltungen einen nicht wünschenswerten unerfüllbaren Weinverbrauch zu verursachen.

Nachdem organisatorisch mit der Aufgabe der Absatzwerbung eine vom Reichsnährstand und der Hauptvereinigung der deutschen Weinbauwirtschaft geschaffene „Deutsche Weinwerbung G.m.b.H." [58]) beauftragt worden ist, wird in Zukunft eine Lenkung der Werbung für den Absatz deutscher Weinbauerzeugnisse mit nachhaltiger Wirkung gewährleistet. Eine zentral geleitete Werbestelle für die Produkte des deutschen Weinbaues wird die Weinwerbung nach einheitlichen Gesichtspunkten ausrichten können, nachdem das Wesen der Weinwerbung erkannt und diese in den vergangenen Jahren erfolgreich angewandt wurde.

---

[58]) Das „Weinblatt" vom 26. Dez. 1937, Heft 52, Seite 954.

B. Die Bedarfslage auf dem deutschen Weinmarkt.

1. Der Weinbedarf.

Der Mensch hat von Natur aus gewisse Bedürfnisse, die er befriedigen muß, um sein Leben zu erhalten. Mit fortschreitender Entwicklung der menschlichen Kultur, die sich u. a. auch im Wachstum dieser Bedürfnisse äußert, treten neue Waren auf, deren Nachfrage sich nach der Art des Bedarfs ausrichtet. Das in der Gegenwart wichtigste Ordnungsprinzip, das insbesondere nur den Einzelhandel beherrscht, ist das Prinzip der Gruppierung der Ware entsprechend ihrem Verwendungszweck in Produktions-, Verbrauchs- und Gebrauchsgüter. [1]) Nach der Bedeutung für jedes einzelne Individuum teilt man die Bedürfnisse in notwendige, wünschenswerte und Luxusbedürfnisse ein.

Der Wein, als zu den Getränken gehörig, ist ein Verbrauchsgut mit periodischem Bedarf. Vor wenigen Jahren hatte Weintrinken noch den Charakter einer Luxuserscheinung. Eine geschickte Propaganda hatte den Weinverbrauch als ein Vorrecht der besitzenden Klasse gekennzeichnet, er war deshalb mit in Deutschland auf ein Minimum zurückgegangen.

Auf dem Weinmarkt wird ein von der Natur gegebenes Produkt angeboten, dessen Beeinflussung durch den Menschen beschränkt, aber sehr wesentlich ist. Sein Absatz hängt in hohem Maße von der Einstellung ab, die der Konsument ihm entgegenbringt. Um neue Verbraucherschichten zu gewinnen, war es deshalb Voraussetzung, hier einen Gesinnungswandel zu schaffen. Dem nationalsozialistischen Staat blieb es vergönnt, dank einer großzügigen Werbung das Bedürfnis Einzelner zu einem Bedürfnis des gesamten Volkes zu machen. Dabei war das Bedürfnis, Wein zu trinken nicht schlechthin gegeben, vielmehr mußte es erst geweckt werden. Die Weinwerbewochen haben den typischen Charakter einer Bedarfsweckung.

Aus den geschilderten Tatsachen ergibt sich, daß Wein zwar kein zum

---

[1]) Deutsch, P., Die finanzielle Führung der Handelsbetriebe, Leipzig 1936, Seite 66/67.

Leben notwendiges Gut ist, aber zur angenehmeren Gestaltung des Lebens beitragen kann, ohne dabei luxusähnlichen Charakter zu haben.

Wein findet besonders bei Festlichkeiten vermehrten Absatz. Wir haben es also mit einem ausgesprochenen interimistischen Bedürfnis zu tun. Dieser zeitliche Rhythmus des Bedürfnisses hat auf die gesamte Struktur des Weinhandels unmittelbaren Einfluß. In einem späteren Abschnitt wird auf diese Erscheinung näher eingegangen.

2. Die Bedürfenden in der Nachfrage.

Der Absatz einer Ware setzt das Vorhandensein eines Bedarfes voraus. Zur Kennzeichnung der Bedarfslage nach Wein ist zunächst eine nach bestimmten Gesichtspunkten ausgerichtete Strukturanalyse nötig, da wir in ihr grundlegende Elemente für die Absatzentwicklung finden.

a) Stand und Bewegung der Bevölkerung im deutschen Raum.

Verfolgen wir den Wirtschaftsablauf der letzten Jahre, so können wir eine allgemeine Entwicklungsrichtung feststellen, die zur völligen Gesundung auch des Weinfaches führte. Zunächst war es die Bevölkerungsbewegung, die als ein für die Weinhandelsbetriebe bedeutsames Strukturelement einen günstigen Verlauf nahm.

Im Mittelpunkt des wirtschaftlichen Lebens steht der Mensch. Bewegungen wirtschaftlicher Art werden mit durch seine Bedürfnisse und Eigenheiten ausgelöst. Grundsätzlich bestimmt die Bevölkerungsgröße die wirtschaftliche Entwicklung eines Staates. Eine wachsende Menschenzahl wird diese fördern und vorwärts treiben. Demnach ist das Geburtenproblem von besonderem Interesse, da ein Mehr oder Weniger an Geburten die Entwicklung eines Staates auf allen Gebieten seines Daseins entscheidend beeinflussen wird. Durch Veränderungen der sozialen und wirtschaftlichen Verhältnisse ist seit einem Menschenalter in allen Kulturstaaten ein Rückgang der Geburten festzustellen, dennoch wurde durch den gleichzeitigen Rückgang der Sterbeziffer immer noch ein Geburtenüberschuß erreicht. Auch in Deutschland nahm die Einwohnerzahl trotz eines starken Geburtenrückganges in den letzten Jahren ständig zu. So lebten im heutigen deutschen Altreichsgebiet Anfang 1937 67 587 000 Menschen.[2]) Gegenüber einer Bevöl-

---

[2]) Berechnet vom Statistischen Reichsamt auf Grund der Wohnbevölkerung vom 16. Juni 1933, Bd. 1937, S. 5, Vorl. 3a.

kerungszahl vom 1. Dezember 1910, die insgesamt 58 450 808 [3]) betrug, bedeutet dies eine Zunahme von rd. 15,5 v.H.

Geburtenhäufigkeit und Sterblichkeit verursachen wiederum Unterschiede im Altersaufbau der Bevölkerung. Vor dem Kriege war die Altersgliederung des deutschen Volkes dadurch gekennzeichnet, daß der Anteil der Jugendlichen und Kinder an der Gesamtbevölkerungszahl verhältnismäßig hoch war. Nach der Volkszählung von 1900 machte der Anteil der Personen unter 15 Jahren 34 v.H. aus.

Der Weltkrieg brachte eine starke Veränderung dieser Verhältnisse mit sich, denn durch die Gefallenen wurden die im produktiven Alter stehenden Schichten und damit die Heiratsfähigkeit vermindert. Die Jahre 1914—1918 zeigten dadurch einen hohen Geburtenausfall. Die auch nach dem Kriege ständig sinkende Geburtenziffer und die gleichfalls sinkende Sterblichkeitsziffer ließen den Anteil der mittleren und hohen Altersklassen an der Gesamtbevölkerung zunehmen, so daß Anfang 1937 nur noch 23,5 v.H. der gesamten Bevölkerung unter 15 Jahre alt war.

Altersaufbau der Reichsbevölkerung 1910 und 1937. [4])

(Deutsches Reichsgebiet ohne Österreich, Sudetenland, Böhmen, Mähren und Memelgebiet.)

	1. 12. 1910		1. 1. 1937 [5])		1910—1937
	insgesamt in 1000	in v. H.	insgesamt in 1000	in v. H.	Zu- bezw. Abnahme
unter 15 Jahren	19 849	34	15 866	23,5	— 20,1
15—65 Jahre	35 720	61,1	46 686	69,1	+ 30,7
65 Jahre u. darüber	2 882	4,9	5 035	7,4	+ 74,7
zusammen:	58 451	100,0	67 587	100,0	

Regional verteilte sich die Bevölkerung nicht gleichmäßig auf das Reichsgebiet, vielmehr kamen im Jahre 1933

in der Prov. Brandenburg	69,7
in der Prov. Pommern	63,5
in der Prov. Grenzm./Westpr.	43,8
in Ostpreußen	63,1

---

[3]) Umgerechnet auf das heutige Reichsgebiet ohne Österreich.

[4]) Statist. Jahrb. f. d. Deutsche Reich, Band 1937, S. 15.

[5]) Fortschreibung auf Grund der Volkszählung im Deutschen Reich ohne Saarland vom 16. Juni 1933 und der Volkszählung im Saarland vom 25. Juni 1935. Vorl. Zahlen.

Einwohner auf 1 qkm. — Dagegen wurden im Durchschnitt

in Westfalen	249,3
in der Rheinprov.	314,2
in Sachsen	346,8
im Saarland	423,9 Menschen auf 1 qkm gezählt.

Diese markante Bevölkerungsverteilung äußert sich am auffälligsten in einer wachsenden Verstädterung. So war bis 1933 die Verstadtlichung in Deutschland schon so weit fortgeschritten, daß nur noch 32,7 v. H. der Bevölkerung in Landgemeinden lebten (siehe Tabelle IV im Anhang).

Die Bewegung der Bevölkerung und ihre Gliederung wirkt sich naturgemäß auf die Verbrauchsrichtung aus. Ist zunächst ganz allgemein mit einer größer werdenden Bevölkerungszahl auch ein Wachsen der Bedürfnisse verbunden, so bedeutet ein zunehmender Anteil mittlerer und hoher Altersschichten und eine Zunahme der Verstädterung eine zusätzliche Absatzmöglichkeit für alkoholische Getränke. Denn einerseits spielen Kinder und Jugendliche z. B. als Weinkonsumenten praktisch keine Rolle, andererseits wird gerade in Städten die Geselligkeit (Tagungen, Bälle u. a.) besonders gepflegt, was einen zusätzlichen Konsum nicht lebensnotwendiger Güter mit sich bringt. Grundsätzlich muß betont werden, daß es sich um eine zusätzliche M ö g l i c h k e i t handelt, die der Weinhandel bisher nur teilweise ausnutzen konnte, da der Weinverbrauch von anderen Faktoren zu stark beeinflußt wird, so daß oft das Verhältnis von Bevölkerungsbewegung zum Weinabsatz in den Jahren nach dem Kriege nicht die eigentlich zu erwartende Entwicklungsrichtung zeigt. An Hand der Haushaltsrechnungen von 1928/29 kann aber deutlich der Einfluß der Kinderzahl, die, wie wir gesehen haben, ja letztlich für die gesamte Bevölkerungsstruktur ausschlaggebend ist, auf den Verbrauch von alkoholischen Getränken in den einzelnen Haushaltungen nachgewiesen werden.[6]) So geht teilweise die Einkommensverwendung für alkoholische Getränke in Haushaltungen mit einem Kind gegenüber denen ohne Kinder um 20—30 v.H. und mehr zurück. Allerdings ist der Rückgang nicht gleichmäßig, in einigen Fällen zeigt sich sogar das Kuriosum, daß mit wachsender Kinderzahl — z. B. in einem Haushalt mit einem jährlichen Einkommen unter 3000 RM — der Aufwand für Alkohol steigt. Es handelt sich hierbei um Zufälligkeiten, die unberücksichtigt bleiben müssen.[7]) Mit abnehmender Kinderzahl wird also die Möglichkeit, gewisse Einkommen für nicht lebensnotwendige Güter anzulegen,

---

[6]) Einzelschriften zur Statistik d. Deutschen Reiches, Nr. 22 Teil I, Die Lebenshaltung von 2000 Arbeiter-, Angestellten und Beamtenhaushaltungen. Erhebungen v. Wirtschaftsrechnungen im Deutschen Reich vom Jahre 1927/28.

[7]) Meist handelt es sich dabei um Arbeiter oder Angestellte in Brauereien oder Weinhandlungen.

vergrößert, was den dargestellten Verhältnissen entspricht (vgl. auch Tabelle V im Anhang!)

b) Einkommen und Kaufkraft als Symptome der Verbrauchsgestaltung.

Falsch wäre es — wie bereits erwähnt wurde — wollte man etwa aus einer für den Weinmarkt günstigen Bevölkerungsbewegung unmittelbar auf eine entsprechende Erhöhung des Absatzes schließen. Es würde dabei insbesondere unberücksichtigt bleiben, daß Wein kein notwendiges Massenkonsumgut ist, vielmehr lediglich einen wünschenswerten Bedarf befriedigt. Wenn es darauf ankommt, Werte kennenzulernen, die tatsächlich gewisse Schlüsse auf eine als normal anzusehende Absatzentwicklung in der deutschen Weinbauwirtschaft zulassen, so muß neben der Bevölkerungsbewegung auch die Entwicklung der Einkommen verfolgt werden. Wir wollen deshalb die vergangene Wirtschaftsepoche daraufhin untersuchen, wie weit sich die Einkommen veränderten, und wie diese Einkommensveränderungen sich auf dem Weinmarkt bemerkbar machten.

b 1) Das Einkommen als Grundlage für die Analyse der Weinbedarfsschwankungen.

Nach einer vorläufigen Berechnung des Statistischen Reichsamtes[8]) erreichte das gesamte deutsche Volkseinkommen im Jahre 1938 die Höhe von 75 Milliarden RM. Seit dem Jahre 1932 war damit eine Steigerung von rd. 67 v.H. eingetreten. Seinen tiefsten Stand erreichte es in den Jahren 1925 und 1932. Dabei war seine Schrumpfung 1932 wesentlich stärker als im Jahre 1925. Seine größte Ausdehnung erreichte das Volkseinkommen im Jahre 1929, das von 1936 blieb demgegenüber um 13 Milliarden zurück.

Wenn man einen Zusammenhang zwischen Einkommensschwankungen und Weinabsatz ermitteln will, muß zunächst die Elastizität des Weinbedarfes kurz charakterisiert und der Elastizität der übrigen Verbrauchsausgaben der Konsumenten gegenübergestellt werden. Einem wirtschaftlichen Grundgesetz folgend, wird der Verbraucher bei Verringerung seines Einkommens, (sei es infolge von Kurzarbeit oder Arbeitslosigkeit), die lebenswichtigen Bedürfnisse vor den weniger dringlichen befriedigen. Je lebenswichtiger und dringlicher ein Bedarf ist, um so geringer ist der Einfluß von Einkommensschwankungen auf die Bedarfshöhe. Umgekehrt wird dieser um so mehr von Einkommensveränderungen in Mitleidenschaft gezogen, je unwichtiger er ist. Während sich beispielsweise in 25 Arbeiter-

---

[8]) Wirtschaft u. Statistik, Heft 1, 1938, S. 2.

haushaltungen die monatlichen Einkommen, die während der Beschäftigung unter 250 RM gelegen hatten, durch Erwerbslosigkeit um 32 v.H. verringerten, nahmen gleichzeitig die Ausgaben für alkoholische Getränke um 61,7 v.H. ab. In 29 Haushaltungen mit einem Einkommen von über 250 RM vor der Arbeitslosigkeit und mit einem Einkommensrückgang von 29 v.H. war eine Verringerung der Ausgaben für alkoholische Getränke um 47,8 v.H. zu verzeichnen. Der Ausgaberückgang für Alkohol war demnach doppelt so groß wie die Verringerung der Einkommen. [9])

Das Weintrinken unterliegt somit als ein nach Menge und Qualität sehr elastisches Bedürfnis stark den Auswirkungen einer Veränderung der Einkommen. Es wird sich immer erst dann eine wirkliche Nachfrage nach alkoholischen Getränken bemerkbar machen, wenn der Verbraucher über ein genügend hohes Einkommen verfügt. Zur Kaufkraft tritt der Kaufwille, der im Gegensatz etwa zu Lebensmitteln, wo er nur zu einem geringen Teil dem freien Entschluß der Konsumenten entspringt, die zweite Grundlage für die Ausgabegestaltung für Wein bildet.

Die Konsumenten, die an und für sich auf Grund ihres Kaufwillens ein Weinbedürfnis befriedigen möchten, müssen in Krisenjahren dem Weinmarkt fernbleiben, um bessere Jahre abzuwarten. Im einzelnen wird auf den Kaufwillen in seinem Einfluß auf den Verbrauch noch in einem späteren Abschnitt eingegangen.

An Hand der Einkommenszahlen und der Ausgabeziffern für Wein lassen sich in groben Zügen Beziehungen zwischen Einkommen und Weinbedarf ermitteln:

	Volkseinkommen [10])		Ausgaben für Wein [11])	
	insgesamt in Mrd. RM	1928 = 100 [12])	insgesamt in Mrd. RM	1928 = 100
1925	00,0	80	473	78
1926	62,7	83	320	53
1927	70,8	94	471	77
1928	75,4	100	609	100
1929	75,9	101	631	104
1930	70,2	93	618	102
1931	57,5	76	575	94
1932	45,2	60	396	65
1933	46,6	62	377	62
1934	52,7	70	545	90
1935 [12])	58,4	77	672	110
1936 [13])	63,1	84	735	121

[9]) Wirtschaftsrechnungen, a. a. O., S. 79.
[10]) Aus den Stat. Jahrbüchern für das Deutsche Reich 1935—1937.
[11]) Berechnungen über den wertmäßigen Weinverbrauch in Deutschland

Die Tabelle zeigt uns die absolute Wirksamkeit der Kaufkraft auf den Weinmarkt. Analog einem Steigen oder Fallen der Einkommen verändern sich die Ausgaben für Wein. Mengenmäßig ist zwar noch von 1929—1931 eine Zunahme des Weinabsatzes um ca. 13 v.H. zu verzeichnen, doch dürften die Ausgaben auf Grund der sinkenden Preise und Preisspannen innerhalb der Handelskette — im ganzen betrachtet — gefallen sein.

Insgesamt gingen die Ausgaben für Wein von 1929—1932 um 63 v.H. zurück. Die Einkommen verringerten sich zur selben Zeit um ca. 60 v.H. Später stiegen erstere bis 1936 um 185 v.H., die Einkommen um 140 v.H. Diese enorme Zunahme der Ausgaben für Wein erklärt sich neben der Einkommenssteigerung noch aus verschiedenen anderen Faktoren, die dem Weinmarkt eine gewaltige Belebung brachten. Auf diese wird später noch eingegangen werden.

Wie unterschiedlich sich die Einkommensveränderungen auf die einzelnen Konsumartikel auswirken, zeigt folgendes Bild:

Einzelne Ausgabegruppen in v.H. der Gesamtausgaben für den freien Verbrauch. [14])

	1925	1926	1927	1928	1929	1930	1931	1932	1933
1. Ernährung:	37,7	38,4	37,1	35,9	35,6	35,5	35,9	36,1	35,7
2. Genußmittel:	9,9	9,9	10,2	10,5	10,7	11,0	9,8	9,9	10,0
a) Wein i. v. H. d. Ges. Ausg. d. Genußmittel	7,9	4,6	6,7	7,8	7,8	8,0	9,5	7,7	7,5
b) Wein i. v. H. d. Gesamtausgaben	0,8	0,5	0,7	0,9	0,8	0,9	0,9	0,8	0,8
3. Bekleidung:	17,8	16,5	16,1	15,8	15,1	14,3	13,7	13,0	13,2
4. Wohnung:	7,5	9,1	9,6	10,0	10,2	11,6	13,4	14,4	14,4

---

wurden bisher noch nicht angestellt. Die hier aufgezeichneten Zahlen ergaben sich auf Grund des mengenmäßigen Weinverbrauches, dabei wurde ein durchschnittlicher geschätzter Wert beim letzten Verbraucher angesetzt. Dieser ergab sich an Hand durchschnittlicher Preise, die von einigen Betrieben in den einzelnen Jahren erzielt worden sind. Der Werterhöhung durch die Schaumweinfabrikation wurde durch einen Aufschlag von 1 RM/Flasche entsprochen.

[12]) Aus 10 errechnet.

[13]) Aus ‚Wirtschaft u. Statistik' 1938, H. 1, S. 2, ab 1935 einschl. Saarland.

[14]) Aus ‚Vierteljahrshefte zur Konjunkturforschung', 9. Jahrgang 1934, Heft 4, Teil A, Seite 154. Bei den Angaben handelt es sich um Schätzungen des Inst. f. Konjunkturforschung auf Grund der vom Stat. Reichsamt ver-

Während in diesen Angaben die Elastizität der Weinausgaben weniger deutlich zum Ausdruck kommt, weil sie im Verhältnis zu den Gesamtausgaben zu klein sind und somit — in v.H. ausgedrückt — Unterschiede nicht so auffällig erscheinen lassen, kann man die besondere Stellung des Weinbedarfs auch aus den Genußmittelbedarfsschwankungen erkennen. Besonders deutlich gehen diese aus den sogen. Elastizitätskoeffizienten hervor, die angeben, wie sich die Veränderungen der Ausgaben der einzelnen Gruppen zu den Veränderungen der Gesamtausgaben verhalten:

Möbel und Hausrat	2,0 [15])
Genußmittel	1,6
Verkehr	1,5
Bekleidung	1,2
Kultur- und Luxusbedarf	1,2
Heilwesen	1,0
Ernährung	0,8
Reinigung	0,8

Diese Elastizitätskoeffizienten reihen den Bedarf an Genußmitteln hinsichtlich seiner Abhängigkeit von Einkommensschwankungen in die übrigen Konsumtionsbedarfe ein. Steigen oder fallen die Gesamtausgaben um 1 v. H., ist damit nach dieser Aufstellung eine Zu- oder Abnahme der Ausgaben für Genußmittel um 1,6 v.H. verbunden. Der Genußmittelbedarf ist nach dem Bedarf an Möbeln und Hausrat der empfindlichste, bei der Ernährung macht er z. B. nur 0,8 v.H. aus. — Dieser Berechnung liegen allerdings die Einkommensverhältnisse der Jahre 1933/34 zugrunde, und die Entwicklung der letzten Jahre hat gezeigt, daß diese Koeffizienten der jüngsten Entwicklung nicht ganz gerecht geworden sind. Gerade auch für Genußmittel konnten Bedarfsschwankungen in dem oben aufgezeichneten Maße nicht mehr festgestellt werden. Die Reihen wurden bis heute leider nicht fortgeführt, und da somit die Zahlen fehlen, die die nötigen Unterlagen liefern könnten, müssen wir uns mit diesen Angaben begnügen.

Grundsätzlich sind demnach die Ausgaben in zwei Gruppen einzuteilen. Während die einen bei steigendem oder fallendem Einkommen anteilmäßig zu- oder abnehmen, verändern sich die anderen bei wechselndem Einkommen nur wenig, bei sinkendem Einkommen nehmen sie einen ständig größer werdenden Anteil an

öffentlichten Wirtschaftsrechnungen. Das Institut für Konjunkturforsch. gliedert die Verwendung der Einkommen: in 1) freien Verbrauch, 2) staatl. geregelten Verbrauch, 3) Ersparnisse. (vgl. 8. Jg., H. 3, Teil A, S. 161).

[15]) VJH. z. Konj. Forsch., 8. Jahrgang, Teil A, Seite 163.

den Gesamtausgaben ein. Umgekehrt wird bei steigendem Einkommen ihr Anteil an den wachsenden Gesamtausgaben geringer. Erstere bezeichnet man mit „elastischem Bedarf".[16]) Zu ihm gehören z. B. Möbel und Hausrat, Genußmittel (darunter also auch Wein), Verkehr, Bekleidung. Zu letzteren — die man zum sogen. „starren Bedarf" rechnet[16]) — zählt man Ernährung, Wohnung, Heizung u. a.

b 2) Der Weinbedarf der sozialen Gruppen.

Nachdem wir die Ausgaben für Wein als elastisch erkannt und in ihrer Abhängigkeit vom gesamten Volkseinkommen charakterisiert haben, sollen die einzelnen Konsumschichten in ihrem Weinverbrauch dargestellt werden. Dazu müssen die Weinkäufer nach sozialen Schichten gegliedert werden, die gerade für das Weinbedürfnis eine recht unterschiedliche Einkommensverwendung aufweisen. Neuere Untersuchungen über den Weinverbrauch in seiner Abhängigkeit vom Einkommen und der sozialen Schichtung der Konsumenten sind nicht angestellt worden, wie überhaupt über den Weinverbrauch keine genauen Unterlagen vorhanden sind. Wir müssen deshalb auf die vom Statistischen Reichsamt im Jahre 1927/28 durchgeführten Haushaltsrechnungen zurückgreifen, auch wenn diese damals ermittelten Ergebnisse heute keine volle Gültigkeit mehr haben.

Diese Untersuchung erstreckte sich auf insgesamt 2 036 ausgewertete Haushaltungen, von denen der folgenden Darstellung 1 940[17]) zugrunde liegen. Davon entfielen auf Arbeiterhaushaltungen 896, auf Angestelltenhaushaltungen 546 und auf Beamtenhaushaltungen 498. Der größte Teil von ihnen befand sich in Großstädten. Innerhalb dieser Schichten wurde nun u. a. auch der Weinverbrauch bei verschiedenem Einkommen ermittelt. Im folgenden wird zunächst auf die Arbeiterhaushaltungen eingegangen.

Von den gesamten Ausgaben für Genußmittel entfielen bei den 896 Arbeiterhaushaltungen 60,8 v.H. auf alkoholische Getränke. Es kamen im Durchschnitt auf jeden Haushalt 104,2 Ltr. Bier, 1,8 Ltr. Branntwein und 8,5 Ltr. Wein im Jahr, oder je Kopf: 24,8 Ltr. Bier, 0,4 Ltr. Branntwein und 2,0 Ltr. Wein im Jahr. 10 Arbeiterhaushaltungen hatten aber überhaupt keinen Verbrauch an alkoholischen Getränken, von den verbliebenen 886 wiesen 223 keinen Weinkonsum auf, so daß für unsere Untersuchung nur 663 Haushaltungen verblieben, die folgendes Bild zeigten:

---

[16]) V.J.H. z. Konj. Forsch., 8. Jahrgang, Teil A, Seite 163.

[17]) Unberücksichtigt blieben die Haushaltungen, die infolge Erwerbslosigkeit einen beträchtlichen Einnahmeausfall hatten.

Weinverbrauch und Ausgaben für Wein je Arbeiterhaushaltung.

	1	2	3	4	5
Jahreseinkommen je Haushaltung	Zahl d. Fälle	durchschn. Kopfzahl/ Haushalt	Wein-konsum in Ltr.	Ausgaben für Wein in RM	Ausgaben für Wein in v. H. d. Gesamtausg. f. Genußmittel
unter RM 2500	48	3,6	1,4	2,14	2,6
2500—3000 RM	171	3,9	3,7	4,83	4,4
3000—3600 RM	219	4,2	5,3	7,67	5,6
3600—4300 RM	148	4,4	19,5	15,97	9,0
über 4300 RM	77	4,9	18,5	19,42	9,4
Durchschnitt: (Sp. 2—5)	663	4,2	8,5	9,07	6,5

Das auffälligste Merkmal innerhalb dieser Statistik ist die starke Progression des Weinverbrauchs mit der Höhe der Einkommen, d. h. mit wachsendem Einkommen wird der Weinkonsum sehr viel größer. Nicht nur der Aufwand an Geld für Wein in seiner absoluten Höhe unterliegt dieser Progression, sondern auch der prozentuale Anteil an den Gesamtausgaben für Genußmittel. Im Durchschnitt wurden nur RM 9.— im ganzen Jahr für Wein ausgegeben. Das waren 6,5 v.H. der Gesamtausgaben für Genußmittel. Die restlichen 93,5 v.H. entfielen auf Bier, Branntwein, Spirituosen, alkoholfreie Getränke und Tabakwaren. Die Haushalte mit einem Einkommen über 4300 RM zeigen im übrigen mengenmäßig einen kleineren Weinverbrauch als die mit einem Einkommen von 3600—4300 RM, obgleich wertmäßig mehr dafür aufgebracht wurde, ein Zeichen von vermehrtem Verbrauch qualitativ besserer Weine.

Um die verschiedene Zusammensetzung der einzelnen Haushalte nach Kopfzahl, Alter und Geschlecht und die dadurch bedingten Ausgabeunterschiede auszuschalten, wurden vom Statistischen Reichsamt die Ausgaben auf Vollpersonen [18]) umgerechnet. Folgendes Bild ergab sich in Arbeiterhaushaltungen bei verschiedenen Einkommen:

---

[18]) Die Vollpersonenanteile für Wein entfallen unter den vom Stat. Reichsamt schätzungsweise angesetzten Verbrauch für sonstige Lebensbedürfnisse. Die Umrechnung der Haushaltsmitglieder auf Vollpersonen geschah auf folgender Basis:

	männlich	weiblich
bis zum vollend. 5. Lebensjahr	20	20
vom 6.— 9. Lebensjahr	30	30
vom 10.—14. Lebensjahr	50	50
vom 15.—19. Lebensjahr	70	70
vom 20. Lebensjahr an	100	90

Vgl. Haushaltsrechnungen a. a. O., Seite 12.

Weinverbrauch und Ausgaben für Wein je Vollperson im Durchschnitt einer Arbeiterhaushaltung.

	1	2	3	4
Jahreseinkommen je Vollperson	Zahl der Fälle	Weinkonsum in Ltr.	Ausgaben für Wein in RM	Ausgaben für Wein in v. H. d. Gesamtausgaben für Genußmittel
unter 800 RM	50	0,5	0,65	3,3
800—1000 RM	151	1,6	1,54	5,2
1000—1200 RM	184	1,5	2,08	5,0
1200—1500 RM	166	3,2	3,49	6,0
über 1500 RM	112	8,1	8,81	10,7
Durchschnitt: (Sp. 2—4)	663	2,7	3,06	6,7

In Arbeiterhaushaltungen der Einkommensstufe bis zu RM 800,— wurden für Wein 3,3 v.H. der Gesamtausgaben für Genußmittel je Vollperson ausgegeben. Steigt das Einkommen, so daß die Verbraucher in die nächst höhere Einkommensstufe gelangen, so zeigen auch die prozentualen Ausgaben für Wein eine Zunahme, obgleich diese, infolge der größeren Bezugsgröße „Einkommen", auch schon bei gleichbleibendem Anteil ansteigen würden. Die Vergrößerung der effektiven Kaufkraft, die sich auf dem Weinmarkt auswirkt, ist demnach sowohl von der Vergrößerung der Ausgabequote für Wein als auch von der Vergrößerung der Einkommen abhängig; dieselbe Beobachtung können wir auch bei Angestellten- und Beamtenhaushaltungen machen. Es wurden nämlich neben diesen Arbeiterhaushaltungen auch 546 Angestelltenhaushaltungen einer Untersuchung unterzogen. Von den Gesamtausgaben für Genußmittel entfielen bei diesen über die Hälfte auf alkoholische Getränke, im Durchschnitt wurden im Jahre in jedem Haushalt 77 Ltr. Bier, 2,6 Ltr. Branntwein und 10,5 Ltr. Wein verzehrt. Das waren pro Kopf 21,4 Ltr. Bier, 0,7 Ltr. Branntwein und 2,9 Ltr. Wein im Jahr. 537 von diesen Angestelltenhaushaltungen haben einen Verbrauch von alkoholischen Getränken angegeben. Von diesen hatten 65 keinen Weinkonsum. Es verbleiben somit 472 Angestelltenhaushaltungen mit folgendem mengen- und wertmäßigen Weinverbrauch:

Weinverbrauch und Ausgaben für Wein je Angestelltenhaushaltung.

Jahreseinkommen je Haushaltung	Zahl der Fälle	durchschn. Kopfzahl/ Haushalt	Weinkonsum in Ltr.	Ausgaben für Wein in RM	Ausgaben für Wein in v. H. d. Gesamtausg. f. Genußmittel
1	2	3	4	5	6
unter 3 000 RM	22	3,1	3,4	4,86	5,9
3 000—3 600 RM	65	3,3	4,7	6,97	5,8
3 600—4 300 RM	117	3,5	8,4	13,48	9,8
4 300—5 100 RM	118	3,6	13,8	21,37	13,5
5 100—6 100 RM	76	3,9	9,2	21,24	12,0
über 6 100 RM	74	4,1	19,7	38,84	19,1
Durchschnitt: (Sp. 3—6)	472	3,6	10,5	18,49	12,2

Weinverbrauch und Ausgaben für Wein je Vollperson im Durchschnitt einer Angestelltenhaushaltung.

Jahreseinkommen je Vollperson	Zahl der Fälle	Weinkonsum in Ltr.	Ausgaben für Wein in RM	Ausgaben für Wein in v. H. der Gesamtausg. f. Genußmittel
1	2	3	4	5
unter 1 000 RM	17	2,9	1,27	5,7
1 000—1 200 RM	44	1,6	2,36	8,1
1 200—1 500 RM	75	1,5	2,95	7,5
1 500—1 800 RM	112	3,0	4,37	8,7
1 800—2 200 RM	122	4,2	8,47	12,5
über 2 200 RM	102	6,9	15,75	18,2
Durchschnitt: (Sp. 3—5)	472	3,6	6,96	12,4

Die bereits in Arbeiterhaushaltungen ermittelte Erkenntnis, daß mit steigendem Einkommen die Ausgaben für Wein progressiv wachsen, ist also auch bei Angestellten festzustellen. Die Gesamtausgaben für Wein innerhalb der Genußmittel stiegen bei Angestellten durchschnittlich auf über 12 v.H., also — mit Arbeitern verglichen — um das Doppelte.

Schließlich wurden noch insgesamt 198 Beamtenhaushalte einer Untersuchung unterzogen, die in gleicher Weise wie die bei Arbeitern und Angestellten durchgeführt wurde. Von diesen hatten 11 keinen Verbrauch an alkoholischen Getränken, weitere 66 keinen an Wein.

Jeder Beamtenhaushalt verbrauchte durchschnittlich 79,5 Ltr. Bier, 2,4 Ltr.

Branntwein und 12,7 Ltr. Wein. Das sind 20,4 Ltr. Bier, 0,6 Ltr. Branntwein und 3,3 Ltr. Wein je Kopf im Jahr. Über die Hälfte der Einkommen entfiel auf Beträge von unter 1000 RM bis ca. 3 500 RM, der Rest auf Einkommen bis 10 000 RM und mehr. Im einzelnen ergab sich folgendes Bild:

Weinverbrauch und Ausgaben für Wein je Beamtenhaushaltung.

Jahreseinkommen je Haushaltung	Zahl der Fälle	durchschn. Kopfzahl/Haushalt	Weinkonsum in Ltr.	Ausgaben für Wein in RM	Ausgaben für Wein in v. H. d. Gesamtausg. f. Genußmittel
1	2	3	4	5	6
unter 3 000 RM	11	3,1	0,8	1,27	1,7
3 000—3 600 RM	50	3,6	3,8	6,45	6,0
3 600—4 300 RM	80	3,8	5,5	9,71	8,2
4 300—5 100 RM	67	3,9	14,4	17,48	10,9
5 100—6 100 RM	75	4,0	14,3	23,16	13,6
6 100—7 300 RM	75	4,3	18,9	37,03	18,6
7 300-10 000 RM	38	4,1	12,1	41,36	19,3
10 000 RM und mehr	25	4,7	34,3	74,21	30,8
Durchschnitt: (Sp. 3—6)	421	3,9	12,7	22,35	14,3

Weinverbrauch und Ausgaben für Wein je Vollperson im Durchschnitt einer Beamtenhaushaltung.

Jahreseinkommen je Vollperson	Zahl der Fälle	Weinkonsum in Ltr.	Ausgaben für Wein in RM	Ausgaben für Wein in v. H. d. Gesamtausg. f. Genußmittel
1	2	3	4	5
unter 1 000 RM	11	0,4	0,66	3,2
1 000—1 200 RM	39	0,9	1,78	6,8
1 200—1 500 RM	81	2,1	2,97	7,5
1 500—1 800 RM	76	4,1	6,05	11,9
1 800—2 200 RM	81	4,4	6,04	10,5
2 200—2 600 RM	57	6,5	11,75	18,7
2 600—3 100 RM	32	8,9	17,84	22,7
über 3 100 RM	44	7,9	20,49	21,8
Durchschnitt: (Sp. 3—5)	421	4,2	7,48	14,1

Bevor die hier erzielten Ergebnisse weiter ausgewertet werden, muß zu den Resultaten der Haushaltsrechnungen wegen mangelnder anderer Unterlagen k:itisch Stellung genommen werden. Die Untersuchung erstreckte sich zunächst auf eine zeitlich bedingte, sehr günstige Wirtschaftslage in Deutschland. Wie sich der Weinverbrauch im Verlauf der weiteren Jahre gestaltete, ist daraus nicht zu ersehen. Man geht in der Behauptung nicht fehl, daß die in den vergangenen Jahren durchgeführte Werbeaktion für Wein, die besonders einen verstärkten Ausschank offener Weine (Schoppenweine) mit sich brachte, eine sehr wesentliche Verschiebung des Weinverbrauchs zuungunsten anderer Getränke gerade in den untersten sozialen Bevölkerungsschichten mit sich gebracht hat. Wenn — wie wir anschließend noch deutlicher sehen werden — z. B. innerhalb der gleichen Einkommensschichten der Weinverbrauch in Arbeiterhaushaltungen größer ist als in Angestelltenhaushaltungen, so kann diesem Resultat für die Jahre 1930 bis 1933 keine Gültigkeit zugesprochen werden. Vielmehr dürfte während dieser Zeitspanne gerade das Gegenteil der Fall gewesen sein. Leider wurden auch die regionalen Gesichtspunkte bei dieser Betrachtung nicht berücksichtigt. Aber gerade für den Weinkonsum zeigen sich in den einzelnen Gebieten Deutschlands große Unterschiede. Wenn trotzdem die Ergebnisse der Haushaltsrechnungen der Jahre 1927/28 zur Betrachtung herangezogen wurden, so deshalb, weil die Einkommensverhältnisse während der letzten Jahre sich immer mehr denen von 1929 angeglichen haben. Es kann daher wenigstens gesagt werden, daß die Voraussetzungen, soweit sie Einkommen und Kaufkraft angehen, heute beinahe die gleichen sind wie vor elf Jahren.

Um den Einfluß der sozialen Schichtung auf die jeweilige Ausgabegestaltung noch eindeutiger hervorzuheben, wollen wir die Ausgaben für Wein der einzelnen Haushaltungen mit gleichem Einkommen gegenüberstellen:

Einkommen und Ausgaben für Wein in den einzelnen Haushaltungen,

	unter RM 3000			RM 3000—3600			RM 3600—4300		
	in Ltr.	in RM	in v. H. d. Ges.-Ausg. f Genußm	in Ltr.	in RM	in v. H. d. Ges.-Ausg. f. Genußm.	in Ltr.	in RM	in v. H. d. Ges.-Ausg. f. Genußm.
Arbeiter-Haushaltg.	3,7	4,83	4,4	5,3	7,67	5,6	19,5	15,97	9,0
Angestellt.-Haushaltg.	3,4	4,86	5,9	4,7	6,97	5,8	8,4	13,48	9,8
Beamten-Haushaltg.	0,8	1,27	1,7	3,8	6,45	6,0	5,5	9,71	8,2

oder umgerechnet auf Vollperson:

	Arbeiter-Haushaltung.			Angest.-Haushaltung.			Beamten-Haushaltung.		
	in Ltr.	in *RM*	in v. H. d. Ges.-Ausg. f. Genußm.	in Ltr.	in *RM*	in v. H. d. Ges.-Ausg. f. Genußm.	in Ltr.	in *RM*	in v. H. d. Ges.-Ausg. f. Genußm.
unter 1 000	1,6	1,54	5,2	2,9	1,27	5,7	0,4	0,66	3,2
1 000—1 200	1,5	2,08	5,0	1,6	2,36	8,1	0,9	1,78	6,8
1 200—1 500	3,2	3,49	6,0	1,5	2,95	7,5	2,1	2,97	7,5
1 500—1 800	8,1	8,81	10,7	3,0	4,37	8,7	4,1	6,05	11,9

Grundsätzlich muß zunächst beachtet werden, daß 26 v.H. der erfaßten Arbeiterhaushaltungen überhaupt keinen Weinverbrauch hatten. Demgegenüber waren es nur 13,6 v.H. der berichtenden Angestellten- und 15,5 v.H. der berichtenden Beamtenhaushaltungen, die keine Angaben über Weinverzehr machten. Diese Erkenntnis ist von besonderer Bedeutung, weil — wie aus dieser Statistik hervorgeht — die Einkommensverwendung in den weintrinkenden Haushaltungen leicht zu einem falschen Schluß führen könnte. Verbraucht doch der Arbeiterhaushalt beinahe in jeder Einkommensstufe sowohl wert- als auch mengenmäßig mehr Wein als der Beamten- und Angestelltenhaushalt, wie überhaupt der Beamtenhaushalt das für den Weinkonsum ungünstigste Ergebnis zeigt. Der große Anteil der Ausgaben für Wein bei Arbeiterhaushaltungen erklärt sich aus der Einstellung dieser sozialen Schicht zur Einkommensverwendung. Ein großer Teil des Lohnes wird für Nahrungs- und Genußmittel ausgegeben. Die soziale Stellung des Beamten schreibt diesem eine andere Ausgabegestaltung vor. Die Bedürfnisse nach anderen Gütern drücken den Bedarf nach Genußmitteln stark nach unten. Bei dieser Betrachtung ist also der geringe Prozentsatz der weintrinkenden Haushalte innerhalb der einzelnen sozialen Schichten ausschlaggebend. Ein Mehrverbrauch der weintrinkenden Arbeiterhaushaltungen kann über die Einstellung dieser sozialen Schicht zum Wein nicht hinwegtäuschen.

b 3) Einkommenshöhe und -verteilung.

Nach dieser Erkenntnis bleibt noch zu ermitteln, wie sich die Einkommen der sozialen Schichten während der letzten Jahre entwickelt haben, um damit ein Bild über die Einkommensverteilung zu erhalten, die — wie wir gesehen haben — für die Weinabsatzgestaltung bedeutungsvoll ist. Gerade für den Verkauf kleiner und mittlerer Tischweine ist eine Verteilung der Volkseinkommen auf möglichst viele Einkommensbezieher der idealste Zustand, vorausgesetzt natürlich, daß dieser großen Zahl von Verbrauchern auch die Möglichkeit gegeben ist, neben ihrem

Bedarf an lebensnotwendigen Gütern auch noch den an wünschenswerten zu dekken. Es wäre dem Weinhandel wenig gedient, wenn nur ein kleiner Kreis der Bevölkerung große Einkommen beziehen würde, die Masse der Verbraucher jedoch nur ihre Bedürfnisse nach lebensnotwendigen Gütern decken könnte. Bei dem nicht lebensnotwendigen Charakter des Weinbedürfnisses würde der Fall eintreten, daß diejenigen, denen nur eine geringe Kaufkraft zur Verfügung steht, auf die Befriedigung des Weinbedürfnisses überhaupt verzichten. Die hohen Einkommensbezieher würden wiederum nicht vollständig das ihnen zur Verfügung stehende Einkommen für Wein aufwenden, so daß im ganzen gesehen der Weinabsatz geringer wäre.

Der wirtschaftliche Wiederaufstieg Deutschlands fand u. a. seinen Niederschlag in den wachsenden Einkommen aller Bevölkerungsschichten. Während z. B. im Jahre 1932 24,02 v.H. der gesamten Einkommensbezieher in Deutschland bis zu RM 3 000,— verdienten, waren es 1934 schon 28,61 v.H., 1936 lagen die Verhältnisse noch günstiger. In Ermangelung einer für diese Zeit schon vorhandenen Lohnsteuerstatistik können wir die Ergebnisse der Sozialversicherungsstatistik heranziehen. Aus den Beitragszahlen der Arbeiter und Angestellten zur Sozialversicherung 1936 kam das Statistische Reichsamt zu folgenden Lohn- bzw. Gehaltseinkommen: [19])

	Zahl der Arbeiter in 1000 in Lohnklasse				Zahl der Angestellten in 1000 [20]) in Gehaltsklassen			
	I	II	III		I	II	III	
	bis RM 18.—	RM 18.— bis 36.—	über RM 36.—	zusammen	bis RM 200.—	RM 200.— bis 400.—	über RM 400.—	zusammen
1929	4 766	4 417	5 577	14 760	1 844	952	359	3 156
1932	4 485	3 590	1 910	9 985	1 791	688	210	2 690
1934	5 474	4 624	2 468	12 566	2 021	729	220	2 970
1936	5 480	4 972	3 732	14 183	2 110	968	345	3 424

[19]) Aus VJH. zur Statistik des Deutschen Reiches, 46. Jahrgang 1937, Heft 3, S. 95 ff.: „Wandlungen in der Schichtung der Arbeiter- und Angestellteneinkommen von 1929—1936".

[20]) Die Sozialversicherung erfaßt alle gegen Lohn beschäftigten Arbeiter und auch nahezu alle Angestellten. Jetzt erstreckt sich die Versicherungspflicht nicht mehr auf Angestellte mit einem monatlichen Verdienst über 600.— RM, ihre Zahl ist jedoch gering. Im übrigen ist ein großer Teil der öffentlichen Versicherung beigetreten oder aber freiwillig bei der Versicherung verblieben. Mit dem Zahlenmaterial der Sozialversicherung können also die Einkommensverhältnisse fast vollständig dargestellt werden. Die obige Einkommensschichtung ist auf Grund der Beiträge zur Invalidenversicherung für die Arbeiter und auf Grund der Beiträge zur Angestelltenversicherung für die Angestellten in den einzelnen Bezirken der Landesversicherungsanstalten dargestellt.

Verschiedenartige Gründe hatten diese Einkommenssteigerung verursacht. Einmal waren durch die immer mehr anwachsende Produktivität der gesamten deutschen Wirtschaft mehr Arbeitskräfte nötig, so daß die Zahl der Lohn- und Gehaltsempfänger zunahm. Dann wurden durch den wachsenden Bedarf an Facharbeitern die Löhne und damit die Einkommen erhöht.

Zweierlei interessiert uns an obiger Aufstellung: die Zahl der Lohn- und Gehaltsempfänger und die Höhe ihrer Einkommen, die beide die Kaufkraft, die sich auf dem Weinmarkt auswirkt, bedingen. Die Lohnklasse über RM 36,— weist bei den Arbeitern bis 1932 den stärksten Rückgang auf, der auch 1936 noch nicht wieder eingeholt werden konnte. Vielmehr finden wir den größten Teil der fehlenden 1,8 Millionen in den Lohnklassen I und II, die gegenüber 1929 eine Zunahme von 1,2 Mill. zu verzeichnen haben, die Zahl der Arbeiter der untersten Lohnklassen nahm auf Kosten der obersten Lohnklasse zu.

Die Zahl der in Beschäftigung stehenden Angestellten überragte 1936 bereits die von 1929. Aber auch hier konnte in der höchsten Gehaltsstufe (über RM 400,—) die Zahl von 1929 noch nicht wieder erreicht werden. Zusammenfassend kann gesagt werden, daß die Arbeiter- und Angestellteneinkommen nicht nur kleiner und dann wieder größer wurden, sondern daß sich auch das gesamte Einkommensgefüge verschoben hatte. Insbesondere ist wesentlich, daß die Beschäftigungszunahme nach 1932 ganz anders geartet war als die Abnahme von 1929—1932. Wenn daher auch die Beschäftigung den Stand von 1929 erreicht hat, war doch die Kaufkraftsteigerung viel kleiner. Vergleichen wir ferner die Beschäftigungsziffer der Angestellten bis 1932 mit der der Arbeiter, so fällt die größere Empfindlichkeit der Beschäftigungsziffer der Arbeiter auf. Zwar wuchs ab 1932 die Arbeiterbeschäftigungszahl schneller als die der Angestellten, aber sie stieg — relativ gesehen — doch bedeutend langsamer. Das besagt aber, daß heute verhältnismäßig mehr Angestelltenhaushalte auf dem Markt als Käufer auftreten als 1929.

Die Entwicklung der Beamteneinkommen war in der Zeit von 1929 bis heute viel einheitlicher. Die Zahl der festangestellten Beamten dürfte sich kaum grundlegend geändert haben. Das Einkommen der Beamten wurde dagegen seit 1929 um rd. 30 v.H. gekürzt und zwar bei allen Einkommensstufen dieser sozialen Gruppe. Nach 1932 wurde das Beamteneinkommen nicht wieder erhöht. Während somit die Zahl der Beamtenhaushaltungen, die als Käufer auf dem Markt auftreten, nicht zurückgegangen sein dürfte, wanderte ein Teil der Käufer in die untersten Einkommensstufen ab. Das heißt aber, daß diejenigen Konsumenten, die sowohl qualitativ als auch quantitativ den größten Weinbedarf hatten, seltener wurden.

Eingangs hatten wir ein Ansteigen des Volkseinkommens 1938 gegen 1932 um rd. 67 v. H. ermittelt. Wenn aber durch verschiedene Elemente, wie z. B. Anwachsen der Bevölkerung, Überalterung des Volkskörpers, Preiserhöhung für die freien Ausgaben, Schuldenabtragung und Sparmaßnahmen die Ausgaben, insbesondere für den freien Verbrauch, nicht in dem Maße steigen konnten wie die absolute Einkommensziffer, so lag die Kaufkraft des Geldes 1936 bereits über der des Jahres 1929, wenn man das Volkseinkommen des Jahres 1936 mit Hilfe der Umrechnung über den Index der Lebenshaltungskosten in der Kaufkraft von 1928 ausdrückt und die Kaufkraftveränderungen des Geldes unberücksichtigt läßt. [21])

Einen deutlichen Beweis für die Abhängigkeit des Weinverbrauches von der Einkommenshöhe und -verteilung liefert der Osten des Deutschen Reiches. Hier sind es, wie aus nachstehender Aufstellung hervorgeht, neben einer kleineren Bevölkerungszahl vor allem die geringere wirtschaftliche Intensität und die damit verbundenen kleiner werdenden Einkommensmöglichkeiten, die dem Weinverbrauch Schranken setzen. Während nach einer Berechnung des Statistischen Reichsamtes das Volkseinkommen je Kopf der Bevölkerung, ausgedrückt in jeweiliger Kaufkraft, 1934 z. B. in Grenzmark/Westpreußen nur 607.— RM und in Ostpreußen 612.— RM betrug, machte es z. B. in Württemberg 918.— RM und im Freistaat Sachsen 878.— RM aus.

Der Anteil einzelner deutscher Länder am Volkseinkommen. [22])

	insgesamt in Mill. RM		je Kopf der Bevölkerung in RM	
	1932	1934	1932	1934
Oberschlesien	709	833	476	554
Grenzmark/Westpr.	180	207	516	607
Ostpreußen	1 245	1 442	535	612
Pommern	1 141	1 349	573	697
Schl./Holstein	1 144	1 336	736	835
Freistaat Sachsen	2 284	2 692	766	878
Württemberg	2 149	2 489	807	918
Berlin	4 438	5 155	1 042	1 216

Leider sind keine genauen Angaben über die regionalen Unterschiede im Weinverbrauch vorhanden. Lediglich an Hand der noch zur Besprechung gelangenden Güterverkehrsstatistiken, auf die hier verwiesen wird, können diese regionalen Unterschiede verfolgt werden.

---

[21]) Deutsche Wirtschaftszeitung, 4. Jahrg. 1938, vom 27. Januar, und Wirtschaft u. Statistik, 1938, Heft 1.

[22]) Statistisches Jahrbuch für das Deutsche Reich, Band 1937, Seite 533.

c) Die Grundeinstellung zur Ware und die Konsumgewohnheiten der Verbraucher.

Der einzelne Verbraucher verfügt über sein freies Einkommen natürlich sehr individuell. Läßt er z. B. seine wünschenswerten Bedürfnisse unbefriedigt und spart sein freies Einkommen, um es Dritten gegen Entgelt zur Verfügung zu stellen, so wird es in den wenigsten Fällen zur Befriedigung irgendwelcher nicht lebensnotwendiger Güter verwandt werden. Gibt er es jedoch für den Zweck der angenehmeren Lebensgestaltung aus, so bieten sich ihm viele Möglichkeiten, die sich je nach der persönlichen Einstellung zum Leben ausrichten. Im allgemeinen kommt dabei der Wein als Freudenspender sehr schlecht weg. Geschmack, Gewohnheiten und früher auch gewisse Anschauungen bestimmen den Verbrauch an Wein. Daneben spielt der Weinpreis eine wichtige Rolle, da es bisher dem kleinen Einkommensträger nicht lohnend genug erschien, seine kleinen frei verfügbaren Einkommensteile in Wein anzulegen.

Noch wesentlicher für die Einstellung der Konsumenten zur Ware Wein sind aber die Machtkämpfe der alkoholischen und nichtalkoholischen Getränkeindustrien untereinander. Konsumgewohnheiten verursachen dabei regionale Unterschiede, wie wir sie in keinem anderen Lande der Welt wiederfinden. So verdrängt in manchen Gegenden Süddeutschlands, besonders in einigen Großstädten, das Bier den Wein vollständig, am Rhein dagegen wird wiederum fast ausschließlich Wein getrunken. Marktverschiebungen für Bier und Wein im ganzen Reich während eines längeren Zeitablaufs sind allerdings meist preisbedingt. Es kann in diesem Rahmen aber nur auf die einschlägige Literatur verwiesen werden. [23])

Weitaus bemerkenswerter sind aber die sich gegen den Genuß von Alkohol richtenden Zeitströmungen. So hat die Abstinenzbewegung, die zu einer völlig alkoholenthaltsamen Lebensweise kommen will, dem Weinabsatz schon immer Abbruch getan. Die moderne Ernährungslehre, verbunden mit der Vitamin- und Nährsalzforschung, hat den Gedanken der Volksgesundheit in den Vordergrund gerückt. Leider wird diese aufklärende Arbeit aber von antialkoholischen Kreisen zu „Aufklärungsfeldzügen" gegen den Genuß von Alkohol benutzt. In den ersten Jahren nach der Machtübernahme glaubten diese erwähnten Kreise die auf bevölkerungspolitischem Gebiet aufklärend wirkenden Erbgesetze als Schlagwort für die Empfehlung alkoholfreier Getränke benutzen zu müssen. Es ist deshalb erfreulich, daß nicht nur unter staatlichem Schutz eine Werbung für Wein durchgeführt werden konnte, sondern daß auch führende Persönlichkeiten der nationalsozialistischen Bewegung alle diese Bestrebungen in die Schranken wiesen.

---

[23]) Schulze-Kummert, Marktverschiebungen für Bier und Wein, Diss. Leipzig 1936.

Während der Verbrauch an warmen alkoholfreien Getränken nur geringe Veränderungen im Vergleich zur Vorkriegszeit aufweist, zeigen uns die steigenden Absatzziffern von Süßmosten und Speiseeis, weniger — auffälligerweise — die von Mineralwässern, wie diese Wettbewerber mit gutem Erfolg die Deckung des Mehrbedarfs an Getränken und sonstigen Erfrischungen an sich gerissen haben:

Erzeugung von Süßmosten in Mill. Ltr.[24])

	Apfelsaft	Traubensaft	Insgesamt
1926	2	—	2,5
1929	7	—	8
1931	14	—	16
1934	27	2,5	30
1935	35	7	43
1936	24	12	36

Für 1937 ergab sich eine Gesamtverbrauchsmenge von 59 Mill. Ltr. Most, für das Jahr 1938 standen sogar 75 Mill. Ltr. zum Verkauf bereit.[25]) Die Zahl der Süßmost verarbeitenden Betriebe stieg von 900 im Jahre 1933 auf 2 250 im Jahre 1937.

Der Umsatz von Speiseeis wird vom Institut für Konjunkturforschung jährlich auf 50—70 Mill. RM geschätzt,[26]) was einer Menge von 40—60 Mill. Ltr. Eis entsprechen dürfte. Vor dem Weltkriege war der Speiseeisverbrauch in Deutschland völlig unbedeutend. Ein Speiseeisgewerbe im heutigen Sinne gab es noch nicht.

Der Verbrauch von Mineralwässern, der sich aus Heilbrunnen, Tafelwasser und künstlichem Mineralwasser zusammensetzt, zeigt folgendes Bild:[27])

---

[24]) Erzeugung von Apfel- und Traubensaft, Frankf. Ztg. vom 27. 7. 1937.

[25]) Hoffmann, Ernst, Niedrigere Süßmostpreise, Hallische Nachrichten vom 20. Juli 1938.

[26]) Wochenberichte des Inst. f. Konj.Forsch. Nr. 5, 2. II. 1938, S. 29—30.

[27]) a. a. O., S. 28.

Jahr	Heilbrunnen Mill. Ltr.	Heilbrunnen 1911 =100	Tafelbrunnen Mill. Ltr.	Tafelbrunnen 1911 =100	Jahr	Künstliches Mineralwasser Mill. RM	Künstliches Mineralwasser Durchschnitt 1909/12 = 100
1900	12	100	53	50	Durchschnitt 1909/12	82	100
1905	12	100	68	65	1929	108	131
1911	12	100	105	100	1930	83	101
1928	24	200	145	138	1931	54	66
1931	15	125	81	77	1932	41	50
1933	12	100	90	86	1933	36	44
1934	19	158	100	95	1934	43	52
1935	21	175	112	107	1935	45	55
1936	22	183	115	110	1936	49	60

Während Heil- und Tafelbrunnen im Vergleich zur Vorkriegszeit ihren Absatz steigern konnten, konnte sich der Absatz von künstlichem Mineralwasser nach einem Rückgang seines Höchststandes im Jahre 1929 um ein Drittel im Jahre 1933 nur auf 60 v.H. des Standes von 1909/12 erholen.

Welche Folgen die fortschreitende Motorisierung des Verkehrs und das Erscheinen des Volkswagens auf den Weinabsatz haben werden, ist im Augenblick noch nicht abzusehen. Wenn auch bei weitem nicht in dem Umfange Verkehrsunfälle durch Genuß von Alkohol verursacht werden, wie in manchen Kreisen angenommen wird, so muß natürlich im Interesse der Verkehrssicherheit von jedem Autofahrer verlangt werden, daß er nur wenig oder gar keinen Alkohol genießt. Die Bekanntmachungen des Reichsführers SS und die Bestrafung unter Alkohol stehender Kraftfahrer auf Grund der allerdings noch sehr umstrittenen Blutprobe lassen deutlich die Maßnahmen erkennen, die gegen den Alkoholmißbrauch angewandt werden. Es ist daher wahrscheinlich, daß der Verbrauch an alkoholischen Getränken unter der zunehmenden Motorisierung Deutschlands leiden wird.

In diesem Rahmen ist auch die interessante Tatsache zu erwähnen, daß sich seit einigen Jahren der deutsche Weintrinker immer mehr den leichten, spritzigen, jungen Weinen zugewandt hat, während in früheren Zeiten vorwiegend alte, abgelagerte Weine bevorzugt wurden. Wir haben es dabei mit einer Wandlung in der Geschmacksrichtung zu tun. In Kreisen der Weinkaufleute vertritt man die

Ansicht, daß es sich um eine Modeerscheinung handelt,[29]) die sich in gewissen Abständen bemerkbar macht. Auf alle Fälle bringt sie dem Winzer und Händler große Vorteile, da jetzt die Weine nicht mehr viele Jahre in den Kellern lagern und eine Behandlung nötig machen, die Kosten verursacht. Statt dessen werden die Weine heute schon — soweit sie nicht ausgesprochene Qualitätsweine sind — nach ein bis drei Jahren abgesetzt und damit zu Geld gemacht.

In derselben Richtung liegt schließlich auch die Bevorzugung einzelner Weinsorten nach Gebieten, Orten, Lagen und Sorten. Während noch vor wenigen Jahren der Moselwein als besonders säurereich verachtet war, erfreut er sich heute gerade deswegen einer besonderen Beliebtheit.

3. Der tatsächliche Weinverbrauch in Deutschland.

a) Verbrauchsschwankungen.

In seiner nachgewiesenen Abhängigkeit von den Einkommensverhältnissen der Verbraucher unterliegt der Weinkonsum konjunkturellen Einflüssen. Ein wirtschaftlicher Aufstieg, verbunden mit steigendem Wohlstand, bringt auch einen vermehrten Weinverbrauch mit sich.

Von weitaus größerer Bedeutung ist aber die Dynamik des Weinbedarfes während eines Jahresablaufs. Wein wird hauptsächlich während der kalten Jahreszeit getrunken, wogegen im Sommer das Verlangen nach dieser Ware zurückgeht. Diese Unregelmäßigkeit im Konsum wird noch verschärft durch den vermehrten Verbrauch anläßlich froher Festlichkeiten — insbesondere während des Weihnachtsfestes, wo der Wein als Geschenkartikel beliebt ist — und durch die Kaufgewohnheiten der Bevölkerung, die ihrerseits wieder durch die Zahlungsgewohnheiten der Wirtschaft bedingt sind. Der große Einfluß der Festtage auf den Verbrauch geht besonders aus der verhältnismäßig kurzen Dauer dieser

---

[29]) So auch von Bassermann-Jordan, Von der Mode im Weingeschmack, in „Das Weinblatt" Heft 52 vom 26. 12. 1937, S. 956, wenn er schreibt: „Ganz und gar Modesache ist die Frage, ob alter oder junger Wein zu bevorzugen ist ... Vielleicht sind in der neueren Zeit ungefähr 100 jährige Perioden für den Wechsel des Geschmacks für alten und jungen Wein aufgekommen. Noch am 20. 7. 1829 hat sich das Bayerische Staatsministerium des Innern veranlaßt gesehen, das Einhängen lederner Riemen, um künstlich junge Weine alt zu machen, zu verbieten. Noch fast das ganze 19. Jahrhundert dauerte die Bevorzugung alter Weine an, und erst gegen die Jahrhundertwende und später geht man mit fliegenden Fahnen zum jungen Wein über, wobei freilich die Fortschritte der Kellertechnik dem Geschmack wesentlich entgegengekommen sind."

Schwankungen hervor. Einem kurzen, starken Ansteigen folgt ein noch schnelleres Sinken des Absatzes.

Für Wein pflegt die Saison im Oktober zu beginnen und Ende April beendet zu sein. Klimatische Einflüsse können natürlich eine Vor- oder Rückverlegung von Beginn und Ende der Saison bewirken. Ein zahlenmäßiger Beleg über die Weinverbrauchsschwankungen im gesamten Reich konnte nicht ermittelt werden, doch dürfte man nicht fehlgehen, aus dem noch in einem späteren Kapitel darzustellenden Ergebnis eines Weinhandelsbetriebes allgemeine Erkenntnisse zu ziehen. Danach werden ca. 20 v.H. der gesamten in Deutschland zum Verbrauch kommenden Weinmenge im Monat Dezember vom Einzelhandel an den Verbraucher abgesetzt, beinahe 40 v.H. im letzten Jahresquartal, ein Beweis für die große Saisonempfindlichkeit der Ware.

b) Verbrauchsmengen und -gebiete.

Nach Aufhebung der Weinsteuer gibt es keine genauen Berechnungen mehr über den Weinverbrauch in Deutschland, wie etwa für den Bierkonsum genaue statistische Unterlagen vorhanden sind. Der Weinkonsum in Deutschland insgesamt läßt sich aber auf Grund der Angaben über die deutschen Weinmosternten und über die Weinein- und -ausfuhr mit ziemlicher Genauigkeit berechnen. (Siehe nachstehende Statistik und graphische Darstellung.)

Danach erreichte der Weinkonsum in Deutschland im Jahre 1926 mit 171,7 Mill. Ltr. seinen tiefsten Stand. Von 1933 bis 1937 stieg er von 232,4 Mill. Ltr. über 314,4, 412,4, 450,0 auf ca. 485 Mill. Ltr. an. Grund und Ursachen dieser enormen Absatzsteigerungen wurden bereits dargestellt, insbesondere trug die planmäßige Absatzlenkung des Reichsnährstandes wesentlich zu diesem Mehrverbrauch bei. —

Bisher errechnete das Statistische Reichsamt den Weinverbrauch je Kopf der Bevölkerung in Ltr. In Ergänzung dazu ist jetzt die Umrechnung auf Vollverbraucher geschaffen, worunter man die männlichen und weiblichen Personen über 14 Jahre zu verstehen hat, von einer Unterscheidung der Verbraucher nach dem Geschlecht hat man Abstand genommen. Der Weinverzehr je Vollverbraucher betrug im Durchschnitt des Jahres 1936 8,8 Ltr. gegen 4,7 Ltr. 1933 und 5,1 Ltr. 1913. Bei der Betrachtung des Verbrauchs je Vollverbraucher für die Zeit vor dem Weltkriege fällt auf, daß der Weinverzehr um 1900 mit 11,6 Ltr. je Vollverbraucher bisher noch nicht wieder erreicht werden konnte. Schon bis zum Ausbruch des Weltkrieges war der Konsum von Wein sehr stark zurückgegangen — von 1900 bis 1913 um 55 v. H. Dieser Rückgang konnte erst während der letzten Jahre wieder etwas aufgeholt werden.

Weinverbrauch in Deutschland.[30])

Jahr	insgesamt in Mill. Ltr.	je Kopf in Ltr.	je Vollverbraucher in Ltr.
1900	414,3	7,4	11,3
1901	432,3	7,6	11,6
1902	332,4	5,8	8,8
1903	385,6	6,6	10,1
1904	452,7	7,6	11,6
1905	447,5	7,4	11,3
1906	286,9	4,7	7,1
1907	293,2	4,7	7,2
1908	373,6	5,9	9,0
1909	307,0	4,8	7,3
1910	220,6	3,4	5,2
1911	333,8	5,1	7,7
1912	328,0	5,0	7,5
1913	227,0	3,4	5,1
1924	205,0	3,3	4,5
1925	273,7	4,4	6,0
1926	171,7	2,7	3,7
1927	240,1	3,8	5,0
1928	297,6	4,7	6,2
1929	295,4	4,6	6,1
1930	321,7	5,0	6,5
1931	335,1	5,2	6,8
1932	260,4	4,0	5,3
1933	232,4	3,6	4,7
1934	314,4	4,8	6,3
1935	412,4	6,2	8,1
1930	450,0	6,7	8,8

Wie gering der Weinverbrauch gerade in Deutschland ist, geht besonders deutlich aus den folgenden Vergleichszahlen mit anderen Ländern hervor:[31])

[30]) Veröffentlichungen des Statistischen Reichsamtes, Statistische Jahrbücher 1936/37, sowie in „Deutsche Weinzeitung" vom 12. 5. 38, Nr. 36.

[31]) Die Zahlen wurden einer Aufstellung des Boraszati Zsebnaptar, Ungarn 1936, Seite 59, entnommen (Ungarischer Weinbaukalender, Budapest 1935).

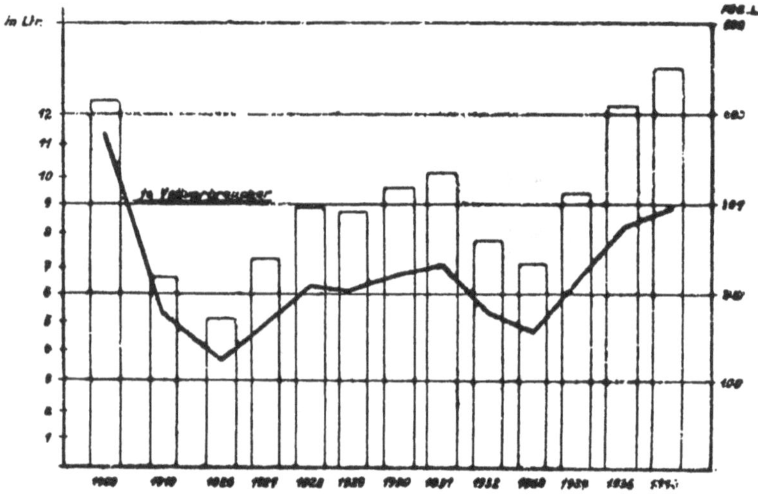

Deutschlands Weinverbrauch.

Weinverbrauch einiger Länder Europas.

Land	Der jährl. Weinverbrauch pro Kopf der Bevölkerung in Ltr. im Durchschnitt 1927 – 1933:
Frankreich	145
Italien	107
Spanien	80
Schweiz	36
Ungarn	37
Deutsch-Österreich	17
Deutschland	4,4

Deutschland hat — abgesehen von einigen kleinen nordischen Staaten — den geringsten Weinverbrauch in Europa.

Infolge der verschiedenartigsten Einflüsse, die den Weinkonsum bestimmen, weisen die dargestellten durchschnittlichen Verbrauchsziffern in den einzelnen deutschen Gebieten erhebliche Abweichungen auf. Die verschiedenartigen Verhältnisse, die dabei besonders mitbestimmend sind, wurden in den vorhergehenden Kapiteln eingehend dargestellt. Daneben bildet, wie Klatt [32]) nachweist, die Art des An-

[32]) Klatt, W., Die Verwertung der deutschen Rebenernten. Berlin, 1932.

gebotes ein mitbestimmendes Element, d. h. mit wachsendem Anteil des „offenen" Weinangebotes nimmt der Gesamtabsatz zu. Mit der Durchführung der Patenweinaktion wurde die bisher gültige Regel, daß mit zunehmender Entfernung vom westlichen Produktionsgebiet die Verbrauchsziffern sinken, teilweise erheblich durchbrochen. Es wurde nicht nur das Schoppenweinangebot in anderen deutschen Gebieten stärker eingeführt, sondern auch Flaschenweine fanden in den nördlichen und östlichen Provinzen zusätzlichen Absatz.

Bei einer Gesamtverbrauchsmenge während der Patenweinaktion 1935 von 12 Mill. Ltr. ergab sich bei einer Bevölkerungszahl von 66 Millionen ein je Kopf-Verbrauch von (in $^1/_{10}$ Ltr. ausgedrückt) 1,8 durchschnittlich im ganzen Reich.[33]) Für einzelne Reichsgebiete wurden folgende Verbrauchszahlen ermittelt:

Patenweinabsatz im Jahre 1935.

	Einwohnerzahl	Patenweinabsatz in Ltr.	je Kopf in 1/10 Ltr.
Berlin-Grenzmark	4 242 501	800 623	2,0
Baden	2 412 951	250 000	1,0
Hamburg	1 218 547	285 000	2,5
Mecklenburg-Lübeck	941 626	170 000	1,8
Rheinland	7 631 723	3 500 000	4,6
Sachsen	5 196 652	512 000	1,0
Sachsen-Anhalt	3 400 592	2 000 000	6,0
Schlesien	4 686 769	500 000	1,1
Schlesw.-Holstein	1 589 664	285 000	2,0
Gau Südhannover	3 880 496	1 000 000	2,7
Westfalen	5 039 963	1 700 000	2,0
Hessen-Nassau	2 584 828	1 200 000	4,8
		12 202 623	2,6
Reich:	66 030 000	12 000 000	1,8

Wie ersichtlich, steht Mitteldeutschland mit $^6/_{10}$ Ltr. je Kopf der Bevölkerung an der Spitze. Auch Südhannover und Hamburg weisen einen beachtlichen Patenweinabsatz auf. Auffällig erscheint der geringe Absatz in Baden. Bei der Betrachtung der Ergebnisse einzelner Städte zeigt sich, daß sogar vereinzelte ostdeutsche Städte einen größeren Verbrauch an Wein aufweisen als solche in den Erzeugergebieten. So marschieren Lübeck mit $^5/_{10}$ Ltr. und Köslin in Pommern mit $4^3/_{10}$ Ltr. vor Köln mit nur $^4/_{10}$ Ltr. Einen gesamten Überblick über den

[33]) Deutsche Weinzeitung vom 4. Februar 1936, Nr. 10, Jahrgang 73.

Patenweinabsatz wollen wir an Hand der Ergebnisse des Jahres 1936 verfolgen: [34])

Patenweinabsatz im Jahre 1936.

	Einwohnerzahl [35]) in 1000	Liter [36]) in 1000	1/10 Liter je Kopf
Baden	2 470	644	2,6
Bayern	6 853	1 000	1,5
Braunschweig-Hannover	3 116	479	1,5
Hessen-Nassau	2 933	3 000	10,2
Kurmark	7 477	2 044	2,7
Kurhessen	1 125	252	2,2
Mecklenburg	825	319	3,8
Weser-Ems	1 655	22	0,1
Ostpreußen	2 388	270	1,1
Pommern	1 966	415	2,1
Rheinland	7 870	2 356	3,0
Saarpfalz	1 840	350	1,9
Sachsen-Anhalt	3 227	830	2,6
Sachsen-Land	5 320	1 807	3,4
Schlesien	4 798	843	1,8
Schlesw.-Holstein	3 174	811	2,6
Thüringen	2 376	658	2,8
Westfalen	5 339	1 956	3,7
Württemberg	2 835	900	3,2
Reich:	67 587	18 956	2,8

Auch hier weisen einige nordostdeutsche Gebiete, z. B. Mecklenburg, einen über dem Reichsdurchschnitt liegenden Patenweinverbrauch auf, andere liegen nur wenig darunter, so daß die Weinfreundlichkeit für deutsche Erzeugnisse gerade in den nördlichen und östlichen Gebieten des Reiches gewaltig gewachsen ist, ein schöner Erfolg der Werbeaktion.

c) Der Anteil der Haupterzeugergebiete am Gesamtverbrauch.

Am Gesamtkonsum sind in den einzelnen Gebieten Deutschlands die Erzeugergebiete nicht gleichmäßig beteiligt. Genaue Unterlagen über den inländischen

[34]) [35]) Nach der Zählung vom 16. Juni 1933 unter Berücksichtigung der Bevölkerungszunahme bis 1. Jan. 1937 um rd. 2,3 v.H.

[36]) Nach Angabe der HV. d. dtsch. Weinbauwirtschaft.

Weinverkehr sind zwar nicht vorhanden, doch kann an Hand der Güterverkehrsstatistiken, welche die Güterbewegungen innerhalb der deutschen Reichsgrenzen erfassen, soweit er sich auf Eisenbahnen und Wasserstraßen abspielt, die Hauptversandrichtung des deutschen Weinverkehrs verfolgt werden. Die Zahlen werden dabei um so zuverlässiger, je größer die Entfernung von den Erzeugergebieten wird, da dann der Lastkraftwagenverkehr als Weintransportmittel zugunsten der Reichsbahn zurücktritt.

Die Statistik der Güterbewegung erfaßt nahezu den gesamten Verkehr auf deutschen Eisenbahnen. Lediglich einige Klein- und Privatbahnen sind nicht einbegriffen, doch wird dieser nicht berücksichtigte Verkehr nur auf $1/_{1000}$ des gesamten deutschen Güterverkehrs geschätzt. [37]) Unbeachtet bleiben ferner alle Sendungen unter 500 kg sowie alle Landstraßen-, Post- und Luftgüterversendungen. Da sowohl die Sendungen unter 500 kg als auch der Lastkraftwagentransport besonders in neuer Zeit für den Weinversand eine bedeutende Rolle spielen, können uns die folgenden Zahlen kein genaues Bild geben, auch wenn wir annehmen, daß der Versand auf der Landstraße im Großen und Ganzen die gleiche Richtung einschlägt wie der auf der Eisenbahn. Erst eine Güterverkehrsstatistik, insbesondere für den Landstraßenversand, wird hier Abhilfe schaffen.

Weinversand auf Eisenbahnen und Wasserstraßen.

Jahr	zusammen	1933 = 100	davon auf Eisenbahnen [38]) 1000 t	auf Wasserstraßen [39]) 1000 t
1931	286	104	244	42
1932	315	115	273	42
1933	274	100	237	37
1934	339	124	291	48
1935	363	132	311	52
1936	395	144	328	67

Mit 274 000 t im Jahre 1933 erreichte der Weinversand nach dem Kriege seinen tiefsten Stand. Bis 1936 konnte er dann, gemessen am Stand von 1933, um 44 v.H. gehoben werden. Mit 67 000 t hatte 1936 der Versand auf Wasserstraßen 17 v.H. an der ausgewiesenen Gesamtversandmenge inne.

[37]) Statistik des Deutschen Reiches, Band 503, I, Die Güterbewegung auf deutschen Eisenbahnen im Jahre 1936, Heft 1, Seite 2.

[38]) Statistik des Deutschen Reiches, Bände 424/II, 486/II und 503/II, Die Güterbewegungen auf deutschen Eisenbahnen.

[39]) Deutsche Weinzeitung, Nr. 9, 1. Februar 1938.

Die Eisenbahngüterverkehrsstatistik weist insgesamt 41 Verkehrsbezirke aus, nachstehend werden 16 dieser Bezirke mit einem Weinversand von mehr als 2000 t wiedergegeben:

Weinversand der wichtigsten Verkehrsbezirke.

Versand [40])

Verkehrsbezirk	in andere Bezirke t	im Bezirk t	ins Ausland t
Bayer. Pfalz ohne Ludwh.	58 046	5 718	7
Hessen o. Oberhessen	56 327	13 409	226
Rheinprovinz links des Rheins ohne Köln	52 091	17 819	267
Hessen-Nassau m. Oberhessen ohne Frankf./M. u. Umg.	7 966	758	35
Baden ohne Mannheim	6 251	7 528	2
Weser-Häfen	4 476	80	17
Nordbayern	4 013	3 195	37
Südbayern ohne München	3 285	983	1
Württemberg o. Hohenz.	2 931	3 334	2
Frankfurt/M. u. Umgebung	2 865	7	153
Stadt Berlin	2 676	228	45
Mannheim-Ludwigshafen	2 599	2	17
Niederschlesien o. Breslau	2 472	770	3
Elbhäfen	1 998	105	259
Sachsen ohne Leipz. u. Umg.	1 292	2 456	39
Reg.-Bez. Hannover, Hildesheim und Braunschweig	1 197	861	—

Bei dem uns interessierenden Versand nach anderen Bezirken stehen die Pfalz, Hessen und die linksrheinische Provinz an der Spitze. In großen Abständen folgen Hessen-Nassau und Baden. Bei den übrigen aufgezählten Verkehrsbezirken handelt es sich im überwiegenden Maße um den Weitertransport erhaltener Weine.

Aus den drei Hauptweinversandbezirken gestaltete sich der Weinversand während der letzten 8 Jahre wie folgt: [41])

[40]) Statistik des Dtsch. Reiches Band 503 a. a. O.

[41]) Aus Statistik des Deutschen Reiches; Die Güterbewegungen auf deutschen Eisenbahnen in den Jahren 1929 bis 1936:
Band 503/I 1936 486/I 1935 477/I 1934 445/I 1933
435/I 1932 424/I 1931 395/I 1930 380/I 1929.

Weinversand insgesamt aus den 3 Hauptversandbezirken.

Jahr	linksrhein. Provinz 1	Pfalz 2	Hessen 3	1—3 zusammen
1929	39 477	44 888	30 269	114 634
1930	36 283	49 396	42 822	128 501
1931	37 965	43 559	41 733	123 257
1932	45 490	48 300	49 594	143 384
1933	30 725	41 587	39 008	111 320
1934	41 849	48 029	41 359	131 337
1935	52 297	55 672	49 091	157 060
1936	52 091	58 046	56 327	166 464

Insgesamt wurden aus diesen drei Bezirken 1936: 166 464 t Wein in das übrige Deutschland verschickt, das sind 42,1 v.H. der in der Statistik ausgewiesenen Versandmenge in andere Bezirke. Im Vergleich zu anderen Jahren waren es z. B. 9 404 t mehr als im Jahre 1935 und 55 144 t oder beinahe die Hälfte mehr als im Jahre 1933. Der Versand der Pfalz übertraf — abgesehen vom Jahr 1932 — bisher immer den der beiden anderen Bezirke, wenn auch der Vorsprung immer geringer wurde. Während der Versand aus der linksrheinischen Provinz schon während der Jahre 1934/35 stark zunahm, aber 1936 etwas abfiel, konnte Hessen seinen Versand erst 1935 und 1936 steigern. Dabei ist zu berücksichtigen, daß Hessen 1936 außerdem noch über 13 000 t, die linksrheinische Provinz sogar beinahe 18 000 t im eigenen Bezirk verschickte, während es bei der Pfalz nur 5 700 t waren.

Die Hauptversandrichtung dieser drei Hauptweingebiete geht aus folgender Aufstellung hervor:

Versand aus den Bezirken in den Überschriftzeilen nach den Gebieten in der Vorspalte [42])

nach	von Pfalz insgesamt in t	in v. H.	von Hessen insgesamt in t	in v. H.	von Rheinprovinz l. d. Rh. insgesamt in t	in v. H.
Norddeutschland [43])	10 180	17,5	16 098	28,6	17 456	33,5
Süddeutschland	29 986	51,7	16 088	28,5	4 932	9,4
Westdeutschland	9 072	15,6	8 954	15,9	19 807	38,0
Ostdeutschland	2 755	4,8	3 309	5,9	2 874	5,7
Mitteldeutschland	6 053	10,4	11 878	21,1	7 022	13,4
Zusammen:	58 046	100,0	56 327	100,0	52 091	100,

[42]) Aus Statistik des Deutschen Reiches Bd. 503/I, Die Güterbewegung auf deutschen Eisenbahnen im Jahre 1936.

Unter Berücksichtigung der eingangs erwähnten Vorbehalte können wir aus diesen Zahlen ersehen, daß allein über die Hälfte aller pfälzischen Weine, die mit der Bahn versandt wurden, nach Süddeutschland gingen; aus der linksrheinischen Provinz kamen nur 9,4 v.H. Hessische Weine verteilten sich mit Ausnahme von Ostpreußen ziemlich gleichmäßig über das gesamte Reich, während die Weine aus der Rheinprovinz überwiegend nach West- und Norddeutschland gingen.

Nachdem die Hauptversandgebiete erläutert und die Hauptversandrichtungen erkannt worden sind, wollen wir zur Vervollständigung unserer Betrachtung noch auf die wichtigsten Empfangsgebiete eingehen. In Tabelle VI und VII (im Anhang) sind die 10 Hauptempfangsgebiete von Wein und die Höhe ihres gesamten Weinbezuges während der letzten 6 Jahre aufgeführt und schließlich noch alle die Bezirke angegeben, die 1936 einen Empfang von über 5 000 t aus anderen Bezirken und aus dem Ausland zu verzeichnen hatten. Letztere sind aufgeteilt nach Haupterzeugergebieten. [44])

---

[43]) Die Einteilung des Deutschen Reiches nach 5 Hauptgebieten geschah aus der Notwendigkeit heraus, die von der Güterverkehrsstatistik ausgewiesenen 41 Bezirke zu ordnen, um so mit einer übersichtlichen Darstellung eine Vergleichsmöglichkeit zu geben. Eine genaue Grenzziehung war dabei allerdings nicht möglich, da sich die Bezirke der Statistik teilweise mit den ausgewiesenen Gebieten überschneiden. Folgende Bezirke wurden zusammengefaßt:

Norddeutschland: Prov. Pommern (3) u. Pommersche Häfen (4); Mecklenburg (5) mit Häfen Rostock bis Flensburg (6); Prov. Schlesw.-Holstein (7) mit Elbhäfen (8), ohne 6; Weserhäfen (9); Emshäfen (10); Oldenburg, Reg.-Bez. Lüneburg usw. (11a) ohne 8—10; Reg.-Bez. Hannover u. Hildesheim, Braunschweig usw. (11b); Stadt Berlin (16) und Prov. Brandenburg (17).

Süddeutschland: Baden (33) mit Städten Mannheim und Ludwigshafen (34); Württemberg u. Hohenzollern (35); Südbayern (36) mit Stadt München (36a); Nordbayern (37).

Westdeutschland: Prov. Hessen-Nassau u. Oberhessen (21) mit Stadt Frankfurt/M. u. Umgeb. (21a) ohne 19b; Ruhrgebiet in der Prov. Westfalen (22) und in der Rheinprovinz (23); Prov. Westfalen u. Lippe (24) ohne 22; Rheinprov. rechts d. Rheins (25) ohne 23, 26a und 28; Rheinprov. links d. Rheines (26) mit Stadt Köln 26a; Saarland (27); Duisburg, Duisburg-Hochfeld, Ruhrort (28); Hessen (32) o. Oberhessen; bayer. Pfalz (31) ohne Ludwigshafen.

Ostdeutschland: Prov. Ostpreußen (1) mit Häfen Königsberg, Pillau und Elbing (2); Grenzmark Posen/Westpreußen (12); Prov. Oberschlesien (13); Stadt Breslau (14) und Provinz Niederschlesien (15).

Mitteldeutschland: Reg.-Bez. Magdeburg/Anhalt (18); Reg.-Bez. Merseburg, Erfurt usw. (19a); Thüringen (19b) usw.; Sachsen (20) mit Stadt Leipzig und Umgebung 20a.

[44]) Zusammengestellt nach Statistik des Deutschen Reiches:

Der gesamte Eisenbahnempfang konnte — abgesehen von Baden — in allen hier aufgeführten Bezirken gesteigert werden. In Hessen betrug der Mehrempfang beinahe 2 000 t. Im ganzen erhielten die 10 Bezirke rd. 157 000 t oder fast die Hälfte des mit der Bahn überhaupt versandten Weines. Wie aus beiden Statistiken hervorgeht, ist der Weinverbrauch in den Erzeugergebieten selbst von beachtlicher Größe. So wurden z. B. in Hessen neben einem Versand von 13 400 t innerhalb des Bezirkes selbst noch 15 500 t empfangen, darunter 3 400 t aus dem Ausland. Von insgesamt 40 000 t, die auf der Eisenbahn vom Auslande hereinkamen, entfielen auf die hier dargestellten Bezirke 30 000 t, davon auf Italien rd. 18 000 t und Ungarn 12 000 t. Der Rest kam aus Frankreich, Spanien und Portugal. Im übrigen findet die bereits erkannte Richtung des Versandes durch die Empfangszahlen der hier genannten Bezirke ihre Bestätigung.

Bände 424/I/II 1931 435/I/II 1932 445/I/II 1933
477/I/II 1934 486/I/II 1935 503/I/II 1936.

II. Teil.

Die betriebswirtschaftliche Lösung der Marktaufgabe.

Nachdem die Aufgaben, die der deutsche Markt und damit das Bedürfnisgesamt des Volkes[1]) dem Weinhandel stellen, erkannt worden sind, soll untersucht werden, wie weit er seinerseits bestrebt ist, diesen Aufgaben gerecht zu werden und in welchem Maße er bisher zu ihrer Erfüllung beitrug. Zunächst sei dargestellt, wie die Ziele des Leistungsablaufes verwirklicht werden konnten.

A. Der Leistungsablauf und seine organisatorische Gestaltung.

Die Vielgestaltigkeit der deutschen Weinprodukte und die Verschiedenartigkeit der Verbraucherwünsche hat eine große Anzahl von Vermittlern aufkommen lassen, die zwischen Weinerzeugung und letztem Konsumenten eingeschaltet sind. Besonders im Rahmen der allgemeinen beruflichen Spezialisierung und Arbeitsteilung entwickelten sich die vermittelnden Organe, so daß es schließlich zur Neubildung von selbständigen Berufen kam, neue, bis dahin unbekannte Hilfsgewerbe entstanden. Neben ein vermehrtes Aufkommen bereits vorhandener Vermittlungsorgane trat eine Aufteilung ursprünglich geschlossener Aufgabengebiete. So entstand im Bereich des Großhandels der Kommissionär und der Agent, die sich besonders wegen der wachsenden Anforderungen, die der Sortimentshandel und damit die Masse der Verbraucher an diesen Handelszweig stellten, herausschälten.

Sowohl auf der Seite der Beschaffung als auch auf der des Absatzes verursachten ähnliche Verschiebungen in der gesamten Weinhandelskette eine ständige Ausdehnung der Handelsstufen, so daß heute eine beinahe unübersehbare Fülle von Kommissionären, Groß- und Einzelhändlern, Winzergenossenschaften, Gastwirten, Kasinos, Hotels, Vertretern, Reisenden, Warenhäusern am Absatz

---

[1]) Deutsch, Paul, a. a. O., Seite 14.

des Weines beteiligt ist. — Erst mit der Weinmarktordnung und der damit einsetzenden karteimäßigen Erfassung der Weinverteiler konnte dieser Entwicklung, die einer dauernden Umformung unterlag, Einhalt geboten werden. Diese Maßnahme will einmal eine weitere Ausdehnung der Weinhandelskette verhindern, dann soll aber eine besonders in den letzten Jahren zu beobachtende Verschmelzung getrennter Absatzstufen, die im Laufe der Jahrzehnte ihre Existenzberechtigung nachgewiesen haben, unmöglich gemacht werden. So liegt zum Beispiel die Übernahme von Aufgaben des Einzelhandels durch den Weingroßhandel im Produktionsgebiet in dieser Richtung.

Der heutige Weinhandel in Deutschland ist noch überaus zersplittert. Die nach dem Merkmal des mengenmäßigen Umfanges der Leistung durchgeführte Gliederung in Groß- und Kleinhandel zeigt gerade im Weinverkehr die verschiedensten Erscheinungsformen. Auch jede andere Eigenart, sei es des Leistungsablaufs oder der finanziellen Führung, kann keine exakte Abgrenzung haben. Die im folgenden durchgeführte Gliederung kann daher nur ein Rahmen sein, in welchem versucht wird, den Weg, den die Ware Wein vom Erzeuger bis zum Verbraucher nimmt, zu verfolgen.

1. Die Beschaffung der Ware.

a) Der Produzent in seiner Marktstellung.

Das Anfangsglied der Weinhandelskette bilden die Produzenten, zum größten Teil Winzer mit kleinen Besitzungen. Einer genauen Abgrenzung zwischen Erzeuger und Verteilerbetrieb wurde die Anordnung Nr. 3 der Hauptvereinigung [2]) gerecht. Danach sind nur diejenigen als Erzeuger anzusehen, deren Zukauf an Trauben und Maische [2a]) 20 v.H. ihrer Eigenerzeugung nicht übersteigt. Alle Betriebe, die über diesen Prozentsatz Weine fremden Wachstums mit dem Zwecke der Weiterveräußerung einlagern, sind als Verteilerbetriebe zu betrachten.

Häufig sind die Winzer gezwungen schon im Herbst ihre Ernte als Traube und Maische oder später als Wein abzustoßen. Verfügen sie über die nötigen Geldmittel und die geeigneten Kellereinrichtungen und Kellereien, bauen sie ihre Produkte bis zur Konsumreife aus. Anderenfalls müssen sie bereits während der Ernte die Trauben verkaufen. Dieser unbedingt notwendige Traubenverkauf war in früheren Jahren für die Herbstpreisbildung meist ausschlaggebend. Kommis-

---

[2]) Anordn. Nr. 3 d. HV. vom 9. 6. 37. RNVBl. Nr. 38 v. 12. 6. 37, Seite 249 f.

[2a]) Gemäß Anord. Nr. 19 der H. V. vom 27. VI. 39 RNVBl S. 434 (s. a. D.W.Z. v. 4. 7. 39) ist der An- und Verkauf von gemahlenen Trauben (Maische) mit dem Tage der Verkündung dieser Anordnung verboten worden.

sionäre und Handel nutzten die Notlage der Winzer im Herbst preisbildend aus. Erst durch die Einführung von Mindest- und Richtpreisen wurde mit diesem System der Preisbildung gebrochen. Sie garantieren heute den Weinbauern ein angemessenes Auskommen.

Bevor jedoch der Staat mit Hilfe eines Richtpreissystems und einer Werbung für den Absatz — insbesondere zum Nutzen der Winzer — in die Weinvermarktung regelnd eingriff, waren die Weinbauern verschiedentlich zur Selbsthilfe geschritten. Aus der wirtschaftlichen Notlage heraus und zur Förderung des Absatzes schlossen sich vielerorts im Weinbaugebiet die Winzer schon frühzeitig zu Winzergenossenschaften zusammen. Diese Entwicklung nahm in Deutschland mit der Gründung einer Winzergenossenschaft an der Ahr im Jahre 1868 ihren Anfang, [3]) nachdem schon vorher Zusammenschlüsse auf ähnlicher Basis zustande gekommen waren. Im Verlauf der nächsten Jahrzehnte nahm die Entwicklung des Genossenschaftswesens einen unterschiedlichen Verlauf, sie wurde von der allgemeinen Lage auf dem Weinmarkt bestimmt.

Während 1908 im ganzen Reich 197 Winzergenossenschaften gezählt wurden, [4]) bestanden 20 Jahre später 285, [5]) 1935 waren es schließlich 456, die sich wie folgt auf die einzelnen Weinbaugebiete verteilten: [6])

Rhein- und Moselgebiet	181
Rheinpfalz	81
Rheinhessen und Rheingau	60
Baden	60
Württemberg	56
Franken	16
Sonstige Gebiete	2
	456

Durchschnittlich hatte jede Genossenschaft 60 Mitglieder, so daß ca. 27 300 Winzer genossenschaftlich erfaßt wurden. Daß sich gerade die kleinsten und mittleren Weinbauern zu Genossenschaften zusammengeschlossen hatten, geht daraus hervor, daß mehr als ein Drittel aller Weinbaubetriebe mit einer Größe bis zu 1 ha Anbaufläche Mitglieder der Winzergenossenschaften waren. Nach einer Schätzung des Genossenschaftsverbandes Raiffeisen e.V. bestanden Anfang 1938 ca. 500 Winzergenossenschaften mit durchschnittlich 60 Mitgliedern.

[3]) Müller, Jakob, Die deutschen Winzergenossenschaften unter besonderer Berücksichtigung d. Nahe-Weinbaugebietes, Diss. Frankf. 1936, S. 37.
[4]) Müller, Jakob, a. a. O., Seite 46.
[5]) Müller, Jakob, a. a. O., Seite 54.
[6]) Olbert, K., N.S.-Landpost vom 18. Sept. 1936, Folge 38.

Das Genossenschaftswesen hat verschiedentlich befruchtend auf den Weinbau gewirkt. Die Mitglieder wurden nicht nur zum Qualitätsweinbau durch sorgsame Pflege der Weinberge und einwandfreie Kellerbehandlung der Weine angehalten, sondern sie wurden darüber hinaus durch den Verkauf ihrer Erzeugnisse zu angemessenen Preisen und durch Schaffung neuer Absatzmöglichkeiten angemessen für ihre Arbeit bezahlt.

Nach heftigen Kämpfen zwischen Genossenschaften und Handel um den Absatzmarkt, die sich besonders durch die wachsenden Ausschaltungstendenzen der Erzeuger ergeben hatten, wurde eine Einigung derart erzielt, daß der Handel heute den weitaus größten Teil der genossenschaftlichen Ware an den Verbraucher heranführt. Nur ein geringer Teil geht unter Ausschaltung seiner vermittelnden Funktion direkt an den letzten Konsumenten. Nach einer Erhebung des Reichsverbandes der deutschen landwirtschaftlichen Genossenschaften Anfang 1932, [7]) an der sich 80 v.H. aller Winzergenossenschafen beteiligten, gingen 81,81 v.H. ihrer Gesamtumsätze in die Hände der Handelsorgane, nur 18,19 v.H. wurden direkt an den letzten Verbraucher abgesetzt. Klatt [8]) schätzt diese Menge im Reich auf rd. 3 v.H. der gesamten Ernte; in den einzelnen Gebieten weist diese Zahl allerdings erhebliche Unterschiede auf.

Wie eingangs erwähnt, verkaufen die Erzeuger ihre Ware als Trauben, Most oder Wein. Zeitlich läßt sich dieser Verkauf an Hand von Weinbauerhebungen nachweisen, die der Reichsnährstand anstellt (vgl. Tabelle VIII im Anhang). [9]) Danach zeigt die Entwicklung der Weinvorräte im Verlauf eines Jahres, daß ca. 30 v.H. der Ernte bereits im Herbst in die Hände des Handels übergehen. Im einzelnen weisen die jeweiligen Jahre Unterschiede auf, die sich aus der Marktlage und der geernteten Menge erklären. Im Durchschnitt werden jedoch 70 v.H. des Lesegutes von den Erzeugern eingelagert. Bis zum Frühjahr des folgenden Jahres hat über die Hälfte der eingelagerten Weinmenge den Winzerkeller verlassen. Im allgemeinen zeigen die dann noch verbliebenen Vorräte im Laufe des Sommers wenig Veränderung. Die vermehrte Warenbewegung besonders des Jahres 1935 in den Monaten Mai bis August erklärt sich aus den Einkäufen für die Patenweinaktion. Wie notwendig diese Werbetätigkeit gerade im Jahre 1935 war, geht aus den Lagervorräten der Winzer am

---

[7]) Klatt, a. a. O., Seite 60/61.

[8]) Klatt, a. a. O., Seite 64.

[9]) Diese Ergebnisse wurden in den Anbaugebieten und zwar durch Repräsentativ-Erhebungen ermittelt. Eine genaue Erfassung ist bei den verschiedenartigen Verhältnissen im Weinbau nicht möglich, bei den hier aufgezeichneten Zahlen muß deshalb mit Fehlerquellen gerechnet werden. Im ganzen betrachtet, dürften die Ziffern jedoch die Entwicklung der Ernteverwertung wiedergeben.

1. Mai 1935 hervor. Danach hatten 45 v.H. der gesamten Ernte, das waren 1,9 Mill. Ltr., also beinahe eine ganze Normalernte, bis zu diesem Zeitpunkt ihren Weg zum Handel noch nicht gefunden. 1936 war zur selben Zeit nicht einmal die Hälfte dieser Menge eingelagert.

Die Lagervorräte zeigen in den einzelnen Weinbaugebieten ganz verschiedenartige Entwicklung (siehe Tabelle IX im Anhang).[10]) So kellert z. B. das Ahrgebiet seine Ernte fast vollständig ein, und diese findet dann auch im Verlauf des Jahres nur langsamen Absatz. Um zur vollen Reife zu gelangen, müssen die Ahrrotweine, ähnlich wie die Weißweine aus dem Rheingau und vom Mittelrhein, langsam und sorgfältig ausgebaut werden. Ein schneller Absatz ist daher schon aus rein technischen Gründen nicht möglich. — Abnehmer für Trauben und Moste sind Kommissionäre und Händler, für Weine außerdem die letzten Verbraucher, Gastwirte und Kasinos.

Beim Weinverkauf unterscheidet man drei Möglichkeiten:[11]) 1. den freihändigen Verkauf, 2. den Verkauf auf Versteigerungen und 3. den Verkauf auf Weinbörsen und -märkten. Der freihändige Verkauf spielt sich auf Grund der Weinprobe im Winzerkeller ab. Er findet das ganze Jahr über statt. Weinversteigerungen werden in jedem Jahr im Frühjahr und Herbst abgehalten, sie sind auf das Erzeugergebiet begrenzt. Hier werden jetzt auch mittlere Weine angeboten, nachdem bisher die Versteigerungen sich fast ausschließlich mit Qualitätsweinen befaßten. Das Angebot hat sich somit erheblich vergrößert. Steigerer sind dieselben Kreise wie beim freihändigen Kauf. Der Verkauf auf Weinmärkten und -börsen ist heute bedeutungslos. Er verfolgt das Ziel, den Wein unmittelbar unter Ausschaltung des Handels an die Verbraucher abzusetzen. Im übrigen spielt sich der Umsatz ähnlich wie auf Versteigerungen ab, d. h. Angebot und Nachfrage sind an einer Stelle konzentriert und dadurch genau zu übersehen.

b) Der Handel in seiner Marktstellung.

b 1) Die Einkaufsfunktion des produktionsorientierten Großhandels unter besonderer Berücksichtigung der Mittlertätigkeit des Kommissionärs.

Ist der direkte Verkehr zwischen Konsumenten und Produzenten an irgend einer Stelle nicht möglich, besteht aber eine Nachfrage nach Produkten, die daselbst nicht hergestellt werden können, so übernimmt der Handel die Funktion, dieser Nachfrage in irgend einer Form gerecht zu werden. Dabei wachsen die

---

[10]) Aus: Weinmarktrundschau, herausgegeben v. d. Marktberichtstelle beim Reichsnährstand, Hauptabt. III Landesbauernschaft Hessen-Nassau, Jahrgänge 1934—1936.

[11]) Klatt, a. a. O., S. 48.

Aufgaben des Handels mit größer werdender Entfernung zwischen der Stätte der Erzeugung und den Orten des Verbrauchs.

In Deutschland ist die Weinerzeugung im Südwesten des Reiches räumlich eng begrenzt, der Weinkonsum dagegen erstreckt sich über das gesamte Reich. Dem Handel fällt demnach zunächst die Aufgabe zu, die Ware aus den Erzeugergebieten an die Orte des Bedarfs heranzuführen. Diese Funktion erfüllt der Handel in Deutschland seit dem Mittelalter. Bis dahin kann man noch nicht vom Weinhandel im heutigen Sinne sprechen, da vor jener Zeit noch Weinbau im gesamten deutschen Reichsgebiet betrieben wurde, und nur einzelne Weinbauern ihren Überschuß im Tauschgeschäft gegen andere Güter abgaben. Erst mit dem Rückgang der Weinanbaufläche, der einen räumlichen Unterschied zwischen Angebot und Nachfrage mit sich brachte, machte sich ein vermittelndes Glied zwischen Erzeuger und Verbraucher notwendig. Zunächst waren es wandernde Händler, welche die Ware am Produktionsort einkauften, um sie den Verbrauchern zuzuführen. Sie begannen damit, die dem Handel ganz allgemein zugedachte Aufgabe produktiver Wirkung zu erfüllen, indem sie „räumliche und zeitliche Unterschiede zwischen Bedarf und Vorrat, Nachfrage und Angebot, Verbraucher und Hersteller, Mangel und Überfluß überbrückten oder zu überbrücken versuchten". [12])

Mit dem Aufkommen der Verkehrsmittel wurde der Weinhandel seßhaft. Sie übernahmen jetzt die Transportfunktion des Weinhändlers. Der ursprüngliche, mittelalterliche Wanderhandel verlor mehr und mehr an Bedeutung.

Der heutige Weinhandel in Deutschland scheidet sich in zwei Teile, die auf Grund ihrer Naturbedingtheit ziemlich scharf abgegrenzt und daher auch deutlich zu unterscheiden sind. Da ist zunächst der Weinhandel im Erzeugergebiet, der überwiegend eine Großhandelsfunktion ausübt. Das Detailgeschäft tritt bei ihm zurück. Seine Einkaufsfunktion äußert sich im wesentlichen in zwei Hauptformen: [13])

1) im Kauf bereits vergorener, meist aber noch nicht ausgebauter Weine, Zug um Zug, und
2) im Kauf von Trauben oder Mosten.

Im Zuge der Weinmarktordnung wurde zunächst der Faßweinkauf durch die sogenannten Winzerbedingungen [14]) geregelt. Allen Kaufverträgen, die sich über

---

[12]) Deutsch, Paul, a. a. O., Seite 7.

[13]) Stolleis, W., Umsatzwirtschaft im pfälzischen Weingroßhandel, S. 44. Diss. Frankfurt 1927.

[14]) Anordn. Nr. 4 d. HV. vom 17. 7. 1937 (RNVBl. Nr. 47 v. 17. 7. 37, Seite 426 f.

mehr als 300 Ltr. Faßwein erstrecken, sind diese Bedingungen zugrunde zu legen. Grundsätzlich werden Verkäufe aus dem Erzeugerkeller mit (Abt. I) und ohne (Abt. II) Vermittlung eines Kommissionärs unterschieden. Im einzelnen werden die Abnahme (1—5), die Zahlungsfrist (6), der Verzug (7, 8) und der Eigentumsvorbehalt (9) geregelt: Vom Tage des Kaufabschlusses ab lagert der Wein auf Kosten des Käufers, der ihn spätestens 6 Wochen später abzunehmen hat. Der Verkaufspreis wird „ab Keller" gestellt, er hat sich nach der gelieferten Literzahl und nicht nach Gebinden zu richten; Füllkosten und Kosten des Aufladens gehen zu Lasten des Käufers. Der Kaufpreis ist vom Käufer vor Bezug, spätestens aber 6 Wochen nach Kaufabschluß, spesenfrei zu entrichten. Bei Verzug sind Zinsen in Höhe von 1 v.H. über dem jeweiligen Reichsbankdiskont zu zahlen, im übrigen kann der Verkäufer dann, nachdem er dem Käufer eine Frist von 5 Tagen gestellt hat, vom Vertrage zurücktreten oder Schadensersatz wegen Nichterfüllung verlangen. Die gelieferte Ware bleibt bis zur vollständigen Bezahlung Eigentum des Verkäufers. Stellt der Käufer seine Zahlungen ein, hat er über die unter Eigentumsvorbehalt stehende Ware kein Verfügungsrecht mehr. Erfolgt die Bezahlung nicht vertragsgemäß, kann der Verkäufer Herausgabe seiner Ware verlangen, ohne daß jedoch die Rücknahme der Ware mit einem Rücktritt vom Vertrage gleichbedeutend wäre, es sei denn, daß der Rücktritt vom Käufer schriftlich erklärt wird. Bei Verschnitten oder anderweitiger Verarbeitung der vom Erzeuger gelieferten Ware erlangt der Verkäufer Eigentum an den durch die Verarbeitung entstandenen Erzeugnissen.

Die Einführung der Weinmarktordnung machte ferner eine Prüfungsgrundlage notwendig, um überwachen zu können, ob die Geschäftsvorfälle jedes Weinhandelsbetriebes den Marktanordnungen entsprechen. Als ein Werkzeug zur Überwachung des gesamten Weinmarktes wurde deshalb ein Schlußschein [15]) eingeführt, mit dem ein Belegzwang erreicht wurde. Durchschriften von diesen Schlußscheinen müssen auf Grund der Neuordnung der Schlußscheinpflicht vom 9. 6. 37 [16]) an die Weinbauwirtschaftsverbände eingereicht werden, die mit der Durchführung und Überwachung des Absatzes von Weinbauerzeugnissen beauftragt wurden. (§ 1 Abs. 1). Grundsätzlich dürfen Weinbauerzeugnisse nur noch

---

[15]) Erstmalig wurde mit Wirkung vom 1. Mai 1935 ein Schlußscheinzwang eingeführt, wonach Verkäufe aus den Kellern der Erzeuger, wozu auch Verkäufe auf Versteigerungen, Weinmärkten und ähnlichen Veranstaltungen gehören, nur auf Grund eines vom damaligen Reichsbeauftragten herausgegebenen Schlußscheins erfolgen durften. Durch eine Verordnung des Reichsnährstandes vom 4. März 1936 wurde diese Schlußscheinordnung durch eine neue ersetzt, durch die Weinverkäufe aus den Erzeugerkellern nicht nur schlußschein- sondern auch genehmigungspflichtig wurden.

[16]) Anordnung Nr. 3 der Hauptvereinigung, a. a. O.

auf Grund eines Schlußscheines verkauft werden. Innerhalb von 6 Tagen haben die Verkäufer oder Vermittler den Schlußschein dem Weinbauwirtschaftsverband zur Genehmigung vorzulegen, in dem der Betrieb des Verkäufers seinen Sitz hat (§ 2 Abs. 2). Mit dieser Genehmigungspflicht ist den Vorsitzenden der Weinbauwirtschaftsverbände die Möglichkeit gegeben, die jeweiligen Preis- und Qualitätsvorschriften zu kontrollieren und bei Verstößen unmittelbar in das Verkaufsgeschäft einzugreifen und gegebenenfalls Ordnungsstrafen zu verhängen. (§ 11). Der Kaufvertrag wird erst dann wirksam, wenn er vom Vorsitzenden genehmigt worden ist. Das Schlußscheinsystem wurde dadurch, daß es eine gute Übersicht über die Marktumsätze gibt, zur Grundlage für die Lenkung des gesamten Weinmarktes.

Die eingangs erwähnten Beschaffungsmöglichkeiten der Ware als Wein oder Most erstrecken sich demnach entweder auf das ganze Jahr oder sie beschränken sich auf die Herbstzeit, immer werden sie nach bestimmten Grundsätzen ausgerichtet. So werden an Hand der Verkaufs- und Lagerzahlen die verkauften Weinmengen und die Lagerbewegung genau verfolgt, um so nach einer zu schätzenden zukünftigen Nachfrage die nötigen Unterlagen für die Einkaufsdispositionen zu erhalten. Die Verkaufsabteilung stellt in gewissen Abständen die getätigten Abschlüsse zusammen, die sie der Einkaufsabteilung liefert. Um die vorhandenen Vorräte mengenmäßig nach ihrer Zusammensetzung genau zu erfassen, wird entweder eine Lageraufnahme gemacht, oder aber es werden an Hand der Lagerbücher die zur Verfügung stehenden Bestände ermittelt. [17]

Da die Zuckerung nur in der Zeit vom Beginn der Weinlese bis zum 31. Januar des auf die Ernte folgenden Jahres vorgenommen werden darf und in der Zeit vom 1. Oktober bis zum 31. Januar bei ungezuckerten Weinen früherer Jahrgänge nachgeholt werden kann, [18] hat der Einkauf nicht immer lagerergänzenden Charakter. Vielmehr müssen, um den zu erwartenden Bedarf an verbesserten Weinen sicherzustellen, während dieser Zuckerungsfrist Naturkonsumweine, die umgegärt werden sollen, beschafft werden, unabhängig davon, ob sie bereits in nächster Zeit Absatz finden.

Die Standortwahl des Weingroßhandels im Erzeugergebiet ist keineswegs zufällig, sie wird wesentlich durch seine Aufkauffunktion bestimmt. Genaue Kenntnisse über die Menge und Güte des Mostes beim Einkauf, Urteil über die Sorgfalt der Produktion, das Vorhandensein erfahrener Facharbeitskräfte, große Auswahl von Lieferantenbetrieben für Hilfsstoffe und Kellereiartikel machen die Anwesenheit des Großhandels im Erzeugergebiet unerläßlich. Ferner ist es besonders

---

[17] Stolleis, a. a. O., Seite 44 ff.
[18] Weingesetz, a. a. O., § 3 Abs. 2.

die noch zur Besprechung gelangende Ausbau- und Pflegefunktion des Großhandels, die ihm seinen Standort im Produktionsgebiet vorschreibt und die hier im voraus gestreift werden muß. In schlechten Weinjahren muß der größte Teil des geernteten Gutes verbessert werden, um es konsumfähig zu machen. Diese Verbesserung wird entweder mit Verschnitten oder durch Zuckerung erreicht. Letztere ist aber nach den Bestimmungen des Weingesetzes nur im Erzeugergebiet gestattet: „Die Zuckerung darf nur innerhalb der am Weinbau beteiligten Gebiete des Deutschen Reiches vorgenommen werden." [19])

Genaue statistische Unterlagen über die standortsmäßige Verteilung des Weingroßhandels sind zwar nicht vorhanden, doch können wir an Hand des Ergebnisses der Volks-, Berufs- und Betriebszählung [20]) vom 16. Juli 1933 einen ungefähren Überblick über die Verteilung des Weingroßhandels erhalten. Nach dieser Betriebszählung waren im Großhandel mit Nahrungs- und Genußmitteln 226 000 Personen beschäftigt. Auf den Großhandel mit Getränken, der außer dem mit Wein auch den mit Spirituosen, Bier, Branntwein, Essig, Essenzen, Fruchtsäften, Fruchtwein, Likören, Limonaden, Mineralwasser und Schaumwein enthält, entfielen davon 28 505 Personen. Über die standortsmäßige Verteilung kann man nun insofern einen Schluß ziehen, als im gesamten Reichsdurchschnitt auf 10 000 Personen 4,3 Beschäftigte im Großhandel mit Getränken kamen, in den Weinbaugebieten erreichte diese Zahl aber eine beträchtliche Steigerung. Im einzelnen ergab sich für einige Gebiete folgendes Bild:

Anzahl der Beschäftigten im Großhandel mit Getränken auf 10 000 Einwohner.

Überschuß-Gebiete	Einwohner insgesamt	Einwohner je 10000
Reg.-Bez. Königsberg	522	5,5
„ Wiesbaden	975	6,8
„ Koblenz	1 291	16,9
„ Trier	737	14,8
Prov. Rheinhessen	1 781	42,3
Reg.-Bez. Unterfranken	757	9,5
„ Pfalz	1 233	12,5
Land Hamburg	703	5,8
„ Bremen	603	16,2
„ Lübeck	203	14,9

[19]) Weingesetz, a. a. O., § 3 Abs. 3.

[20]) „Gewerbliche Betriebszählung", Statistik des Deutschen Reiches, Band 466; Textband, Berlin 1937, Seite 88.

Wie aus dieser Aufstellung zu ersehen ist, erreicht die Reichsdurchschnittsziffer in den Erzeugergebieten den drei- bis vierfachen Wert. Die hohe Zahl in den Ländern Lübeck und Bremen läßt den Sitz des Importhandels erkennen.

Die vermittelnde Funktion zwischen Erzeugern und Handel übernimmt überwiegend der Kommissionär, allerdings ergibt sich der Umfang seiner Aufkauffunktion aus den örtlichen Gepflogenheiten des Großhandels, der sich vielfach auch selbst seine Ware bei den Winzern beschafft. Der Kommissionär kauft gewerbsmäßig Wein im eigenen Namen für fremde Rechnung, er ist der Typ des Kommissionärs nach den Vorschriften des § 383 HGB: „Kommissionär ist, wer es gewerbsmäßig übernimmt, Waren oder Wertpapiere für Rechnung eines anderen (des Kommittenten) im eigenen Namen zu kaufen oder verkaufen."

Hieronimi[21]) unterscheidet bei den Kommissionären, entsprechend ihrem Wohnsitz und dem Umfang ihrer Tätigkeit, Orts-, mittlere und Großkommissionäre. Während die Großkommissionäre Kommissionsgeschäfte im eigentlichen Sinne betreiben, handelt es sich bei den Ortskommissionären meist um im Erzeugergebiet ansässige Küfer oder Weinbauern, die gelegentlich als Verkaufsbeauftragte der Winzer oder als Einkaufsbeauftragte von Händlern fungieren. In den seltensten Fällen kaufen sie im eigenen Namen, meist in dem ihres Auftraggebers, was gegen die eigentliche Kommissionäreigenschaft verstößt. — Insgesamt sind nach einer Schätzung[22]) heute in Deutschland ca. 2000 Kommissionäre tätig.

Der Kommissionär hat seinen Wohnsitz in der Regel in einem kleinen Weindorf, um ständig Fühlung mit den Winzern zu haben, so daß er über die Qualität des Weines und die Verkaufsabsichten der Weinbauern genau unterrichtet ist. Andererseits orientiert er den Handel über die Marktlage im Erzeugergebiet laufend und zwar sowohl über die Größe des vorhandenen Warenbestandes als auch über die Preislage. Diese Auskünfte sind für die Einkaufsdispositionen des Handels mitunter entscheidend, da er auf sie allein angewiesen ist. Es ist deshalb verständlich, daß das Kommissionsgeschäft innerhalb des Weinverkehrs ein ausgesprochenes Vertrauensverhältnis voraussetzt.

Der Kommissionär tritt sowohl beim freihändigen Verkauf als auch bei Versteigerungen als Vermittler auf. Zur Anbahnung eines freihändigen Kaufes beauftragen der Handel oder andere Interessenten den Kommissionär, Angebote zu machen unter Angabe von Art und Preis der Ware. Dieser wählt entsprechend unter den feilgehaltenen Mosten oder Weinen einige Proben aus, die er den Auftraggebern zuschickt. Kommt dann ein Kauf zustande und nimmt der

---

[21]) Hieronimi, Johannes, Der Handel mit deutschem Wein, Diss. Köln, 1928, Seite 34 ff.

[22]) Deutsche Weinzeitung vom 3. Juli 1937, Nr. 49/50.

Kommissionär den Auftrag an, so ist er verpflichtet, nach den Weisungen des Auftraggebers zu handeln. Grundsätzlich übernimmt er zunächst die Verpflichtung, das Kommissionsgeschäft herbeizuführen. Ferner muß er alle Wünsche des Kommittenten weitest gehend erfüllen und bestrebt sein, alle Vorteile, die sich beim Einkauf für den Kommittenten bieten, für diesen auszunutzen. Aus der Verpflichtung eines ordentlichen Kaufmannes heraus ergibt sich, daß sich der Kommissionär über die Güte und Beschaffenheit der Ware, die er zu vermitteln beabsichtigt, genauestens orientiert; vor allem hat er sich durch Probe und Auskunft beim Winzer zu vergewissern, daß die Ware den Gesetzen entspricht.

Von der Ausführung der Kommission muß der Kommissionär dem Auftraggeber unverzüglich Mitteilung machen. Daraus ersieht der Kommittent die Tätigkeit des Kommissionärs und kann feststellen, welche Pflichten für ihn durch diese Tätigkeit entstanden sind. Die unter den Geschäftsabschluß fallenden Weine hat der Kommissionär mit seinem Siegel zu versehen, so daß an dieser Ware keine Veränderungen vorgenommen werden können und sie vor Eingriffen Dritter geschützt ist (Sorgfaltspflicht § 384 HGB). Beim Bezug sorgt der Kommissionär für ordnungsgemäße Füllung und kontrolliert den Transport.

Neben diesem freihändigen Verkauf steht als weiteres Betätigungsfeld dem Kommissionär die Versteigerung offen. Die Veranstalter der Versteigerungen laden in der Regel die Kommissionäre zur Vorprobe ein, die für sie allein anberaumt wird. An Hand der Versteigerungsliste macht sich der Kommissionär seine Taxe und Bemerkungen und verschickt dann seinerseits die Versteigerungsverzeichnisse, mit diesen Erläuterungen versehen, an seine Kundschaft. Aus diesen Listen können dann die Interessenten die Qualität der Ware und die zu erwartenden Preise ersehen und den Kommissionär mit einer Steigerung unter Nennung von Höchstpreis und Menge beauftragen. Häufig wird besonders bei Spitzenweinen von einem Kommissionär für mehrere Firmen gemeinsam gesteigert.

Für seine vermittelnde Tätigkeit erhält der Kommissionär als Entgelt eine Provision. Erstmalig durch den Reichsbeauftragten für die Regelung des Absatzes von Weinbauerzeugnissen im Rahmen seiner Winzerbedingungen 1935 und später durch die erwähnte Anordnung Nr. 4 der Hauptvereinigung wurde die Vermittlungsgebühr für einen Teil der Kommissionsgeschäfte und zwar für den Faßweinverkauf beim Erzeuger einheitlich auf höchstens 4 v.H. festgesetzt, die je zur Hälfte vom Käufer und Verkäufer zu tragen sind. Aber auch für die übrigen Vermittlungsgeschäfte macht die Gebühr bis auf geringe Abweichungen diesen Prozentsatz aus. Im übrigen finden die Winzerbedingungen analog sowohl zwischen Erzeuger und Kommissionär als auch sinngemäß zwischen Kommissionär und Käufer Anwendung.

b 2) Die Einkaufsfunktion des konsumorientierten Zwischen- und Sortimentshandels.

Neben dem Großhandel im Erzeugergebiet finden wir jenseits der Weinlinie in den Verbrauchergebieten den Zwischen- und Sortimentshandel, der Geschäfte tätigt, die im Rahmen sowohl einer Großhandlung als auch eines Detailgeschäftes liegen. Sein Hauptaugenmerk richtet dieser Zweig des Weinhandels auf den Verkauf seiner Waren. Man faßt ihn deshalb auch unter dem Begriff „Weinverteiler" zusammen. Seine Einkaufstätigkeit tritt demgegenüber zurück. Großfirmen tätigen ihre Einkäufe teils beim Großhandel des Erzeugergebietes, teils kaufen sie durch Kommissionäre. Zum Einkauf begeben sich die Weinverteiler dann entweder persönlich ins Produktionsgebiet, oder sie kaufen, wenn sie von den Agenten der Großhandelsfirmen des Weinbaugebietes aufgesucht werden. Soweit Kommissionäre mit einem Auftrag bedacht werden, spielt sich der Einkaufsvorgang in der gleichen Weise ab, wie zwischen Kommissionär und produktionsorientiertem Großhandel. Ist der Verteilerbetrieb im Besitz von Weinbergen, verfügt er auch meist über die zur Weiterverarbeitung notwendigen Einrichtungen. Dann keltert er nicht nur seine eigene Ernte, sondern kauft vielfach noch im großen Umfange Trauben ein.

Auf den Angebotslisten erscheinen später diese Erzeugnisse mit dem Vermerk „eigenes Gewächs" bezw. „eigene Kelterung", was sowohl eine gewisse Gütegarantie als auch eine Werbung darstellt. — Kleinere Betriebe kaufen ihre Ware fast ausschließlich beim Großhandel des Produktionsgebietes, da sie auf seine kreditgebende Funktion angewiesen sind; selten sind sie in der Lage, bare Zahlung zu leisten. Ihr Einkauf erstreckt sich demzufolge über das ganze Jahr. Mehr als 600 Ltr. werden kaum bestellt, die sich meist noch auf Konsumweine beschränken. Qualitätsweine werden in Flaschen bezogen. Naturgemäß sind diese kleinen Betriebe beim Einkauf den Großbetrieben gegenüber im Nachteil, da verschiedene ungünstige Einkaufsmomente infolge der schwachen Kapitalkraft nicht umgangen werden können. So verursacht allein schon ein Bezug in Flaschen bedeutend größere Transportkosten. Ferner können vielfach die Vergünstigungen bei Barzahlung nicht in Anspruch genommen werden. Schließlich wird einem Großbetrieb bei einem Bezug von mehreren Tausend Ltr. grundsätzlich ein billigerer Preis zugestanden werden als einem Kunden mit einer Bezugsmenge von nur 300 oder 600 Ltr. An Hand einer Kalkulationsüberlegung kommt Hieronimi[23]) zu dem Ergebnis, daß ein Grossist bei einem Verkauf von 20 000 Ltr. Wein diese einem einzigen Kunden um 10 v. H. günstiger anbieten kann als etwa 40 einzelnen Kunden.

[23]) Hieronimi, J., a. a. O., S. 80.

Wie hieraus hervorgeht, gibt es Weinhandelsbetriebe, die unter Umgehung sämtlicher Zwischenglieder einen Teil ihrer Ware selbst erzeugen und dann in kleinsten Mengen absetzen. Andererseits gibt es Betriebe, die sich weder mit dem Einkauf befassen, noch Lager unterhalten, vielmehr Beschaffung, Behandlung und Lagerhaltung der Ware dem Erzeuger überlassen.[24]) Sie sind lediglich durch ein ausgebautes Verkaufsnetz am Weinumsatz beteiligt, schließen auf eigene Rechnung Geschäfte ab und lassen die Belieferung durch eine befreundete Weingroßhandlung erfolgen. Bevor jedoch auf die Absatztätigkeit des Weinhandels eingegangen wird, muß in diesem Rahmen noch einiges über seine Einfuhrtätigkeit gesagt werden.

b 3) Die Einkaufsfunktion des Weineinfuhrhandels.

Die Notwendigkeit der Weineinfuhr ergibt sich für Deutschland aus der über seine eigene Erzeugung hinausgehenden Konsumkraft. Unter Zugrundelegung der im I. Teil der Arbeit gegebenen Ertrags- und Verbrauchsziffern läßt sich unter Ausschaltung der Außenhandelszahlen folgender Inlandsanteil im v. H. der Erzeugung am Verbrauch errechnen:

1930	1931	1932	1933	1934	1935	1936	1937
87	85	66	77	112	101	74	52

Diese Zahlen können natürlich keineswegs ein genaues Bild über die tatsächlichen Verhältnisse geben, da z. B. alle lagernden Bestände aus früheren Jahren jeweils nicht berücksichtigt werden konnten in Ermangelung einer Vorratsermittelung für die gesamte Weinbauwirtschaft, die sich bisher lediglich auf die Keller der Winzer und Winzervereinigungen erstreckt. Ferner ist das im Herbst geerntete Gut auch erst im folgenden Jahr zum Konsum reif, so daß die Verbrauchsziffern eines Jahres im Vergleich zu den Erträgen des jeweils vorhergehenden Jahres schon ein einwandfreieres Bild zeigen, besonders dann, wenn sich die Untersuchung über einen längeren Zeitabschnitt erstreckt. So ergab sich beispielsweise, daß einer Produktion von 1989,4 Mill. Ltr. in den Jahren 1929/35 ein Verbrauch von 2326,4 Mill. Ltr. 1930/36 gegenüberstand. Der Bedarf wurde demnach während dieser Zeit zu ca. 87,8 v. H. im Inland gedeckt. — Die Weinernten reichen also im allgemeinen in Deutschland nicht aus, der Nachfrage gerecht zu werden. Lediglich die Rekordjahre 1934/35 hätten auch ohne Einfuhr ein Angebot gebracht, welches einem damaligen Verbrauch hätte reichlich gerecht werden können.

[24]) Diese sogen. Effektuierungsgeschäfte sollen mit Wirkung vom 1. 1. 1939 nicht mehr genehmigt werden.

Wenn es trotzdem in früheren Jahren nicht gelang, die deutsche Weinernte auf dem inländischen Markt unterzubringen, so hatte dies seinen Grund in einer für die deutsche Weinbauwirtschaft untragbaren Handels- und Zollpolitik, die es ausländischen Weinen ermöglichte, über die nötigen Bedürfnisse hinaus den innerdeutschen Markt durch niedrige Preise zu überschwemmen und die Verbraucher an sich zu reißen. Erst in den jüngst vergangenen Jahren konnten durch eine Steuerung der Weineinfuhr die Interessen des deutschen Weinbaues weitest gehend gewahrt werden.

Während vor dem Kriege in den Jahren 1900—1914 durchschnittlich 1,1 Mill. hl ausländischer Wein nach Deutschland eingeführt wurden, ging die Einfuhr in den Jahren 1920/1932 auf 0,73 Mill. hl zurück. Mit wachsendem Weinverbrauch nach 1933 ergab sich notwendigerweise eine steigende Einfuhr. Sie erreichte während der Jahre 1933/37 im Durchschnitt 0,81 Mill. hl.

Gegenüber 1936 ist die Einfuhr im Jahre 1937 um 13 v.H. und zwar von 752 540 hl auf 852 548 hl gestiegen.[25]) Sie betrug demnach rund ein Drittel der Weinernte 1937.[26])

Deutschlands Weineinfuhr 1937.

Land	Mengen in 1000 dz		Werte in 1000 RM	
	1936	1937	1936	1937
Italien m. A.-B.	288,7	465,7	5 421	7 869
Griechenland	141,1	203,7	1 996	3 011
Ungarn	131,2	150,7	2 780	2 924
Spanien m. A.-B.	312,9	103,3	5 442	1 943
Chile	22,9	64,9	382	1 088
Frankreich	11,0	40,8	529	2 048
Portugal	29,6	32,3	894	1 159
Jugoslawien	0,7	1,3	16	39
übrige Länder	2,7	3,0	137	97
zusammen:	940,8	1065,7	17 597	20 178

Beinahe die Hälfte der gesamten Einfuhr kam im Jahre 1937 aus Italien. Einen starken Rückgang zeigen die Zahlen aus Spanien, dessen Ausfuhr nach Deutschland 1937 unter der Einwirkung des Bürgerkrieges auf ein Drittel des vorhergehenden Jahres zurückging. Es tritt heute erst an vierte Stelle der nach Deuschland Wein liefernden Länder. Neben Italien konnten Griechen-

[25]) 1 dz = 0,8 hl.

[26]) Zusammengestellt nach „Monatliche Nachweise über den auswärtigen Handel Deutschlands“, Ergänzungshefte 1 1936 und 1937, Der deutsche Außenhandel nach Erdteilen und Ländern, herausgegeben vom Statistischen Reichsamt.

land, Chile, in kleinerem Maße auch Ungarn und Portugal für Ersatzlieferungen herangezogen werden.

Die Weineinfuhr erfüllt neben der Versorgung Deutschlands mit hochgradigen Süd- und Süßweinen, die wir nicht selbst erzeugen können und die im Norden und Osten des Reiches besonderen Absatz finden, mit der Veredlung deutscher Rotweine ihre Hauptfunktion. Ausländische Deckweine, die einen hohen Extraktgehalt aufweisen, eine tiefdunkle Farbe haben und ca. 12—16 Volumenprozente Alkohol enthalten, dienen dazu, jährlich etwa 30—60 Mill. Ltr. [27]) deutsche Rotweine absatzfähig zu machen. Um die Bedarfsdeckung an ausländischen Verschnittrotweinen nicht zu gefährden, erging von der Hauptvereinigung eine Anordnung, [28]) nach der Verschnittrotweine nur an lagerhaltende Rotweinbetriebe geliefert werden dürfen, die im Besitz eines Zulassungsscheines der Hauptvereinigung sind. Auf Grund dieses Scheines erhalten sie dann Deckweine für eine Verschnitthöhe, die — gemessen am gesamten Rotweinlager — nur 20 v.H. ausmachen darf. Im übrigen ist es den Betrieben überlassen, ihre Deckweine entsprechend den gesetzlichen Bestimmungen, je nach den Bedürfnissen in kleinerem oder größerem Umfange mit den einzelnen Sorten zu verschneiden.

Die Außenhandelsstatistik weist die Weineinfuhr entsprechend ihrer Verwendungsmöglichkeit in eine Einfuhr für Konsumweine, Weine für gewerbliche Zwecke und Flaschenweine aus, die eine unterschiedliche Zollbelastung erhalten.

Die deutsche Weineinfuhr nach Zolltarifen in v.H. [29])

Jahr	Weine für gewerbl. Zwecke Zolltarif 180 a—d	Konsumweine Zolltarif 180 e	Flaschenweine Zolltarif 180 f
1913	7,7	91,9	0,4
1928	23,4	76,4	0,2
1929	27,2	72,6	0,2
1930	18,7	81,1	0,2
1931	23,8	76,1	0,1
1932	37,1	62,8	0,1
1933	39,6	60,3	0,1
1934	46,0	53,2	0,1
1935	43,8	56,1	0,1
1936	43,2	56,6	0,2
1937	48,3	51,6	0,1

[27]) Eicke, W., Der Weineinfuhrhandel im neuen Deutschland, „Das Weinblatt" Heft 39, 35. Jahrg.

[28]) Anordg. Nr. 1 d. HV. vom 15. 3. 37, RNVBl. Nr. 18 v. 15. 3. 37.

[29]) Eicke, W., a.. a. O., Seite 715.

Unter die Einfuhr für Konsumzwecke fallen außer den bereits erwähnten Verschnittrotweinen noch Dessertweine, Weißweine und Konsumrotweine. Im Vergleich zu den Vorkriegsjahren ist der Anteil der Einfuhr dieser Weine an der Gesamteinfuhr stark gefallen. Er ging von 91,9 v.H. im Jahre 1913 auf 51,6 v.H. im Jahre 1937 zurück. Mit 402 000 hl im Jahre 1937 machte er nur 15,9 v.H. der Mengenernte des gleichen Jahres aus, ein Beweis für die planmäßige Lenkung der Einfuhr, bedrohen doch gerade diese Weine den Absatz deutscher Erzeugnisse außerordentlich. Besonders der hohe Zollsatz von ca. RM 55.— per % kg netto einschließlich Ausgleichssteuer [30]) auf ausländische Weißweine verhindert einen für den deutschen Weinbau schädlichen, zu großen Import. Die Weineinfuhr für gewerbliche Zwecke dient der Weiterverarbeitung. Die unter diesem Zolltarif zur Einfuhr gelangenden Weine werden den Verbrauchern nicht in ihrer ursprünglichen Form angeboten. Sie werden vielmehr zur Herstellung von Weinbrand, Weinessig, Schaumwein und Wermutwein verwandt. Die Einfuhrziffern zeigen nach 1933 bis 1936 einen ziemlich konstanten Verlauf. Lediglich im letzten Jahr trat eine erhebliche Steigerung auf, die im Vergleich zu 1936 26 v.H. ausmachte. Dieser Zuwachs erklärt sich mit aus dem herabgesetzten Beimischungszwang [31]) deutscher Weine bei der Herstellung von Weinessig auf 20 v.H. der verzollten Menge Auslandswein. Er hatte bis zum 1. September 1937 $33^1/_3$ v.H. betragen. — Auch der herabgesetzte Beimischungszwang deutscher Weine bei der Herstellung von Wermut — und zwar von 50 v.H. der Raummenge auf 15 v.H. [32]) mit Wirkung vom 7. 2. 1938 — wird sich in Zukunft gemeinsam mit der überhaupt wachsenden Beliebtheit von Wermutwein zu einer Einfuhrsteigerung gerade von Weinen zu gewerblichen Zwecken auswirken.

Vergleichen wir schließlich noch die Einfuhrzahlen der Vorkriegszeit mit denen der neuesten Zeit, so zeigt sich, wie nicht anders zu erwarten war, daß der Anteil der Weineinfuhr für gewerbliche Zwecke am gesamten Weinimport einen beträchtlichen Zuwachs erfahren hat und zwar von 7,7 v.H. im Jahre 1913 auf 48,3 v.H. im Jahre 1937. Er war demnach in diesem Zeitraum um über den 6-fachen Betrag gestiegen. Besonders die Einfuhr von Weinen zur Her-

---

30) Eicke, W., a. a. O., S. 712.

31) Anordg. Nr. 1/38 der HV. d. deutsch. Gartenbauwirtsch. vom 26. 1. 36, RNVBl. Nr. 7 vom 2. 2. 38.

32) Anordg. Nr. 8 der HV. vom 14. 12. 37 RNVBl. Nr. 7 vom 2. 2. 38. Eicke, a. a. O., (S. 713) gibt an, daß bei einem Beimisch.-Zwang von 50 Ltr. deutscher Weine zu 100 Ltr. Auslandswein jährlich etwa 70—80 000 hl kleinster deutscher Weiß- und Rotweine, die zu Trinkzwecken wenig geeignet sind, von der Wermutindustrie aufgenommen wurden.

stellung von Wermut und Weinbrand vergrößerte sich auffällig. Eine Verringerung gerade bei Weinbrand wird nur durch eine Einschränkung des Weinbrandverbrauches überhaupt möglich sein, da deutsche Weine infolge ihres hohen Preises und ihrer Alkoholarmut sich zur Herstellung von Weinbrand nicht eignen. — Die Einfuhr von Weinen zur Herstellung von Schaumwein konnte gleichfalls durch hohe Zollsätze abgewendet werden, so daß die kleinen Mengen, die heute noch zu diesen Zwecken eingeführt werden, ebenso wie die zur Essigfabrikation, nicht ins Gewicht fallen. Die zur Weiterverarbeitung eingeführten Weine fanden wie folgt Verwendung: [33])

Deutschlands Weineinfuhr für gewerbliche Zwecke.

In 1000 hl:		1913	1928	1930	1934	1935	1936	1937
I. Weinbrand	(a)	32,9	143	139	126	128	152	197
II. Weinessig	(b)	?	19	36	29	29	29	33
III. Schaumw.	(c)	?	80	17	7	3	1	6
IV. Wermutw.	(d)	?	10	29	168	147	134	166
Weine f. gewerbl. Zwecke:		78,9	252	221	330	307	316	402

Da der Verzollung das Bruttogewicht zugrunde liegt, werden die Importfässer aus leichtem Holz gearbeitet mit einem Inhalt von ca. 200 Ltr. Die Höhe der Zolltarife bestimmt sich im übrigen nach den jeweiligen Handelsverträgen mit den einzelnen Ländern, auf die hier nicht näher eingegangen werden kann. Zu erwähnen verbleibt nur, daß in Verbindung mit dem Beimischungszwang bei der Herstellung von Wermut, Schaumwein, Weinbrand und Essig und dem zu erbringenden Nachweis über die Verwendung deutscher Weine bei ihrer Erzeugung ein verbilligter Zollsatz gewährt wird.

Der Sitz des Einfuhrhandels sind die norddeutschen Hafenstädte Hamburg, Bremen, Königsberg, Stettin und die rheinischen Städte Köln, Mainz, Mannheim, Karlsruhe, soweit sich die Einfuhr auf dem Wasserweg abspielt. Für die Einfuhr auf dem Landweg aus Südosteuropa und den Häfen des Mittelländischen und Adriatischen Meeres sind München und jetzt auch Wien bedeutende Umschlagstellen.

Um auch die ausländischen Weinbauerzeugnisse in die innerdeutsche Marktordnung mit einzubauen, wurde eine Reichsstelle für Garten- und Weinbau-

[33]) Eicke, J., a. a. O., Seite 715 und Monatliche Nachweise über den auswärtigen Handel Deutschlands, Dezember- und Jahresergebnisse 1934—37, runde Zahlen.

erzeugnisse ins Leben gerufen.[34]) Vorerst werden zwar ausländische Weinbauerzeugnisse von dieser Reichsstelle auf Grund einer Durchführungsverordnung noch nicht erfaßt. Das Gesetz läßt jedoch erkennen, wie weit künftig auf die Einfuhrregelung Einfluß ausgeübt werden kann. — Danach hat die Reichsstelle das Recht, die gesamte Weineinfuhr monopolartig zu erfassen, d. h. sie kann jede Einfuhrtätigkeit genehmigungspflichtig machen. Auf diese Weise kann sie die Einfuhr mengen- und preismäßig steuern. Mengenmäßig wird dies für andienungspflichtige Weinbauerzeugnisse dadurch erreicht, daß sie der Reichsstelle zum Kauf angeboten werden müssen. Diese kann jedoch die Übernahme der ihr angebotenen Waren ablehnen oder sie unter bestimmten Bedingungen zurückverkaufen. Die Reichsstelle ist damit in der Lage, die Einfuhrmengen, die der heimische Markt nicht aufzunehmen vermag, abzuweisen, oder, wenn sie diese auf Grund des heimischen Bedarfs hereinnehmen will, zeitlich und räumlich so zu verteilen, daß der Absatz der deutschen Weinbauerzeugnisse nicht gefährdet wird. In der Preisgestaltung zeigt sich der Einfluß des Reichsministers für Ernährung und Landwirtschaft, der die Ermächtigung hat, Übernahme- und Abgabepreise festzusetzen (§ 5). Als Übernahmepreis wurde der Tagespreis zuzüglich Zoll festgesetzt, als Tagespreis wird der zur Zeit der Übernahme handelsübliche, entsprechend der Gattung, Beschaffenheit und Herkunft der Ware bestimmt (§ 13 Durchf.V.). Der Abgabepreis wird jeweils nach einer entsprechenden, in ihrer Art und Beschaffenheit ähnlichen Inlandsware zuzüglich einer Gebühr errechnet.

Zusammenfassend kann gesagt werden, daß bereits heute die Verlagerung der Einfuhrziffern innerhalb der verschiedenen Zollpositionen die erfolgreiche Überwachung der Weineinfuhr beweist. Die Weineinfuhrlenkung hat auch in Zukunft die dringlichste Aufgabe zu verfolgen, kleine deutsche Weine, die zu Konsumzwecken nicht sonderlich geeignet sind, in irgendeiner Form absatzfähig zu machen. Die Einfuhr sollte sich auch weiterhin nur auf solche Weine beschränken, die auf Grund ihres Geschmackes in manchen Volkskreisen besonders beliebt sind. Insbesondere soll sie den Bedürfnissen nach warmen und kraftvollen Weinen in den nördlichen und östlichen Gebieten des Deutschen Reiches Rechnung

[34]) Gesetz über den Verkehr mit Garten- und Weinbauerzeugnissen vom 30. Sept. 1936 (RGBl. I, S. 854 vom 3. Okt. 36) nebst Durchführungsverordnung. Nach § 2 Abs. 1 Ziff. 11 werden auch Weinbauerzeugnisse von diesem Gesetz erfaßt, nach § 6 Durchf.V. unterliegen aber zunächst weder die aus dem Inland noch die aus dem Ausland eingeführten Weinbauerzeugnisse diesen im Gesetz erwähnten Beschränkungen. Der Zeitpunkt für Inkrafttreten dieses Gesetzes auch für Weinbauerzeugnisse bleibt besonderen Anordnungen vorbehalten. Im übrigen trat das Gesetz für die in § 14 Durchf.V. aufgezählten Waren am 1. 11. 1936 in Kraft.

tragen, damit innerhalb des innerdeutschen Weinverkehrs keine schädigende Wirkung entsteht.

2. Lagerhaltung und Qualitätspflege.

Lagerhaltung und Qualitätspflege sind die Grundfunktionen des Weinhandels. Beiden Aufgaben kommt innerhalb des Leistungsablaufes eine besondere Bedeutung zu, sie sollen deshalb einer eingehenderen Untersuchung unterzogen werden.

Wein als Erzeugnis eines Weiterverarbeitungsprozesses, der sich über Monate und Jahre erstrecken kann, bedarf der verschiedenartigsten Behandlungsmethoden, die im Weingesetz durch bis ins einzelne gehende Vorschriften geregelt werden.[35]) Diesen Vorschriften kann nur eine in jeder Beziehung großzügige und technisch einwandfreie Einrichtung gerecht werden, abgesehen von den nötigen Kenntnissen, die grundsätzlich vorausgesetzt werden müssen, bei den Winzern jedoch vielfach noch nicht vorhanden sind. Schon die Übernahme und später die Weiterverarbeitung und Pflege des geernteten Gutes erfordern große Lagerräume, Lagerfässer, Maschinen, Geräte, Personal und nicht zuletzt geschulte und erfahrene Fachkräfte. Beide Voraussetzungen kann aber nur ein kapitalkräftiger Handel erfüllen. Besonders die Eigenart der Ware, die sich am auffälligsten in einer unberechenbaren Entwicklung während der Ausbauzeit äußert, ferner die Unterschiede in Qualität und Menge des Ernteertrages setzen eine Lagerhaltung voraus, wenn nicht eine gleichbleibende Versorgung des Verbrauchers in Frage gestellt werden soll.

Die Lagerhaltung verursacht überwiegend fixe Kosten, die durch Aufwendungen bei der Lagerung der zu vertreibenden Ware entstehen und von denen zu nennen sind: Verzinsung des im Lager investierten Kapitals, Kosten für Lagerräume und Lagerverwaltung, Versicherung, Verluste durch Schwund, Verderb, Diebstahl und Entwertung. Eine Senkung dieser Kosten ist durch Verkleinerung der Lagerbestände und Beschleunigung der Umsatzschnelligkeit möglich, aber begrenzt. Ferner muß bei der Ermittlung der Lagergröße im Weinhandel die Verarbeitungsdauer und Fertigbereitung berücksichtigt werden, die mit zunehmender Qualität der Weine wächst. Bei der großen Masse der Konsumweine macht sie etwa 3 Monate aus. Unter Berücksichtigung dieser Frist und durch Einschätzung der zu erwartenden Absatzverhältnisse richtet sich dann die Lagerpolitik aus. Weineinkauf, -verkauf und die entsprechenden Lagerbewe-

---

[35]) Weingesetz, a. a. O., insbesondere die §§ 3, 4, 7 sowie die Ausführungsbestimmungen vom 16. 7. 1932, RGBl. Teil 1, Nr. 47.

gungen unterliegen einer ständigen Kontrolle, um so jederzeit der zu erwartenden Nachfrage gerecht zu werden, ohne über zu hohe, stark kostenbelastende Bestände zu verfügen.

Als Lagerhalter finanziert der Großhandel gleichzeitig einen wichtigen Teil des Absatzes. Der Winzer als Produzent muß im Herbst Barzahlung verlangen, da er die geringen flüssigen Mittel, über die er verfügt, im Laufe des Jahres in seine Weinberge und damit in sein jetzt bereit liegendes Erntegut gesteckt hat. Die Kapitalschwäche der mittleren und kleineren Weinhandlungen erlaubt diesen vielfach nur ein „hand to mouth buying". Sie müssen ihre Lagergröße dem Rhythmus des Absatzes anpassen, können also in keinem Falle den Weinbauern die gesamte Ernte abnehmen. Dieser Kauf, in kleinsten Mengen auf das ganze Jahr verteilt, erstreckt sich ferner nur auf fertig ausgebaute Weine. Nun ist aber zur Herbstzeit der Wein keineswegs trinkfähig, vielmehr bedarf er einer längeren fachmännischen Pflege und Behandlung, die der Weingroßhandel als wichtige Aufgabe übernimmt. Diesen Zeitraum, der — durch die Eigenart der Ware bedingt — zwischen Erzeugung und Verbrauch liegt, benutzt der Großhandel, der von Natur aus gegebenen Entwicklung des Weins zeitlich und qualitativ fördernd nachzuhelfen, um ihn zur vollendeten Reife zu bringen. Aus dieser im Sinne der gesamten Weinbauwirtschaft liegenden qualitätsfördernden Funktion und der Aufgabe, das räumliche, zeitliche und mengenmäßige Auseinanderfallen von Produktion und Konsumtion zu überbrücken, ferner aus der Unmöglichkeit des Auffangens der Ernte durch den Einzelhandel und der Unmöglichkeit des Versandes kleiner und kleinster Mengen gegen Kredit durch den Winzer, ergibt sich die Daseinsberechtigung des Weingroßhandels. Er ermöglicht nicht nur durch die Zusammenstellung der Ware nach Sorten und Qualitäten eine ausreichende Auswahl und damit schließlich den Kauf, sondern er übernimmt darüber hinaus die Lagerhaltung und zum größten Teil auch die Finanzierung des Einzelhandels.

Die schlechten Absatzverhältnisse vor der Machtübernahme wirkten sich vielfach dahin aus, daß der Großhandel immer größere Zahlungsfristen gewähren mußte, die sich über 6 und mehr Monate erstreckten. Mit wachsender Ausdehnung des Abzahlungsgeschäftes wurden immer häufiger längere Zahlungsziele in Anspruch genommen, die sich zu einer wachsenden Belastung des sammelnden Handels auswirken mußten. Dazu traten schließlich noch Preisschwankungen, die durch die spekulative Eigenschaft der Ware meist künstlich erzeugt wurden und eine finanzielle Inanspruchnahme des Großhandels mit sich brachten, die er in diesem Umfange nicht vertrug. Die Aufnahmekapazität des Großhandels ließ deshalb in den Jahren 1930 bis 1932 sehr nach, und die Winzer waren gezwungen, auf genossenschaftlichem Wege neue Absatzquellen zu erschließen. Vielfach wurde jetzt festgestellt, daß der Großhandel nur preiserhöhend gewirkt hätte und keine Existenzberechtigung mehr habe. Diese „Neuigkeit" wurde aber wohlweislich erst bekannt, nachdem man die Kreditgeber bis zum Letzten ausgenutzt hatte, ohne dabei zu bemerken, daß lediglich eine Verschiebung der Lagerhaltungsfunktion vom Großhandel zur Genossenschaft eingetreten war. Erst mit geordneten Marktverhältnissen im neuen Staat konnten auch auf diesem Gebiet — wie bereits erwähnt — erträgliche Verhältnisse geschaffen werden.

Über besonders große Bestände verfügt der Weingroßhandel im Herbst und Frühjahr. Das einmalige Anfallen der Ware läßt das Lager besonders im Herbst anschwellen, da der Großhandel, durch eine verstärkte Nachfrage von seiten der Händler im Konsumtionsgebiet veranlaßt, sich nicht nur mit dem neuen Jahrgang eindeckt, sondern auch noch ältere Bestände aufkauft. Besonders umzugärende Naturweine sind wieder gefragt, da jetzt nach dem Gesetz die Zuckerung älterer Jahrgänge nachgeholt werden kann. Setzt dann die Nachfrage im neuen Jahr stark ein, füllt der Großhandel seine Läger im Frühjahr erneut auf, um dann im Laufe des Jahres seine Weine abzusetzen. Statistische Unterlagen über die Einkaufs- und Verkaufszeiten, sowie über Lagerbewegungen sind in einem späteren Abschnitt dargestellt und ausgewertet. Hier sei deshalb auf diese verwiesen.

Schließlich sei noch das sogenannte Spekulationslager erwähnt, das bisher im Weinhandel eine große Rolle spielte. Ein Jahrgang, der im Herbst alle Anzeichen dafür gibt, daß er gut zu werden verspricht, findet häufig kapitalkräftige Käufer, die ihre Gelder in Weinbeständen anlegen. Der spätere Verlauf der Entwicklung im Ausbau der Weine zeigt dann, wie weit diese Hoffnungen sich bestätigen und beim Verkauf Gewinne erzielt werden können. Dieses spekulative Element, das an und für sich in jedem Lager verankert liegt, beherrschte in liberalistischen Zeiten den Weinmarkt vollkommen. Erst mit der Einführung eines Richtpreissystems konnte damit gebrochen werden.

3. Die Absatzmethoden.

a) Der Agent als Mittler zwischen Groß- und Einzelhandel.

Der Verteilung der Ware vom Großhandel zum Zwischen- und Einzelhandel dienen die verschiedensten Absatzorganisationen; der Verkehr mit der Kundschaft kann dabei ein persönlicher oder ein unpersönlicher sein. Der unpersönliche Verkehr, der sich in schriftlicher oder telefonischer Form äußert, trägt im Weinhandel — durch die Eigenart der Ware bedingt — immer nur eine zusätzliche Note. Nicht nur die außerordentliche Verschiedenartigkeit der Ware Wein, sondern auch die Vielzahl der Sorten ermöglichen es dem Verbraucher in der Regel nicht, lediglich auf Grund eines schriftlichen Angebotes die für ihn geeignete Ware sofort zu erkennen. Auch die wiederholt geforderte und zum Teil versuchsweise von einigen Firmen durchgeführte Typisierung brachte nicht die gewünschten Erfolge. Der unpersönliche Verkehr tritt daher stets gemeinschaftlich mit einer persönlichen Bearbeitungsmethode auf, die eine mit keinem anderen Handelszweig vergleichbare, ausschlaggebende Bedeutung hat.

Die verbreitetste Vertriebsform im produktionsorientierten Weingroßhandel ist der persönliche Verkehr dieses Handelszweiges mit seiner Kundschaft durch Agenten. Soweit der Großhandel auch kleinste Mengen absetzt, treten daneben noch andere Hilfsorgane auf, die für den eigentlichen Großhandel jedoch nicht typisch sind und daher auch erst im nächsten Abschnitt behandelt werden.

Der Agent vermittelt den Weinabsatz vom Groß- und Importhandel an den Zwischen- und Einzelhandel. Er ist meist selbständiger Kaufmann mit handelsgerichtlich eingetragener Firma, seine rechtliche Stellung ist in den §§ 84—92 HGB geregelt. Für seine Tätigkeit erhält er eine Provision, die sich nach Art und Umfang des Geschäfts richtet. Dabei finden besondere Aufwendungen für die weitere Pflege der Geschäftsverbindungen und Spesen Berücksichtigung. Im allgemeinen beträgt der Provisionssatz 5 v. H. Er erhöht sich bei Qualitäts- und Flaschenweinen. Im Gegensatz zu den Reisenden und Vertretern des Zwischenhandels, deren Fachkenntnisse oft zu wünschen übrig lassen, sind die Agenten fachkundig und gut eingeführt.

Den Agenten wird von den Weingroßhandlungen ein bestimmtes Gebiet zur alleinigen Bearbeitung zugeteilt, für andere Rayons sind sie nicht zugelassen. Es wird so eine intensive Bearbeitung erreicht unter gleichzeitiger Vermeidung irgendwelcher Verkaufsstreitigkeiten. Die Gebietseinteilung richtet sich im übrigen entsprechend dem Absatzradius des Betriebes nach der Zahl der zu bearbeitenden Kunden. Sie soll nach Möglichkeit einen geschlossenen Komplex bilden.[36])

Die Tätigkeit des Agenten erfährt durch seinen Betrieb eine vielfach umsatzfördernde Unterstützung, die besonders auf die Gewinnung neuer und Erhaltung alter Abnehmer abgestellt ist. Da ein Zugang neuer Kunden eine Vergrößerung des Absatzes bedeutet, der Agent aber häufig und besonders dann, wenn er gute Abnehmer in seinem Gebiet hat, wenig Interesse an der Neuerwerbung von Kunden zeigt, wird er für den Abschluß eines Auftrages bei einem neuen Kunden mit einer zusätzlichen Provision belohnt und dadurch angespornt. Ferner äußert sich diese erwähnte Unterstützung darin, daß der Betriebsführer gemeinschaftlich mit dem Agenten mehrmals während des Jahres einige auserlesene Kunden besucht. Auch der Versand von Marktberichten und Preislisten hat gleiche Aufgaben. — Schließlich sind noch die bemusterten Offerten zu erwäh-

[36]) Stolleis, a. a. O., S. 143

nen, die kostenlos in kleinen Probeflaschen abgegeben werden. An Hand dieser Proben kann sich der Interessent von dem wahren Wert der Ware leicht überzeugen und sich schnell zu einem Kauf entscheiden. Gleichzeitig mit diesen Probeversendungen gehen Durchschläge der Probeverzeichnisse an die Platzagenten mit der Weisung, in nächster Zeit bei den zu bearbeitenden Kunden vorzusprechen, um sich über ihre Wünsche zu orientieren und Aufträge hereinzuholen. Erfolgt ein Auftrag auf Grund einer solchen bemusterten Offerte, hat der Käufer bei Doppelproben gleichzeitig die Gewähr, daß die spätere Lieferung mit Sicherheit in gleicher Art und Güte ausfällt.

b) Die Hilfsorgane des Sortimentshandels.

Der Weinhandel jenseits der Weinlinie ist — wie bereits erwähnt — überwiegend absatzorientiert, er hat sich daher den Ausbau des gesamten Vertriebswesens sehr angelegen sein lassen. Seine Niederlassungen verteilen sich ziemlich gleichmäßig auf Stadt und Land. Im Gegensatz zum Einzelhandel mit z. B. Süßwaren, Obst, Gemüse und Fisch, wo allein über die Hälfte der Beschäftigten in Großstädten angestellt war, machte der Anteil der beschäftigten Personen im Getränkehandel in Großstädten mit 31,2 v.H. nicht viel mehr aus als der in diesen lebende Bevölkerungsanteil (etwa 30 v.H.).[37]) Insgesamt wurde der Handel mit Getränken von 20 880 Betrieben mit 31 952 Beschäftigten ausgeübt:[38])

	1933: Zahl der gewerblichen Niederlassungen	Zahl der beschäftigten Personen
Nahrungs- und Genußmittelgewerbe insgesamt	302 949	1 419 297
davon Herstellung von Wein, Branntwein u. Mineralwässern	13 348	52 764
davon Weinbereitung (auch Obstwein)	1 635	3 818
Großhandel mit Wein und Spirituosen[39])	5 918	28 205
Einzelhandel mit Getränken[40])	20 880	31 952.

[37]) Aus: Statistik d. Deutschen Reiches, Heft 466; Gewerbl. Betriebszählung; Volks-, Berufs- und Betriebszählung vom 16. Juni 1933, Seite 93 ff.

[38]) Statistik des Deutschen Reiches Band 462, II, S. 38.

[39]) Außer Wein auch Bier, Branntwein, Essig, Essenzen, Fruchtsaft, Fruchtwein, Liköre, Limonaden, Mineralwasser und Schaumwein.

[40]) Dabei Spirituosen, Bier, Most, Mineralwasser, Schaumwein, Wermut und alkoholfreie Getränke.

Sein Umsatz im Jahre 1933 wurde auf 225 Millionen Reichsmark = 1,2 v.H. der Einzelhandelsumsätze geschätzt.[41]) Die Einzelinhaberschaft ist am verbreitetsten, da häufig schnelle und ungebundene Dispositionen nötig sind. Sogar bei bedeutendem Kapitalbedarf hält man an dieser Unternehmungsform fest. So entfielen z. B. von 220 Weinhandelsbetrieben Mitteldeutschlands auf:[42])

Einzelfirmen	146
offene Handelsgesellschaften	34
Genossenschaften	29
G.m.b.H.	7
Komm.-Ges.	4

Der Wert der persönlichen Beeinflussung der Kundschaft beim Weinverkauf, der sich besonders darin äußert, daß erst vielfach durch die gewandten Umgangsformen eines Vermittlers ein Geschäft zustande kommt, spiegelt sich in der Organisation des Vertreterapparates und dem in jüngster Zeit besonders aufgekommenen Filialsystem wieder.

Zunächst ist es in allen Betrieben der Betriebsführer selbst, der sich dem Weinabsatz widmet. Die innerbetriebliche Arbeit überläßt er in der Regel seinen Angestellten. Seine Reisetätigkeit würde sich aber nur auf einen kleinen Kundenkreis beschränken können, wollte er sie allein ausüben. Bearbeitet er z. B. Landkundschaft, so kann er im Durchschnitt pro Stunde zwei Kunden besuchen, vorausgesetzt, daß er nicht an Eisenbahn oder sonstige öffentliche Verkehrsmittel gebunden ist. Vielmehr muß ihm ein Kraftwagen zur Verfügung stehen, mit dem er dann ca. 80 km täglich zurücklegen kann, um diese Kundenzahl zu erreichen. Mit wachsenden Entfernungen sinkt die Anzahl der Besuche. In der Stadt können bis drei Besuche pro Stunde gemacht werden. Bei 200 Reisetagen im Jahr könnten demnach im Falle einer Tätigkeit je zur Hälfte auf dem Lande und in der Stadt und einer täglichen Arbeitsdauer von 8 Stunden ca. 4000 Kunden einmal während eines Jahres besucht werden. Damit ein zusätzlicher Umsatz erreicht wird und der Kundenkreis, der sich sonst der Konkurrenz zuwendet, in gewissen Abständen (ca. alle zwei Monate) wiederbesucht werden kann, sind daher in mehr oder weniger großem Umfange Weinvermittler tätig, die in verschiedenen Formen auftreten.

b 1) Der Reisende.

Als ein Typ der Weinvermittler ist zunächst der Reisende zu nennen. Er ist mit der Verteilerfirma eng verwachsen und steht im Angestelltenverhältnis.

---

41) F.f.H.Mitteilungen, Jahrgang 1934, Heft 4,

42) Nach Angaben des Weinbauwirtschaftsverbandes Sachsen-Anhalt.

Rechtlich gehört der Reisende zu den im § 84 HGB aufgezählten Personen, die Geschäfte vermitteln oder im Namen des Auftraggebers abzuschließen haben. In finanzieller Hinsicht ist er von allen Weinvertretern am günstigsten gestellt, da er als Angestellter einmal festes Gehalt erhält, daneben aber meist noch eine Verkaufsprovision und tägliche Spesen hat. Zu einem ungefähren monatlichen Gehalt, das zwischen 180 und 250 RM liegt, kommt ein Provisionssatz von meist 1 bis 2 v.H. vom Umsatz und ein Spesensatz. Dabei gewährt man bei all den Aufträgen, die Spesen verursacht haben, meist 1 v.H. vom Umsatz, bei spesenlosen 2—3 v.H. Die Abhängigkeit des Reisenden vom Geschäftshaus äußert sich hauptsächlich darin, daß er nach genauen Anweisungen der Geschäftsleitung seine Reisetätigkeit auszurichten hat. Wenn jedem einzelnen Reisenden auch im allgemeinen bestimmte Bezirke zugewiesen werden, so schickt man sie doch oft auch in andere Gebiete, die einen Absatz versprechen. Meist haben sie ihren Wohnsitz am gleichen Ort, wo auch das Geschäftshaus ansässig ist, und sie treten von hier aus ihre Reisen an. Nach ihrer Rückkehr haben sie ausführliche Berichte anzufertigen und zwar über die besuchten Kunden und den Erfolg ihrer Tätigkeit. Aus den Berichten über die Kunden muß die geleistete Arbeit der Reisenden genau erkennbar sein. Es werden den Reisenden deshalb im allgemeinen Richtlinien zur Ausarbeitung ihrer Berichte gegeben. Im Interesse einer einheitlichen Berichterstattung und ihrer statistischen Auswertung werden die Berichte vielfach durch vorgedruckte Berichtsformulare nach bestimmten Gesichtspunkten ausgerichtet. Aus ihnen werden dann nicht nur die Erfolge der Vermittler festgestellt, sondern auch ganz allgemeine Entwicklungstendenzen auf dem Absatzmarkt ermittelt, die für die gesamte Betriebspolitik entscheidend sind.

Die Kosten, die Reisende verursachen, sind vorwiegend fixer Natur, d. h. sie bleiben das ganze Jahr über beinahe unverändert, unabhängig davon, ob ihre Umsätze steigen oder fallen. Bei einem Jahresumsatz von 20 000 RM konnte folgende Kostenhöhe ermittelt werden:

Gehalt monatlich RM 200.—	2400.—	RM
Spesen im Durchschnitt pro Tag RM 6.—	1800.—	„
Provision im Durchschnitt 1,5 v.H. v. Umsatz	300.—	„
Fahrgelder	500.—	„
	5000.—	RM

Lediglich die Provision hat proportionalen Charakter, da sie entsprechend der umgesetzten Menge größer oder kleiner wird. Da sie beim Reisenden nur 1,5 v.H. vom Umsatz ausmacht, fällt sie nur wenig ins Gewicht, so daß die Gesamtkosten, die vom Standpunkt der Unternehmung aus fix sind, während eines

Jahres bei steigendem Umsatz pro umgesetzte Einheit degressive Eigenschaften haben. Das geht aus folgenden Zahlen hervor:

Umsätze in RM 1000.—	5	10	15	20
Unkosten insgesamt in RM 1000.—	4,775	4,850	4.925	5
Unkostensatz in v.H.	95,2	47,6	33,3	25
Umsätze in RM 1000.—	25	30	35	40
Unkosten insgesamt in RM 1000.—	5,075	5,150	5,225	5,3
Unkostensatz in v.H.	20,4	17,2	14,9	13,3

Setzt der Reisende wie in unserem Beispiel jährlich nur für 20 000 RM um, so arbeitet er mit 25 v.H. Unkosten, in der Regel kommen aber gut eingeführte Reisende auf einen Jahresumsatz von 25 000 bis 30 000 RM, so daß sich — wie ersichtlich — die Unkosten stark verringern.

b 2) Der Vertreter.

Neben dem Reisenden finden wir als Vermittler in Weinhandelsbetrieben den Vertreter.[43]) Er steht im Gegensatz zum Reisenden in sehr losem Verhältnis zur Verteilerfirma. Er ist, da er nicht als Angestellter fungiert, als selbständiger Kaufmann zu betrachten. Somit richtet sich seine Vergütung nach den erzielten Umsätzen, für die er eine Provision erhält. Die Höhe der Provision[44]) ist bei den Weinhandelsbetrieben verschieden. Sie bestimmt sich nach der jeweiligen Verdienstspanne, die die Betriebe an den verschiedenen Getränken haben. So gewährt man bei Schaumwein selten mehr als 10 v.H., da hier die Verdienstspanne gering ist, bei Weinen in höheren Preislagen bis zu 20 v.H. Provision vom Umsatz. Im Durchschnitt wurde der Provisionssatz von 15 v.H. ermittelt. Da der Vertreter sonst keine anderen Vergütungen erhält, ist seine Vertriebsart mit einem stets gleichbleibenden Kostenprozentsatz für den Mutterbetrieb verbunden. Rein kostenmäßig arbeitet somit der Reisende erst bei einem Umsatz, der über 40 000 RM liegt, günstiger als der Vertreter, selten aber

---

[43]) Nach einer Angabe der deutschen Weinzeitung Nr. 49/50 vom 3. Juli 1937 gibt es in Deutschland rund 6000 Weinhandelsvertreter.

[44]) Für alle Personen, die im fremden Namen und für fremde Rechnung Geschäfte abschließen, die Weinbauerzeugnisse zum Gegenstand haben, wurde die Vertreterprovision lt. Anordnung Nr. 9 d. HVG. vom 12. 4. 38 § 1 auf höchstens 20 v.H. vom Verkaufspreis des reinen Warenbetrages einschl. aller Provisionen und sonst. Zuwendungen festgesetzt.

dürfte diese Höhe erreicht werden. Gut eingeführte Vertreter konsumorientierter Weinhandlungen erreichen einen durchschnittlichen Absatz von ca. 30 000 bis 35 000 RM jährlich.

Die Unabhängigkeit des Vertreters von seinem Mutterbetrieb zeigt sich vor allem darin, daß er durch nichts an ihn gebunden ist, so daß diese Art der Weinvermittler in den verschiedensten Formen auftritt. Teilweise ist er kapitalkräftig, verfügt über einen Verkaufsapparat und ist handelsgerichtlich eingetragen. Diese Art der Vertretung wurde bereits im Kapitel über den Agenten behandelt, sie spielt für den Sortimentshandel keine Rolle. Typische Vertreter sind für den Detailhandel einmal die, die genügende Fachkenntnisse besitzen und die Vertretertätigkeit hauptberuflich ausüben. Daneben gibt es aber eine Anzahl kleinerer Händler, pensionierte Beamte, ehemalige Offiziere, die auf Grund guter Beziehungen zu Freunden, Bekannten und Verwandten sich einen Nebenverdienst erarbeiten wollen. Diese von Ueberle als Gelegenheitsvermittler [45]) bezeichneten Personen sind für den gesamten Weinhandel nicht wünschenswert. Sie besitzen weder Fachkenntnisse, noch die nötige Erfahrung im Umgang mit der Kundschaft.

Diese unerfreuliche Tatsache wurde durch einen Genehmigungszwang für die Neuaufnahme einer Weinvermittlungstätigkeit beseitigt. Die Voraussetzung dazu wurde in einer Meldepflicht [46]) für Weinhandelsvertreter geschaffen, um diese hinsichtlich ihrer Zahl, der Art ihrer Tätigkeit und der fachlichen Zuverlässigkeit kennenzulernen und damit die Ausschaltung unlauterer Elemente zu ermöglichen. Im übrigen werden künftig nur noch fachlich geschulte Kräfte, die die Gewähr bieten, im Rahmen des Weinverkehrs ein nutzbringendes Glied zu sein, Verwendung finden. Ein Zustrom fachunkundiger und unzuverlässiger Elemente ist damit unmöglich gemacht.

c) Das Ladengeschäft.

In Ladengeschäften der Weinhandelsfirmen werden neben Wein sämtliche alkoholischen Getränke, seltener allerdings Bier, geführt. Die nachstehende Aufstellung zeigt, wie sich der Umsatz einer Weinfiliale während der letzten 6 Jahre gestaltete:

---

[45]) Ueberle, Die Tätigkeit der Weinvermittler in der Weinbauwirtschaft und ihre Erfassung im Rahmen der Marktordnung, Deutsche Weinzeitung, Nr. 51 vom 8. 7. 1937.

[46]) Anordnung Nr. 7 der HV. d. deutschen Weinbauwirtschaft vom 22. 12. 37. (RNVBl. S. 601) und Änderung vom 4. 2. 38.

Umsätze einer Weinfiliale.

Die einzelnen Getränkearten in v.H. des Gesamtumsatzes:

	1932	1933	1934	1935	1936	1937
Rheinweine	17,2	16,5	16,1	16,6	13,7	16,5
Moselweine	6,5	7,8	7,7	8,5	6,9	8,2
Rotweine	12,2	14,3	12,0	12,8	13,0	10,0
Südweine	12,4	11,3	11,4	11,7	11,9	10,2
Karaffenweine	6,8	1,5	1,3	0,8	0,5	0,4
Schaumweine	5,1	7,1	8,7	7,6	7,4	12,4
Weine insges.	60,2	58,5	57,2	58,0	53,4	57,7
Rum, Arrak	11,8	14,6	11,5	10,9	14,5	10,3
Weinbrand, Korn	8,8	10,5	9,6	11,6	11,7	11,8
Liköre	8,3	9,1	11,2	10,3	11,2	13,1
Zier- u. Taschenflaschen	5,9	5,4	8,0	7,5	8,0	6,1
Spirituosen insges.:	34,8	39,6	40,3	40,3	45,4	41,3
Alkoholfr. Getränke	5,0	1,9	2,5	1,7	1,2	1,0

Auffällig erscheint der sinkende Anteil des Karaffenweines von 1932 bis 1937, ein Zeichen für die wachsende Kaufkraft. Ferner ist der wachsende Anteil der Spirituosen am Gesamtumsatz bemerkenswert.

Die Ladengeschäfte gelten für das Zentralhaus als die intensivste Vertretung, besonders steht hier die persönliche Bearbeitung der Kundschaft im Vordergrund. Gute Bedienung wurde als ein besonders förderndes Absatzelement erkannt. Bei der Auswahl des Bedienungspersonals ist deshalb die größte Sorgfalt anzuwenden. Ferner fällt im Filialsystem das sonst im Weinhandel vorherrschende Kreditgeschäft weg, da hier fast ausschließlich Barverkäufe getätigt werden. Damit ist aber auch ein ausgedehnter Büroapparat entbehrlich, der bei Verkäufen auf Ziel die Kontrolle übernehmen muß.

Diesen Vorteilen steht jedoch der ausgeprägte fixe Kostencharakter der Filialen gegenüber, so daß nur eine genügend große Umsatzmenge ein gewinnbringendes Arbeiten verbürgt. Die Standortwahl ist daher von ausschlaggebender Bedeutung. Überwiegend wichtig für Weinfilialen ist die Wohnbevölkerung. Aus dem periodisch ungebundenen Bedarfscharakter des Weines erklärt es sich, daß Weinhandelsgeschäfte nicht überall in einer Stadt gleichmäßig verteilt sind. Vielmehr beschränken sie sich auf bestimmte Stadtteile. Bei der Standortwahl muß weniger Wert auf ausgesprochene Verkehrsstraßen gelegt werden, die nicht in unmittelbarer Nähe von Wohngegenden verlaufen. Grundsätzlich müssen wir bei unserer Betrachtung eventuelle Repräsentationsnotwendigkeiten ausschalten, die vereinzelt Weinhandelsgeschäfte großer Firmen in Hauptverkehrs- und Geschäftsstraßen auftreten lassen. Weinfilialen sollten vielmehr in ausgesprochenen Wohngegenden errichtet werden, da hier der beschwerliche lange Transport der Ware wegfällt. Schon das Tragen von nur einer Flasche Wein ist wegen des erheblichen Gewichtes (ca. 1½ kg) für längere Strecken mühsam und unbequem. Die Ware wird deshalb, soweit sie nicht durch eine ortsansässige Firma zugeschickt wird, gern in der Nähe des Wohnsitzes gekauft.

Der erwähnte fixe Kostencharakter der Weinfilialen läßt diese — wie wir gesehen haben — also nur überall da mit Erfolg bestehen, wo ein möglichst gleichmäßiger und ausreichender Umsatz erzielt wird. Um die kostenmäßige Belastung von Weingeschäften zu erkennen, sei nachstehend eine Kostenübersicht von drei Filialen gegeben:

		Fil. I	Fil. II	Fil. III
Ladenmiete jährlich	RM	4 200	4 200	1 020
Gehalt für Angestellte	"	2 500	2 300	1 340
Lohn für Hilfskraft	"	600	600	300
Abschreibung auf Ladeneinrichtung 20 v.H. auf RM 2000.—	"	400	400	400
Licht, Heizung, Reinigung, Dekor.	"	600	600	340
Konzessionsanteile	"	100	100	100
zusammen:	RM	8 400	8 200	3 500
Umsätze:	RM	42 000	22 000	14 000

Aus der Aufstellung gehen die Kostenarten in ihrer Höhe deutlich hervor. Filiale I hatte ihren Standort in einer ausgesprochenen Wohngegend, Filiale II und III befanden sich im Stadtzentrum mit einem starken Verkehrsstrom. Bei einem Gesamtumsatz von 42 000 RM jährlich war die Filiale I mit 20 v.H. Unkosten belastet. Filiale II mit nur etwas mehr als der Hälfte des Umsatzes der Filiale I arbeitete dagegen mit 37,3 v.H. Unkosten. Hier war der Verkauf einer Flasche Wein im Werte von nur RM 2.68 durch dieses Vertriebssystem mit einem zusätzlichen Unkostensatz von RM 1.— belastet. Günstiger liegen die Verhältnisse bei Filiale III. Hier stand einem Umsatz von 14 000 RM jährlich eine in der gleichen Zeit anfallende Unkostenmenge von RM 3500.— gegenüber, der Unkostensatz betrug demnach 25 v.H. Die größere Wirtschaftlichkeit ergab sich hier lediglich durch eine Unkostensenkung von 54,6 v.H. gegenüber den Kosten der Filiale II. Da für beide die gleichen standortmäßigen Voraussetzungen vorhanden waren, kann gesagt werden, daß, wenn es nicht gelingt, bei Filialen in Hauptgeschäftsstraßen die Kosten auf ein Minimum herabzudrücken, ein rentables Arbeiten nicht gewährleistet wird. Da sich die Filiale III auf eine sehr kleine Räumlichkeit beschränkte, konnte eine Senkung der Ladenmiete auf weniger als ein Viertel der Mieten von Filiale I und II erreicht werden. Im allgemeinen belasten aber gerade in Hauptgeschäftsstraßen die hohen Mieten alle Geschäfte ziemlich gleichmäßig, so daß von dieser Seite her keine Senkung der Kosten zu erwarten ist. Da die verbleibenden Kosten für eine Verminderung noch weniger geeignet sind, ist nur mit Hilfe eines vergrößerten Umsatzes ein besseres Ergebnis zu erzielen. Dem stehen aber die eingangs erwähnten Transportschwierigkeiten im Weg, so daß nur in den seltensten Fällen mit einer auch nur geringen Besserung des Jahresergebnisses zu rechnen ist.

Nachstehend sind die drei besprochenen Vertriebsformen in ihrer kostenmäßigen Belastung gegenübergestellt:

Kostenmäßige Belastung der 3 Vertriebsformen in v.H. vom Umsatz.

Umsätze in RM	Reisende	Vertreter	Ladengeschäfte I	II	III
10.000	47,6	13,0	84,0	81,9	34,5
20.000	25,0	13,0	41,2	41,0	17,5
30.000	17,2	13,0	27,8	27,0	11,6
40.000	13,3	13,0	21,3	20,4	8,8.

Eine genaue Vergleichsmöglichkeit dieser drei Vertriebsformen bietet sich auf Grund der hier ermittelten Ergebnisse nicht, da weder auf der Kosten- noch auf der Ertragsseite die gleichen Voraussetzungen vorhanden sind. So entstehen je nach dem Verkaufssystem dem Stammhaus verschieden hohe Vertriebs-Gemeinkosten, die bei einem Vergleich mit berücksichtigt werden müssen. Auch können die Beziehungen zum Umsatzerlös kein einwandfreies Bild geben, da der Kundenkreis von Reisenden, Vertretern und Ladengeschäften verschieden ist. So bearbeitet beispielsweise der Reisende Wiederverkäufer, denen Vergünstigungen eingeräumt werden; Ladengeschäfte dagegen verkaufen fast ausschließlich an letzte Verbraucher.

d) Die Absatztätigkeit des Weinausfuhrhandels.

Die Weinabsatzmöglichkeiten nach dem Ausland gestalteten sich während der letzten Jahre für Deutschland immer schwieriger. Durch das Entstehen neuer Erzeugergebiete und durch die Entwicklung der Verkehrswirtschaft änderten sich die Verhältnisse auf dem internationalen Weinmarkt grundlegend.[47]) Hohe Zollschranken und im Vergleich zu ausländischen Erzeugnissen hohe Preise verdammten die deutschen Weine auf dem Weltmarkt zur Konkurrenzunfähigkeit. Während vor dem Kriege Deutschland durchschnittlich 170 000 hl Wein jährlich ausführte, ging der Weinexport während der Jahre 1920 bis 1932 auf nur 42 000 hl im Durchschnitt zurück. Die Ausfuhr von Konsum- und mittleren Tischweinen spielt heute praktisch keine Rolle mehr, da das Ausland in Art und Güte gleichwertige, aber im Preise viel niedrigere Ware anbieten kann. Der Weinexport beschränkt sich deshalb auf deutsche Qualitäts- und Spitzenweine.

Nach 1933 erfuhr die Weinausfuhr wieder einen kleinen Auftrieb (siehe Tabelle X im Anhang). Die Faßweinausfuhr konnte von 20 928 hl im Jahre 1933 auf 25 181 hl im Jahre 1937 gesteigert werden, allerdings nur unter weitest gehender Preissenkung. Während 1933 noch 106,6 RM/hl durchschnittlich erzielt werden konnten, wurden 1937 für 100 l nur noch 105,6 RM bezahlt. Im gleichen Zeitabschnitt stieg die Flaschenweinausfuhr um beinahe 50 v. H. und zwar von 17 655 hl auf 26 440 hl. Hier waren die erzielten Erlöse je hl noch geringer geworden. Sie fielen von 266,2 RM 1933 auf 263,1 RM/hl 1937. Trotzdem sind die erzielten Preise für Flaschenweine unter Berücksichtigung der eingangs erwähnten Schwierigkeiten als gut zu bezeichnen, besonders im Vergleich zu den erzielten Erlösen für Faßweine. Obgleich die Ausfuhr eine steigende Tendenz zeigt, erreichte sie doch 1937 nur rd. ein Drittel des Vorkriegsstandes. Wenn auch durch großzügige Maßnahmen, insbesondere der Hauptvereinigung, auf den Auslandsmärkten eine weitere Steigerung der Weinausfuhr zu erwarten ist, dürfte doch der Vorkriegsexport aus oben genannten Gründen nicht wieder erreicht werden.

Die Weinausfuhr nach den einzelnen Ländern zeigt während der letzten 5 Jahre folgendes Bild (siehe Tabelle XI im Anhang). Über ein Drittel der gesamten Ausfuhr ging im Jahre 1937 nach Großbritannien (33,47 v. H.), 85,97 v. H. entfielen auf die zehn Hauptabnehmer. Der wachsende Anteil der Flaschenweinausfuhr an der Gesamtausfuhr (1937 = 51,22 v. H.) bestätigt, daß der Export sich immer mehr auf Qualitätsweine beschränkt. Die Flaschenweinaus-

---

[47]) Ueberle, H., Der konsumorientierte Weinhandel, Diss. Mannheim 1933, S. 19.

fuhr, die mengenmäßig etwas mehr als die Hälfte des Gesamtexportes ausmachte, brachte beinahe $^3/_4$ des Exporterlöses. Eine ständige Zunahme der Weinausfuhr ist nach Großbritannien, U.S.A. und in geringerem Maße auch nach den Niederlanden, Belgien, Schweden und Polen während der letzten drei Jahre zu verzeichnen.

Die Weinausfuhr liegt in den Händen weniger Großfirmen. Soweit sich der Export auf überseeische Länder erstreckt, werden Aufträge auf der Basis der Cif-Offerte abgeschlossen, die außer dem Kaufpreis noch die Kosten der Seefracht, Seeversicherung und für die Beförderung zum Bestimmungshafen enthält. Der Exporteur hat dann dem Käufer einen Seefrachtbrief zu übersenden und zwar auf den beim Kaufabschluß festgesetzten Bestimmungshafen, ferner die Rechnung über die versandten Waren, eine Abschrift des Schiffsfrachtvertrages und die Versicherungspapiere. Die Zahlung erfolgt dann in der Regel bei Aushändigung der Dokumente (documents against payment). Der Exporteur bleibt bis dahin Besitzer der Ware. Von Bedeutung ist ferner, ob bei dem Abschluß des Seefrachtvertrages die Ware nach Gewicht oder Litern berechnet wird. Bei einer Berechnungsgrundlage nach Gewicht ergibt sich für die Flaschenweinausfuhr die Notwendigkeit einer möglichst günstigen Verpackung und damit Raumausnutzung, ohne gegen eine handelsübliche bzw. vereinbarte Verpackung zu verstoßen und Transportschäden zu verursachen.

Häufig vollzieht sich die Ausfuhr deutscher Weine durch den Transithandel, d. h. die Ware erreicht erst auf Umwegen und zwar im allgemeinen über das Land, in welchem der Transithändler seinen Sitz hat, das Bestimmungsland. Diese Transitgeschäfte machten sich durch die Devisennotlage Deutschlands notwendig. Die Bezahlung der Ware erfolgt auf dem Wege eines Verrechnungsabkommens, welches Deutschland mit den einzelnen Ländern abgeschlossen hat.

Danach stellt Deutschland den ausländischen Händlern sogenannte Transit-Aski bei seinen Devisenbanken zur Verfügung, die alle die Beträge aufnehmen können, welche bei den deutschen Verrechnungskassen zugunsten der Transithändler eingehen. Diese Beträge können die Händler ihrerseits dann zur Bezahlung von Verpflichtungen an deutsche Lieferanten benutzen, ohne daß sie selbst in Devisen bezahlt wurden.

Bei der Prüfung der Ausfuhrfrage ergab sich die Notwendigkeit, Qualität und Preise der zur Ausfuhr gelangenden Weine zu überwachen, um eine Schädigung der Abnehmer unserer Weinbauerzeugnisse im Ausland zu verhindern und einer Verschleuderung deutschen Volksvermögens vorzubeugen. Die zur Ausfuhr vorgesehenen Weine wurden deshalb einer Genehmigungspflicht unterworfen, die bisher von einer Weinausfuhrstelle erteilt wurde, die in Frankfurt/M. als selbständige Einrichtung des Reichsnährstandes bestand. Nach Verselbständigung der Hauptvereinigung der deutschen Weinbauwirtschaft wurde dieser die Reichsstelle angegliedert,[48]) um künftig die Ausfuhr deutscher Weine nach einheitlichen Gesichtspunkten ausrichten zu können. Nach wie vor ist der Ausführer gezwungen, für jede Sendung die Genehmigung der Hauptvereinigung einzuholen, die der Vorsitzende zu erteilen hat. Hält er eine Prüfung der auszuführenden Weine für notwendig, muß der Antragsteller auf Aufforderung des Vorsitzenden von jeder Sorte des Erzeugnisses, welches er auszuführen beabsichtigt, zwei Proben von je einer halben Flasche frachtfrei einschicken. Der Vorsitzende bestimmt dann, in welchem Umfange die Prüfung stattfinden soll, insbesondere ob eine Zungenprobe genügt, die dann durch einen sachverständigen Beirat, der sich aus je zwei Vertretern des Weinbaues und Weinhandels zusammensetzt, erfolgt, oder ob eine weinchemische Untersuchung notwendig ist.

e) Die Formen der Absatzwerbung.

Nachdem bereits die Werbeempfindlichkeit der Ware Wein dargestellt wurde, soll im Folgenden auf die Formen der Absatzwerbung im Weinhandel eingegangen werden.

Jede Werbung wird mit Hilfe von Werbemitteln durchgeführt, „die den Umworbenen zum Zueigenmachen des Werbezwecks veranlassen wollen".[49]) Die vorbereitenden Maßnahmen, die am Anfang jeder Werbetätigkeit stehen und sich zunächst in einer Werbeanalyse äußern, zeigen die erforderliche Menge von Werbemitteln zeitlich, örtlich und ihrer Größe nach auf. Sie geben damit die Unterlagen für eine zielbewußte und erfolgreiche Werbung. Für den Weinhandel kommt eine sogenannte Ökonomisierungsanalyse in Betracht, die für eine bereits durchgeführte Ware Mittel und Wege der Absatzsteigerung finden soll.[50]). Diese wird in der Regel unter folgenden Gesichtspunkten durchgeführt:[51])

1) Es muß einer Werbung eine Untersuchung über die augenblickliche Einteilung der Gebietszonen und des Standortes der Betriebe vorausgehen; es

---

[48]) Anordnung Nr. 2 d. HV. vom 9. 6. 37 RNVBl. Nr. 38 v. 12. 6. 37, Seite 249 f., nebst Ausf.Best. Seite 251. Die vom 10. 3. 34 (Reichs- u. Staatsanzeiger Nr. 61 vom 13. 3. 34) datierte Anordnung über die Regelung der Weinausfuhr wurde damit aufgehoben.

[49]) Seyffert, Allgemeine Werbelehre, Seite 64.

[50]) Seyffert, Die Absatz- und Werbeplanung, Neues betriebswirtschaftliches Quellenbuch, Seite 156.

[51]) Nach dem von Seyffert im Neuen Betriebswirtschaftlichen Quellenbuch auf Seite 159 f. vorgeschlagenen Schema.

muß untersucht werden, ob eine intensive und gleichmäßige Bearbeitung dieser Gebiete möglich war oder nicht, wie weit eine Verkleinerung des Streufeldes nötig ist oder eine Erweiterung in Betracht gezogen werden kann (Streufeldabgrenzung).

2) Es kann besonders aus den Berichten der Vertreter und Reisenden, aber auch aus denen der Filialleiter, die sich wiederum auf die Äußerungen ihrer Kunden stützen, entnommen werden, in welchem Umfange die Ware bisher eingeführt werden konnte, wie sich zukünftige Absatzaussichten durch geeignete Werbemaßnahmen erschließen lassen, wie die bisherigen diesbezüglichen Maßnahmen aufgenommen wurden, aus welchen Schichten sich die Käufer zusammensetzen, welche Kreise noch als Käufer in Frage kommen und durch welche geeigneten Werbemethoden diese zu gewinnen sind (Streufeldanalyse).

3) Es ist zu ermitteln, wie die Ware in dem in Frage kommenden Bezirk aufgenommen ist, welche Mängel sich zeigten, welche Anforderungen gestellt werden und welche Vorzüge besonders geschätzt wurden (Objektanalyse).

Ferner ist die Aufstellung eines geordneten Werbeplanes nötig, wenn die Werbung zielbewußt und erfolgreich sein soll. Er soll insbesondere auf lange Sicht den Werbefeldzug klarlegen: „Der Werbeplan erstreckt sich auf alle über den Gesichtskreis der Werbeperiode (normaler Weise des Geschäftsjahres) hinausgehenden Fragen der Werbekampagne und verringert so die Gefahr einer kurzsichtigen Werbepolitik.“ [52])

Obwohl die Werbeempfindlichkeit der Ware Wein dem Weinhandel eine intensive Werbung vorschreibt und obwohl teilweise auch schon mit großer Energie geworben wird, findet man den Werbeplan im Weinhandel nur selten angewandt. Im allgemeinen wird ein bestimmter Betrag zu Werbezwecken in Aussicht genommen, der auf Grund der Generalunkosten der letzten Jahre festgesetzt wird und zwar durch Berechnung eines bestimmten Prozentsatzes. Nach einer Angabe von 6 Weinhandelsbetrieben wurden durchschnittlich 1 v.H. vom Umsatz oder 4—5 v.H. von den Gesamtunkosten für Werbung während eines Jahres ausgeworfen. Die einzusetzenden Werbemittel und ihre Einsatzzeit ergeben sich dann von Fall zu Fall. Die stärkste Werbung findet während der Wintermonate, also während der Hauptgeschäftszeit, statt. In der umsatzschwachen Zeit wird sie eingeschränkt. Die Erfahrung lehrte, daß, durch den saisonalen Charakter der Ware bedingt, eine verstärkte Werbung im Sommer ohne Erfolg blieb. Das Schwergewicht der Werbung fällt demnach in eine Zeit, wo die Aufnahmewilligkeit der Verbraucherschaft am größten ist.

An unpersönlichen Werbemitteln stehen Plakat, Inserat, Preislisten, Pro-

---

[52]) Seyffert, Allgmeine Werbelehre, S. 453.

spekte und Marktberichte im Vordergrund. Sie dienen fast ausschließlich der vorbereitenden Werbung. Reine Schriftanzeigen bedienen sich dabei häufig fester Redewendungen, wenn z. B. gesagt wird, daß der Wein die Sorgen vertreibt, leicht bekömmlich ist, gut schmeckt. Das wichtigste Ziel der Werbung ist in der Gewinnung von Dauerkonsumenten zu sehen. Es ist daher besonders auf eine gleichbleibende Güte der Ware Wert zu legen und nicht mehr zu versprechen, als wirklich gehalten werden kann, da sonst das mühsam erworbene Vertrauen des Kunden leicht schwindet. Ein guter Wein wirbt durch sich selbst, schlechte Weine können aber auf die Dauer auch mit Hilfe der besten Werbung nicht abgesetzt werden. Dem Inserat kommt, durch den Absatzcharakter der Ware bedingt, eine besondere Rolle zu. Die Weinwerbung setzt im Herbst meist schlagartig und wuchtig ein. Inserate in Tageszeitungen und anderen Insertionsorganen können am besten die umworbenen Kreise umfassen. Besonders die räumliche Zusammenfassung mehrerer Einzelanzeigen von Weinhandelsbetrieben unter gemeinsamen Werbemotiven findet infolge ihrer großen Wirkungskraft mehr Verwendung als die verstreute Einzelanzeige. Das Plakat muß in seiner Aufmachung für dauernde Benutzung geeignet sein. Es findet insbesondere für die Gemeinschaftswerbung Verwendung.

Der Grundsatz der Einheitlichkeit [53]) in der Werbung wird von den Weinhandelsbetrieben meist durch eine Schutzmarke erreicht. Immer erscheint in den gedruckten Werbemitteln die gleiche Schutzmarke, allerdings meist in Verbindung mit verschiedenartigem Text, wodurch die Werbung auffällt und infolge der Wiederholung einen äußerst wirksamen Charakter annimmt. Als Marke können z. B. ein prägnanter Satz, ein Wort, auch Abkürzungen, ferner ein Bild oder Bild und Wort gleichzeitig gewählt werden. Die Markenzeichen können als Aufdruck auf den Etiketten, Kapseln, Korken, ferner auf der Verpackung erscheinen. Schließlich müssen sie auch auf Rechnungen und in sonstigen Geschäftspapieren in Erscheinung treten. Niemals dürfen die Markenzeichen willkürlich gewählt werden, vielmehr müssen sie immer Symbole darstellen, die leicht verständlich sind und bei den Umworbenen eine bestimmte Vorstellung wachrufen. Im allgemeinen wird der Firmenname deutlich und in verständlicher Form mit in die Markenbezeichnung aufgenommen werden müssen.

Von den persönlichen Werbemitteln ist besonders das Werbegespräch zu erwähnen. Erfolgversprechende Wiederverkäufer oder Privatkunden, die sich hartnäckig zeigen, werden gemeinsam von Verkaufsleitern und dem Betriebsführer in kurzen Abständen besucht, um sie von der Leistungsfähigkeit des Betriebes zu überzeugen. Besonders die Werbetätigkeit des Inhabers ist von aller-

---

[53]) Seyffert, a. a. O., Seite 55.

größter Bedeutung. Sieht doch die Kundschaft vielfach gerade im Besuch des Inhabers ein besonderes Interesse, welches man ihr entgegenbringt.

Nachdem die Bahnen des Weinabsatzes durch staatliche Hilfe geebnet und mit einer Gemeinschaftswerbung die Wege aufgezeichnet worden sind, die zu einem Absatzerfolg führen, liegt es jetzt in der Hand eines jeden Weinverteilers, diese in weiterer Zukunft auszubauen und zu seinem Vorteil zu nutzen. Es wäre falsch, jetzt etwa die Einzelwerbung einzuschränken. Im Gegenteil, sie muß im Zuge der Gemeinschaftswerbung verstärkt werden, „die Gemeinschaftswerbung darf immer nur Vorstufe für die selbständige Einzelwerbung sein". [54])

Die Werbemaßnahmen werden in ähnlicher Richtung liegen müssen, wie sie durch die Werbewochen vorgezeigt wurden. Sie müssen ergänzenden Charakter haben. Besonders sind Art und Gegenstand des Angebotes, sowie seine zeitliche und räumliche Verteilung im voraus genau zu bestimmen und bekanntzumachen. Daneben muß besonders die Qualität der Ware im Vordergrund stehen. Sie ist für jede Weinwerbung und deren Erfolg ausschlaggebend, ganz gleich, ob sie einzeln oder kollektiv durchgeführt wird. Selbstverständlich kann sich eine Einzelwerbung nicht wie eine Gemeinschaftswerbung mit allgemeinen Werbeargumenten begnügen. Diese sind für eine Firma auf die Dauer untragbar. Da während der Weinwerbewoche keine besonderen Hinweise auf bestimmte Bezugsmöglichkeiten gegeben werden dürfen, ist ihre Wirkungsmöglichkeit — vom einzelnen Betrieb aus gesehen — begrenzt. Andererseits wird eine mit allgemein begründeten Parolen durchgeführte anonyme Werbung nie von einer einzelnen Firma ausgehen, wenn auch andere Unternehmen davon Nutzen haben. Ein kaufmännischer Betrieb, der seiner Institution nach auf Wirtschaftlichkeit eingestellt ist, kann seine Aufgabe nicht in der Pflege der allgemeinen Interessen des gesamten Weinhandels sehen, vielmehr muß sich sein Augenmerk besonders auf die eigene Lebensfähigkeit richten, um seine Existenzgrundlage nicht zu gefährden.

Neben der Firmenwerbung wurde in vielen Fällen eine sogenannte Gruppengemeinschaftswerbung im Weinfach mit Erfolg angewandt. Sie kann als eine Art Vorläufer der in den vergangenen Jahren durchgeführten Werbeaktionen angesehen werden. Weinbaugebiete, Erzeugungs- oder Händlergruppen boten ihre Ware gemeinschaftlich auf dem Markte an, ohne dabei das Interesse eines einzelnen Weinhandelsbetriebes zu vertreten. Als Beispiel sei die in diesem Rahmen liegende Werbung Weinhandel treibender Betriebe Mitteldeutschlands genannt, die mit Hilfe sogenannter Werbeweine durchgeführt

[54]) Deutsch, Paul, „Die Werbung für die Fertigwaren der Textilwirtschaft", „Deutsche Werbung", 1. Nov. Heft 1935, Nr. 17, S. 1593.

wurde. Der Forderung, die Vielzahl von Weinsorten und die dadurch bedingte Zersplitterung des Angebotes auf ein tragbares Maß herabzusetzen, wurde man durch eine im Weinfach schon vielfach geforderte Typisierung gerecht, obgleich, und das ist bei dieser Werbung von Bedeutung, keineswegs eine Standardware geschaffen werden sollte, die im übrigen unter den Namen „Gold vom Rhein", „Sonne der Mosel", „Fröhliche Pfalz", „Ahrfeuer" und damit unter einheitlicher Ausstattung auf dem Markt angeboten wurde. Vielmehr unterzog man die unter dieser Aufmachung in den Handel kommenden Weine einer Probe und ließ sie nur dann zu, wenn sie in Art und Güte den Ansprüchen genügten, die in Mitteldeutschland zu den ebenfalls festgelegten und gleichbleibenden Preisen verlangt wurden. Ein unter dieser Ausstattung gelieferter Wein garantierte somit eine bestimmte Qualität, ohne jedoch eine Type zu sein; ein durch die Weinwerbeetiketten dargestelltes Gütezeichen war zum Mittel der Gemeinschaftswerbung gemacht worden, um einen zusätzlichen Weinverbrauch zu erreichen.

Ohne Zweifel ist für die Weinbauwirtschaft eine Vereinheitlichung der anzubietenden Ware wünschenswert, schon um den Verbrauchern entgegenzukommen. Andererseits liegt aber gerade in der Verschiedenartigkeit der deutschen Weine ihr Wert, so daß eine Typisierung, so wie sie etwa in Spanien oder Italien eingeführt wurde, für Deutschland nicht geeignet ist. Allgayer [55]) weist sehr treffend eine übertriebene Typisierung von Konsumweinen zurück — denn nur um die kann es sich natürlich handeln — wenn er schreibt, daß deren Zweck „nicht in einer öden Gleichmacherei" zu suchen sei, vielmehr kann eine Vereinheitlichung nur durch eine in Deutschland inzwischen in Angriff genommene Bereinigung der Lagenamen erreicht werden. Im übrigen muß es Aufgabe des konsumorientierten Handels sein, seinen Kunden in jedem Jahr möglichst gleichwertige Weine zu entsprechenden Preisen zu bieten.

Eine in ihrer Organisation völlig neu aufgezogene Weinwerbung brachte der „Reichsausschuß für Weinpropaganda", der im Jahre 1926 ins Leben gerufen wurde. Mit dem Leitwort „Trinkt deutschen Wein" vertrat dieser Ausschuß zum erstenmal nicht die Belange einer einzigen Firma oder Firmengruppe, sondern er nahm die Interessen des gesamten deutschen Weinbaues wahr und wandte sich auf der anderen Seite an das ganze deutsche Volk. Das wirkungsvollste Werbemittel bei dieser Werbung wurde das aus einem Wettbewerb hervorgegangene Plakat, welches mit der Aufschrift des genannten Leitwortes versehen war. Nach Meininger [56]) hatten diese Werbemaßnahmen zwei

[55]) Allgayer, H., „Der deutsche Weinmarkt" in: Der deutsche Volkswirt, vom 8. 12. 1933, Heft 10, Seite 427.

[56]) Meininger, O., Weinwerbung, Neustadt a. d. H. 1933, S. 8.

Aufgaben zu erfüllen: Erstens sollten sie das Publikum auffordern, überhaupt Wein zu trinken, der Weinabsatz als solcher sollte eine Steigerung erfahren. Zweitens galt es, besonders für deutsche Weine einen zusätzlichen Absatz zu schaffen, sie sollten den ausländischen vorgezogen werden. — Die Erfolglosigkeit dieses gemeinsamen Werbefeldzuges lag in der Art und Weise seiner Durchführung begründet. Mangelhafte Organisation, Loslösung der Werbung von der Ware, Sonderaktionen in den einzelnen Weinbaugebieten konnten die Weinwerbung nicht erfolgreich gestalten. Ähnlich erging es den in den folgenden Jahren durchgeführten Ausstellungen, Messen und anderen Maßnahmen, da man sich selbst in Weinfachkreisen über die Nützlichkeit dieser Werbemethoden nicht klar war. Erst die mit dem Jahre 1934 einsetzende Gemeinschaftswerbung brachte einen neuen Aufschwung.

Als eine Form der Gemeinschaftswerbung ist die Werbewoche zu nennen, die in der Weinbauwirtschaft in den früheren Jahren mit großem Erfolg angewandt wurde. Wie aus dem Namen bereits hervorgeht, wird hier die Werbung in einer bestimmten Zeit durchgeführt. Das Werbeziel, den deutschen Wein zum Volksgetränk zu machen, wurde deshalb innerhalb der begrenzten Zeit besonders intensiv verfolgt. Zum Träger der Gemeinschaftswerbung wurde der Reichsnährstand bestimmt, in Verbindung mit der Deutschen Arbeitsfront und noch weiteren Förderern und Mitarbeitern. Um der Gemeinschaftswerbung einen durchschlagenden, wirklichen Erfolg zu sichern, wurden alle an ihrer Durchführung beteiligten Personen unter die einheitliche Führung des Reichsorganisationsausschusses für das Fest der deutschen Traube und des deutschen Weins gestellt.

Die Gemeinschaftswerbung wurde nach drei Gesichtspunkten durchgeführt. An erster Stelle stand eine allgemeine Werbung für den deutschen Wein, den Traubensaft, die Traube, 1937 auch für den Schaumwein, mit allen Erfolg versprechenden Werbemitteln. Ein eigens dafür aufgestellter Werbeplan zeigte 6 Aufgabengebiete auf: Presse, Bildgestaltung, Rundfunk, Plakate, Film und Schaufensterschmuck. Der Einsatz der Presse zeigte sich dabei in einer Vor-, Haupt- und Nachwerbung. Zweitens wurden mit Rücksicht auf die Dringlichkeit der Behebung der Absatznot Wein- und Winzerfeste veranstaltet, um in der fraglichen Zeit einen unmittelbar zusätzlichen Absatz zu erreichen. Der dritte Gesichtspunkt war die Durchführung des Patenschaftsgedankens. Deutsche Städte übernahmen die Patenschaft von Winzerdörfern, d. h. sie traten in unmittelbare Beziehungen zu diesen Orten, bezogen ein zusätzliches Weinquantum von dort und schenkten es in ihren Mauern aus. Der Gedanke des Patenweines entstand dabei aus der Erkenntnis heraus, daß eine Weinwerbung nicht ohne Wein durchgeführt werden kann. Die bisherigen häufig erfolglosen Maßnahmen hatten dafür den Beweis geliefert. Eine Werbung, die vom Erzeugnis Wein losgelöst ist und nur auf dem Papier erscheint, ist wirkungslos.

Da es galt, besonders die dem Weingenuß fernstehenden mittleren und unteren sozialen Volksschichten zu gewinnen, d. h. eine Absatzsteigerung durch die Gewinnung bisher abseits stehender Verbraucherschichten zu erzielen, benutzte die Weinwerbung als Hauptargument die Zerstreuung des weitverbreiteten Vorurteils, daß Wein ein Luxusgetränk einer privilegierten sozialen Volksschicht sei und stellte dem den Charakter des Weines als Volksgetränk gegenüber. Die gesamte Weinwerbung stand unter dem Motto: „Wein ist Volksgetränk, Weintrinken ist kein Luxus." Damit war der Weinwerbewoche ihr Leitmotiv gegeben.

Der Erfolg der Weinwerbemaßnahmen, der sich allein schon in einem Mehrverbrauch von rd. 34 Mill. Liter in den Jahren 1934 bis 1936 lediglich während der eigentlichen Werbeaktion zeigt, widerlegte den oft erwähnten Einwand, die Anonymität einer Gemeinschaftswerbung mache diese für Wein unanwendbar. Die Gefahr, daß auch für Erzeugnisse mitgeworben wird, die mit Wein wenig oder nichts zu tun haben, ist nicht wegzuleugnen. Sie wurde jedoch durch geeignete und erfolgreiche Maßnahmen für die Zeit der Werbewochen und die unter einheitlichem Etikett auf den Markt gebrachten Patenweine eingedämmt. Alle zum Vertrieb von Patenweinen zugelassenen Weinverteiler, die an sich schon einen ordnungsgemäßen Kellereibetrieb nachweisen mußten, hatten die unter dem Patenweinetikett zum Verkauf gelangenden Weine einer in den einzelnen Weinbauwirtschaftsverbänden einberufenen Prüfungskommission vorzuführen, wo sie auf Grund einer fachmännischen Probe als geeignet befunden wurden, anläßlich der Patenweinaktion vertrieben zu werden. Dadurch wurde den Weinverteilern zur Pflicht gemacht, Patenweine zu führen, die wohlschmeckend waren und dem örtlichen Publikumsgeschmack im weitesten Umfange entsprachen. Nicht zugelassen wurden Weine, die Geruchs- und Geschmacksfehler aufwiesen.

Andererseits trat der erzieherische Charakter, der gerade in der Anonymität einer Werbung begründet liegt, deutlich zutage. Der mit in den Vordergrund gestellte kulturelle Wert des deutschen Weinbaues, sowie seine volks- und landwirtschaftlichen Werte trugen wesentlich mit dazu bei, die Massen der Verbraucher so weit zu beeinflussen, daß sie die Notwendigkeit, Wein zu trinken, einsahen.

Die Absatzwerbung für Wein tritt erst dann wirksam in Erscheinung, wenn sie neben einer guten Qualität auch eine einheitliche Ausstattung empfiehlt. Für Patenweine kam deshalb — wie bereits erwähnt wurde — im ganzen Reichsgebiet ein einheitliches Flaschenschild zur Verwendung, welches mit dem Eindruck der betreffenden Weinverteiler versehen wurde. Damit war die geforderte Grundlage für eine gleichzeitige Werbung der Einzelfirmen gegeben, die so angespornt, ihrerseits zum Erfolg der Aktion beitrugen. Die einheitliche Ausstattung gab gleichzeitig die Möglichkeit, einen gerechten Verteilungsschlüssel für einen zur Finanzierung der Werbeaktion nötigen Beitrag zu bestimmen. Außer den Zulassungsbeiträgen hatten die Weinverteiler eine Sondergebühr, die auf den Etiketten ruhte, zu leisten, der Beitrag wurde somit nach der Höhe des Umsatzes ausgerichtet, der sowohl der Kapitalkraft als auch dem Marktinteresse jeder einzelnen Firma gerecht wurde. Im übrigen hatten sämtliche im Dienst der Werbung stehenden Mitarbeiter ihre Tätigkeit ehrenamtlich auszuüben.

Schließlich ist noch die Exportwerbung der deutschen Weinbauwirtschaft erwähnenswert, die gleichfalls auf der Basis der Gemeinschaftswerbung durchgeführt wird. Gerade bei der Ausfuhr von Weinen kam es darauf an, jedes nutzlose gegenseitige Preisunterbieten zu verhindern. Es mußten die deutschen Weinexporteure als geschlossene Anbieter auf dem Weltmarkt antreten. Es kann nicht darauf ankommen, welche deutsche Firma ins Auslandsgeschäft kommt, sondern vielmehr darauf, daß überhaupt deutscher Wein im Ausland getrunken wird.

Das ungeheuer vielseitige und oft mit sehr viel unzweckmäßigem Aufwand an Kosten verbundene, zersplitterte Angebot auf den Auslandsmärkten konnte in den letzten Jahren nur geringe Erfolge erzielen. Viele Klein- und Mittelbetriebe waren auf Grund der Schwierigkeit auf dem Weltmarkt nicht mehr konkurrenzfähig. Ein gemeinschaftliches Vorgehen auf den ausländischen Märkten war deshalb wünschenswert. Die Gemeinschaftswerbung, die in Norwegen und Dänemark von der Hauptvereinigung der deutschen Weinbauwirtschaft durchgeführt wurde, konnte dann auch besonders gut auf die Eigenart der deutschen Weine hinweisen und fachmännisch aufklärend wirken. Dabei stellte sich auch heraus, daß die Qualitätsausfuhr der unbedingt richtige Weg war, um gegen andere Wettbewerber erfolgreich zu bestehen. Unter Berücksichtigung der starken Konkurrenz auf dem Weltmarkt und der Eigenart der deutschen Weine ist eine Ausfuhrsteigerung nur durch Qualitätserzeugnisse möglich. Unbedingte Voraussetzung ist es dabei, mittels einer Exportmarktanalyse die Gegebenheiten des ausländischen Marktes zu erkennen und die Werbemaßnahmen danach auszurichten, so daß, wenn auch nach einem langen, dornenreichen Weg, sich der Erfolg einstellen wird.

B. Die finanzielle Führung der Weinhandelsbetriebe.

1. Die Eigenart des Finanzbedarfs, dargestellt an der Bilanzrechnung.

Jeder Weinhandelsbetrieb muß mit Produktionsmitteln ausgestattet sein, um die ihm gestellte Aufgabe erfüllen zu können. Diese Produktionsmittel können einmal als solche eingebracht oder für eingebrachtes Geld beschafft werden. Geld oder sonstige flüssige Mittel benötigt der Betrieb zur Beschaffung von Roh- und Hilfsstoffen und zur Bezahlung von Löhnen und Fremdleistungen. Die Bereitstellung der für den Betrieb nötigen Mittel ist Finanzierung.

Um die Finanzführung in geordnete Bahnen zu lenken, ist es nötig, zu erkennen, wie die Weinhandelsbetriebe ihre Finanzaufgaben lösen. Bei der Beschaffung, Lager- und Absatztätigkeit werden ständig Finanzmittel benötigt, die genau errechnet werden müssen, um sie den an den Markt abgegebenen Waren zurechnen zu können. Alle Maßnahmen auf finanzpolitischem Gebiet haben die Aufgabe, „die finanzielle Grundlage einer Unternehmung nach dem jeweiligen dynamisch veränderlichen Finanzbedarf zu gestalten, d. h. sie dem Leistungsumlauf entsprechend zu schaffen, erweitern, beschränken oder irgendwie zu verändern." [1])

Ein Blick auf die umstehende Bilanz zeigt uns, wie der Weinhandel seinerseits versucht, diesen Forderungen gerecht zu werden. Wir gehen von der Bilanz einer absatzorientierten Weingroßhandlung am Ende eines Jahres aus. Die Aktivseite als das Spiegelbild der Vermögenszusammensetzung zeigt die Erscheinungsform des Finanzbedarfes. Im Rahmen des Betriebsvermögens, welches die Werte anzeigt, die dauernd während des Betriebsablaufes ge- und verbraucht werden, fällt besonders der große Warenvorrat auf. Mit einem Warenlager von RM 161 000 macht dieses 39 v.H. des Gesamtkapitals aus, ein für die gesamte Branche typisches Merkmal. Bei einem Gesamtumsatz von 350 000 RM wurde das Lager 2,2 mal umgeschlagen, die großen Lagerbestände drücken die Umschlagshäufigkeit stark nach unten. Die Umschlagsdauer betrug 177,9 Tage. Da es sich bei der Beschaffung der Ware des untersuchten Unternehmens vorwiegend um fertige Weine handelt, auf eigene Behandlung der Ware weitgehend verzichtet wurde, erscheint die Umschlagshäufigkeit im Vergleich zu Betrieben, die sich intensiv mit dem eigenen Ausbau befassen, verhältnismäßig hoch. Bemerkenswert ist weiterhin der beträchtliche Anteil des Kreditgeschäftes am Gesamtwarenumsatz, eine ebenfalls für den gesamten Han-

[1]) Deutsch, Paul, Die finanzielle Führung der Handelsbetriebe, S 36. Auch im folgenden diese Quelle.

Bilanz am 31. 12. 1936

Vermögen

			Anteil in %	Anteil in %
A. Betriebsvermögen.				
1. Flüssige Mittel	16 800,00		4	
2. Warenvorräte	161 000,00		39	
3. Forderungen	68 000,00	245 800,00	16	59
B. Anlagevermögen.				
1. Einrichtungen	10 600,00		2	
2. Grundstücke	70 000,00		17	
3. Gebäude	90 000,00		21	
4. Wertpapiere und Beteiligungen	5 000,00		1	
	175 600,00			
5. Abschreibungen ./.	4 000,00	171 600,00		41
		417 400,00		100

Kapital

			Anteil in %	Anteil in %
C. Fremdfinanzierung.				
1. Schulden b. Lief.	24 000,00		6	
2. Schulden b. Bk.	45 000,00		10	
3. Akzepte	29 400,00		7	
4. Unbz. Rechgen.	12 000,00		5	
5. Darlehen	24 600,00		6	
6. Hypotheken	33 600,00	168 600,00	8	40
D. Eigenfinanzierung.				
1. Eigenkapital				
11 Kapital A	140 000,00			
12 Kapital B	93 800,00			
2. Reingewinn				
21 Anteil A	2 700,00			
22 Anteil B	1 300,00			
3. Delkredere	11 000,00	248 800,00		60
		417 400,00		100

del charakteristische, leider aber sehr betrübliche Tatsache, da sie den Betriebsablauf empfindlich beeinflußt und große finanzielle Ansprüche an den Betrieb stellt.

Um die Quellen des Finanzbedarfes zu erkennen, müssen wir die Kapitalseite der Bilanz untersuchen. Überwiegend finanziert sich der Betrieb selbst (60 v.H.). Nur 40 v.H. der Finanzmittel wurden nicht aus eigener Kraft beschafft. Nach dem Merkmal der Rückzahlungsfrist verteilte sich das Fremdkapital zu einem Drittel auf langfristiges, zwei Drittel auf kurzfristiges. Durch den großen Anteil der kurzfristigen Kredite, die in Form von Lieferanten- und Bankkrediten auftreten, ist besonders die Beweglichkeit der Kapitalausstattung gewahrt. Innerhalb der Schuldposten sind die Schulden bei Banken und die Akzeptschulden bemerkenswert. Der Bankkredit war während des Herbstes aufgenommen worden, um den in dieser Zeit fälligen Einkaufsdispositionen gerecht zu werden. In dem Bestreben, die Kreditkosten auf ein Minimum herabzudrücken, werden die Bankkredite im Verlauf des Geschäftsjahres, wenn irgend möglich, nur vorübergehend in Anspruch genommen.

Dadurch, daß die Betriebe stark voneinander abweichen, zeigen die Bilanzverhältnisse große Verschiedenheiten. Die Betriebsstruktur scheint in jedem Falle besonderer Art zu sein. Bei einem Vergleich einer genügend großen Zahl von Betrieben lassen sich jedoch für den Weinhandel wichtige und charakteristische Merkmale bestimmen. Sie zeigen, daß zwischen dem gesamten Geschäftszweig einerseits und der jeweiligen Betriebsstruktur anderseits Beziehungen bestehen. So ist es außerordentlich wichtig, zu erkennen, in welchem Verhältnis z. B. Kapital, Umsatz, Gewinn und beschäftigte Personen zueinander stehen, oder welche Beziehungen zwischen Umsatz und Vermögen bestehen, wie sich Umsatz und Vermögen gliedern und wie sich die Kosten zusammensetzen. Der Plan, solche Merkmale aufzusuchen, wurde von dem Gedanken getragen, der gesamten Weinbauwirtschaft damit zu dienen. Sie vermitteln eine gute Vergleichsmöglichkeit für die Verhältnisse in jedem einzelnen Betrieb. Unter Berücksichtigung betriebseigener Sonderheiten bietet sich dem Unternehmer die Möglichkeit, etwaige markante Abweichungen seines eigenen Geschäftes von den allgemeingültigen Bedingungen zu erkennen, deren Ursachen festzustellen und — wenn möglich — zu beseitigen.

Betriebswirtschaftliche Kennziffern für den Handel mit Wein und Spirituosen wurden erstmalig auf Grund einer vom Statistischen Reichsamt durchgeführten Erhebung aus dem Jahre 1933 ermittelt, die eine Erweiterung und

Vermögens- und Kapitalstruktur von Weineinzelhandelsbetrieben am 1. 1. 1931.[2])

a) mit eigenem Grundstück

Umsatzgrößenklassen:	I		II		III		IV		Durchschnitt I—IV	
	in 1000 RM	in % vom Ges. Kap.	in 1000 RM	in % vom Ges. Kap.	in 1000 RM	in % vom Ges. Kap.	in 1000 RM	in % vom Ges. Kap.	in 1000 RM	in % vom Ges. Kap.
Lager	9,0	43,9	47,9	46,1	90,5	51,5	111,7	33,4	64,8	40,8
Forderungen	2,2	10,7	17,6	17,0	28,1	16,0	63,5	18,9	27,9	17,5
Grundstücke und Gebäude	7,0	33,9	29,4	28,3	43,4	24,7	139,6	41,7	54,9	34,6
Anlagen ohne Grundstücke und Gebäude	0,9	4,4	8,6	8,3	9,7	5,5	14,3	4,3	8,4	5,3
Sonstige Aktiva	1,4	7,1	0,4	0,3	4,1	2,3	5,6	1,7	2,9	1,8
Summe des Vermögens	20,5	100,0	103,9	100,0	175,8	100,0	334,7	100,0	158,9	100,0
Langfristige Schulden	2,6	12,6	25,4	24,4	61,1	34,8	37,9	11,3	31,8	20,0
Kurzfristige Schulden	9,9	48,3	39,0	37,6	37,1	21,1	79,6	23,8	41,4	26,1
Eigenkapital	8,0	39,1	39,5	38,0	77,6	44,1	217,2	64,9	85,6	53,9
Summe des Kapitals:	20,5	100,0	103,9	100,0	175,8	100,0	334,7	100,0	158,8	100,0

b) in gemieteten Räumen

Umsatzgrößenklassen:	I		II		III		IV		Durchschnitt I—IV	
	in 1000 RM	in % vom Ges. Kap.	in 1000 RM	in % vom Ges. Kap.	in 1000 RM	in % vom Ges. Kap.	in 1000 RM	in % vom Ges. Kap.	in 1000 RM	in % vom Ges. Kap.
Lager	9,0	66,4	47,9	64,3	90,5	68,4	111,7	57,2	64,8	62,3
Forderungen	2,2	16,2	17,6	23,7	28,1	21,3	63,5	32,6	27,9	26,8
Anlagen	0,9	6,6	8,6	11,6	9,7	7,3	14,3	7,3	8,4	8,1
Sonstige Aktiva	1,5	10,8	0,4	0,4	4,1	3,0	5,6	2,9	2,9	2,8
Summe des Vermögens:	13,6	100,0	74,5	100,0	132,4	100,0	195,1	100,0	104,0	100,0
Langfristige Schulden	—	—	14,5	19,5	45.0	34,0	—	—	14,9	14,3
Kurzfristige Schulden	10,0	73,2	39,0	52,4	37,1	28,0	79,6	40,8	41,4	39,9
Eigenkapital	3,6	26,8	21,0	28,1	50,3	38,0	115,5	59,2	47,6	45,8
Summe des Kapitals:	13,6	100,0	74,5	100,0	132,4	100,0	195,1	100,0	103,9	100,0

Anmerkung: Umsatzgrößenklassen I: 5 000— 20 000 RM
II: 20 000— 50 000 RM
III: 50 000—100 000 RM
IV: 100 000—500 000 RM

[2]) Einzelschriften zur Statistik des Deutschen Reiches Nr. 30.

Vermögens- und Kapitalstruktur von Weineinzelhandelsbetrieben am 31. 12. 1935. [3])

a) mit eigenem Grundstück

Umsatzgrößenklassen:	I in 1000 RM	I in % vom Ges. Kap	II in 1000 RM	II in % vom Ges. Kap.	III in 1000 RM	III in % vom Ges. Kap.	IV in 1000 RM	IV in % vom Ges. Kap.	V in 1000 RM	V in % vom Ges. Kap.	Durchschnitt I—V in 1000 RM	Durchschnitt I—V in % vom Ges. Kap.
Flüssige Mittel	0,9	5,5	2,5	7,3	5,3	7,8	13,5	7,5	44,2	7,0	13,3	7,1
Lager	3,4	19,7	9,5	27,2	21,0	30,8	57,5	32,1	224,3	35,3	63,1	33,8
Forderungen	1,1	6,6	3,8	10,8	10,6	15,6	39,1	21,9	170,0	26,8	44,9	24,1
Grundstücke und Gebäude	10,7	62,2	16,4	47,1	26,3	38,6	57,2	31,9	162,4	25,6	54,6	29,2
Anlagen ohne Grundstücke und Gebäude	0,7	4,1	1,9	5,5	3,3	4,9	8,0	4,5	23,6	3,7	7,5	4,0
Sonstige Aktiva	0,4	1,9	0,7	2,1	1,7	2,3	3,7	2,1	10,0	1,6	3,3	1,8
Summe des Vermögens:	17,2	100,0	34,8	100,0	68,2	100,0	179,0	100,0	634,5	100,0	186,7	100,0
Hypotheken u. Grundschulden	5,5	32,2	7,5	21,5	12,3	18,1	29,6	16,5	78,4	12,4	26,7	14,3
Sonstige langfristige Schulden	0,6	3,5	2,1	6,1	5,9	8,6	18,1	10,1	75,7	11,9	20,5	11,0
Lieferantenschulden	2,2	12,7	4,6	13,2	9,3	13,6	22,7	12,7	77,0	12,1	23,2	12,4
Sonstige kurzfristige Schulden	0,8	4,5	1,9	5,6	3,4	5,0	8,6	4,8	26,8	4,2	8,3	4,4
Eigenkapital	7,9	45,9	18,2	52,4	36,4	53,4	98,7	55,1	371,9	58,6	106,6	57,1
Sonstige Passiva	0,2	1,2	0,5	1,2	0,9	1,3	1,3	0,8	4,7	0,8	1,5	0,8
Summe des Kapitals:	17,2	100,0	34,8	100,0	68,2	100,0	179,0	100,0	634,5	100,0	186,8	100,0

b) in gemieteten Räumen

Umsatzgrößenklassen:	I in 1000 RM	I in % vom Ges. Kap	II in 1000 RM	II in % vom Ges. Kap.	III in 1000 RM	III in % vom Ges. Kap.	IV in 1000 RM	IV in % vom Ges. Kap.	V in 1000 RM	V in % vom Ges. Kap.	Durchschnitt I—V in 1000 RM	Durchschnitt I—V in % vom Ges. Kap.
Flüssige Mittel	0,9	14,5	2,5	13,8	5,3	12,8	13,5	11,1	44,2	9,3	13,3	10,1
Lager	3,4	52,2	9,5	51,4	21,0	50,1	57,5	47,2	224,3	47,5	63,1	47,8
Forderungen	1,1	17,4	3,8	20,5	10,6	25,4	39,1	32,1	170,0	36,0	44,9	33,9
Anlagen	0,7	10,9	1,9	10,4	3,3	7,9	8,0	6,5	23,6	5,0	7,5	5,7
Sonstige Aktiva	0,4	5,0	0,7	3,9	1,8	3,8	3,7	3,1	10,0	2,2	3,3	2,5
Summe des Vermögens:	6,5	100,0	18,4	100,0	42,0	100,0	121,8	100,0	472.1	100,0	132,1	100,0
Langfristige Schulden	0,6	9,4	2,1	11,5	5,9	14,0	18,1	14,8	75,7	16,0	20,5	15,5
Lieferantenschulden	2,2	33,6	4,6	25,0	9,3	22,2	22,7	18,6	77,0	16,3	23,2	17,6
Sonstige kurzfristige Schulden	0,8	11,8	1,9	10,5	3,4	8,1	8,6	7,0	26,8	5,7	8,3	6,3
Eigenkapital	2,7	42,1	9,3	50,6	22,4	53,5	71,1	58,4	288,0	61,0	78,7	59,5
Sonstige Passiva	0,2	3,1	0,5	2,4	1,0	2,2	1,3	1,2	4,6	1,0	1,5	1,1
Summe des Kapitals:	6,5	100,0	18,4	100,0	42,0	100,0	121,8	100,0	472,1	100,0	132,2	100,0

Anmerkung: Umsatzgrößenklassen I: 5 000— 20 000 II: 20 000—50 000 III: 50 000—100 000 IV: 100 000—500 000 V: 500 000—1 Million

[3]) Einzelschriften zur Statistik des Deutschen Reiches Nr. 38.

Vermögens- und Kapitalstruktur von Weineinzelhandelsbetrieben in Verbindung mit Großhandel am 31. 12. 1935. [4])

a) mit eigenem Grundstück

Umsatzgrößenklassen:	I in 1000 RM	I in % vom Ges. Kap.	II in 1000 RM	II in % vom Ges. Kap.	III in 1000 RM	III in % vom Ges. Kap	IV in 1000 RM	IV in % vom Ges. Kap.	V in 1000 RM	V in % vom Ges. Kap.	Durchschnitt I—V in 1000 RM	Durchschnitt I—V in % vom Ges. Kap.
Flüssige Mittel	0,5	2,9	1,0	3,1	2,3	3,5	5,6	3,5	20,1	3,5	5,9	3,4
Lager	4,4	24,3	8,2	25,6	18,5	28,2	44,2	27,9	157,7	27,1	46,6	27,2
Forderungen	2,1	11,4	5,2	16,0	15,0	22,9	51,3	32,4	231,7	39,8	61,6	35,7
Grundstücke und Gebäude	9,9	54,5	15,7	48,6	25,1	38,4	47,0	29,7	133,2	22,9	46,2	27,0
Anlagen ohne Grundstücke und Gebäude	0,8	4,5	1,5	4,6	2,8	4,3	5,6	3,6	18,8	3,2	5,9	3,5
Sonstige Aktiva	0,4	2,4	0,7	2,1	1,8	2,7	4,8	2,9	20,0	3,5	5,5	3,2
Summe des Vermögens:	18,1	100,0	32,3	100,0	65,5	100,0	158,5	100,0	581,5	100,0	171,2	100,0
Hypotheken u. Grundschulden	4,4	24,6	6,8	21,0	10,8	16,4	20,4	12,9	60,0	10,3	20,5	12,0
Sonstige langfristige Schulden	0,9	5,0	2,3	7,2	6,1	9,4	18,1	11,4	76,8	13,2	20,8	12,1
Lieferantenschulden	3,0	16,7	5,3	16,5	12,0	18,4	31,0	19,5	113,5	19,5	33,0	19,2
Sonstige kurzfristige Schulden	0,9	4,9	1,8	5,5	4,1	6,2	9,4	5,9	33,5	5,8	9,9	5,8
Eigenkapital	8,3	45,9	15,0	46,6	30,1	46,0	73,6	46,5	279,4	48,0	81,3	47,5
Sonstige Passiva	0,6	2,9	1,1	3,2	2,4	3,6	6,0	3,8	18,3	3,2	5,7	3,4
Summe des Kapitals:	18,1	100,0	32,3	100,0	65,5	100,0	158,5	100,0	581,5	100,0	171,2	100,0

b) in gemieteten Räumen

Umsatzgrößenklassen:	I in 1000 RM	I in % vom Ges. Kap.	II in 1000 RM	II in % vom Ges. Kap.	III in 1000 RM	III in % vom Ges. Kap	IV in 1000 RM	IV in % vom Ges. Kap.	V in 1000 RM	V in % vom Ges. Kap.	Durchschnitt I—V in 1000 RM	Durchschnitt I—V in % vom Ges. Kap.
Flüssige Mittel	0,5	6,5	1,0	6,2	2,3	5,7	5,6	5,0	20,1	4,5	5,9	4,7
Lager	4,4	53,5	8,2	49,7	18,5	45,7	44,2	39,7	157,7	35,1	46,6	37,3
Forderungen	2,1	25,0	5,2	31,1	15,0	37,2	51,3	46,1	231,7	51,7	61,1	48,9
Anlagen	0,8	9,8	1,5	8,9	2,8	7,0	5,6	5,0	18,8	4,2	5,9	4,7
Sonstige Aktiva	0,4	5,2	0,7	4,1	1,8	4,4	4,7	4,2	20,0	4,5	5,5	4,4
Summe des Vermögens:	8,2	100,0	16,6	100,0	40,4	100,0	111,4	100,0	448,3	100,0	125,0	100,0
Langfristige Schulden	0,9	11,0	2,3	13,9	6,1	15,2	18,1	16,2	76,8	17,1	20,8	16,6
Lieferantenschulden	3,0	36,8	5,3	32,1	12,0	29,8	31,0	27,8	113,5	25,3	33,0	26,4
Sonstige kurzfristige Schulden	0,9	10,8	1,8	10,8	4,1	10,1	9,4	8,5	33,5	7,5	9,9	7,9
Eigenkapital	2,9	35,1	6,1	37,0	15,7	39,0	47,0	42,2	206,1	46,0	55,6	44,5
Sonstige Passiva	0,5	6,3	1,1	6,2	2,5	5,9	5,9	5,3	18,4	4,1	5,7	4,6
Summe des Kapitals:	8,2	100,0	16,6	100,0	40,4	100,0	111,4	100,0	448,3	100,0	125,0	100,0

Anmerkung siehe vorige Seite.

[4]) Einzelschriften zur Statistik des Deutschen Reiches Nr. 38.

Ergänzung durch eine erneute Untersuchung aus dem Jahre 1936 erfuhr.[5]) Die Zahlen der im folgenden gebrachten Aufstellungen sind diesen Richtzahlensammlungen entnommen. Sie vermitteln uns einen guten Einblick über den Aufbau dieses Geschäftszweiges. Aus dem Untersuchungsmaterial 1932/33 wurden 4, aus dem von 1935/36 5 Durchschnittsbetriebe gebildet, und zwar getrennt für eigene und gemietete Räume:[6])

Die Gliederung des Gesamtvermögens spiegelt die Eigenart der Weinhandelsbetriebe wider. Im Einzelhandel mit gemieteten Räumen steht die Finanzierung des Lagers im Vordergrund, dabei fällt der Anteil des Lagers mit wachsender Umsatzgröße. In Betrieben mit eigenen Grundstücken steht dagegen teilweise das Betriebsgrundstück im Vordergrund, auch steigt hier im allgemeinen der Anteil des Lagers mit wachsendem Umsatz. Im Vergleich zum Jahre 1933 ging die Lagerhaltung 1935 zurück und zwar, gemessen an der Bilanzsumme, im Durchschnitt um 14,5 v.H. in gemieteten Räumen und um 7 v.H. in eigenen Räumen. Demgegenüber nahmen die Forderungen im Rahmen des Gesamtvermögens einen größeren Anteil ein. Besonders im Einzelhandel in Verbindung mit Großhandel, vor allem in den höheren Umsatzgrößenklassen, überwiegt ihr Anteil sowohl in Betrieben in eigenen als auch in gemieteten Räumen, wie überhaupt mit wachsender Betriebsgröße der Anteil der Forderungen steigt. Dies erklärt sich daraus, daß besonders die großen Betriebe Abschlüsse mit größeren gewerblichen Abnehmern wie Restaurants und Hotels tätigen, die den Kredit des Großhandels in Anspruch nehmen. Außerordentlich hoch waren die Forderungen im Großhandel in gemieteten Räumen in der höchsten Umsatzklasse, sie erreichten nicht weniger als 51,7 v.H. der Bilanzsumme. Vergleichen wir in den einzelnen Umsatzgrößenklassen die Grundstückswerte, so zeigt sich, daß diese mit steigendem Umsatz im Verhältnis zum gesamten Vermögen an Bedeutung verlieren, ein Beweis dafür, daß mit größer werdendem Betriebe die Grundstücke einer besseren Ausnutzung unterliegen. Auch das übrige Anlagevermögen nimmt in der Regel mit wachsender Betriebsgröße ab, innerhalb der Umsatzgrößenklassen I bis V wurden für Weinhandelsbetriebe Anteilsunterschiede von 3,2 bis 11,6 v.H. ermittelt.

---

[5]) Einzelschriften zur Statistik des Deutschen Reiches Nr. 30, Betriebsstruktur und Besteuerung im Einzelhandel und im Handwerk, Teil I, Einzelhandel. Berlin 1935. Nr. 38, Betriebsstruktur und Kostengestaltung in wichtigen Gewerbezweigen, Teil II, Einzelhandel, Gaststätten- und Beherbergungsgewerbe. Berlin 1938.

[6]) Vgl. Deutsch, Paul, a. a. O., S. 43 ff.

Diese Unterschiede innerhalb der einzelnen Vermögensposten bestimmen naturgemäß das Gesamtvermögen. Auf den Kopf der im Betrieb tätigen Personen umgerechnet, ergaben sich in den einzelnen Umsatzstufen folgende Beträge:

Vermögensbeträge in RM je Kopf im Weinhandel.

	I		II		III		IV		V	
Einzelhandel	gem.[7]	eig.[7a]	gem.	eig.	gem.	eig.	gem.	eig.	gem.	eig.
1931	6785	10265	15411	21493	20899	27758	20718	35539	—	—
1935	3126	8273	5258	9948	7396	12043	9879	14515	8532	11468
Großhandel										
1935	3791	8336	4976	9678	7021	11388	9351	13297	8200	10637

Auf das Verhältnis von Eigen- und Fremdkapital soll in einem späteren Abschnitt näher eingegangen werden. Hier seien nur noch die Durchschnittsanteile von Finanzbedarf und Finanzquellen der verschiedenen Betriebsgrößen gegenübergestellt:

Durchschnittsanteile von Finanzbedarf und Finanzquellen in Weineinzelhandelsbetrieben.

Vermögen	1931 ohne Grundstücken %	1931 mit Grundstücken %	1935 ohne Grundstücken %	1935 mit Grundstücken %	1935 Einzelhandel mit Großhandel ohne Grundstücken %	1935 Einzelhandel mit Großhandel mit Grundstücken %
Lager	62,3	40,8	47,8	33,8	37,3	27,2
Forderungen	26,8	17,5	33,9	24,1	48,9	35,7
Grundst. u. Geb.	—	34,6	—	29,2	—	27,0
Anlagen ohne Grundst. u. Geb.	8,1	5,3	5,7	4,0	4,7	3,5
Sonst. Aktiva	2,8	1,8	12,6	8,9	9,1	6,6
	100,0	100,0	100,0	100,0	100,0	100,0
Kapital						
Langfr. Schulden	14,3	20,0	15,5	25,3	16,6	24,1
Kurzfr. Schulden	39,9	26,1	23,9	16,8	34,2	25,0
Eigenkapital	45,8	53,9	59,5	57,1	44,5	47,5
Sonst. Passiva	—	—	1,1	0,8	4,6	3,4
	100,0	100,0	100,0	100,0	100,0	100,0

[7]) in gemieteten Räumen. [7a]) in eigenen Grundstücken.

Wir erkennen, daß Betriebe mit eigenen Grundstücken einen größeren Finanzbedarf haben, die prozentualen Anteile der übrigen Aktiven werden geringer. Auf der Passivseite werden die Anteile der kurzfristigen Schulden kleiner, Eigenkapital und langfristige Schuldenanteile erhöhen sich.

2. Das Finanzgefüge in Verbindung mit den jahreszeitlichen Umsatzschwankungen.

a) Umsatz und Saisonverlauf.

Der Kreislauf, den das Wirtschaftsleben beschreibt, bewegt sich keineswegs in ruhigen Bahnen, sondern ist fast andauernd starken Schwankungen unterworfen. Aus diesem Grunde stellt auch der Umsatz der Unternehmung keine gleichbleibende Größe dar, vielmehr unterliegt auch er mehr oder weniger starken Schwingungen. Eine Jahresbilanz als Spiegelbild eines bestimmten Zeitpunktes kann somit kein genaues Bild über einen Geschäftszweig geben, den Bestandsziffern der Dezemberbilanz muß ein typischer Charakter abgesprochen werden. Erst wenn eine Bilanzrechnung in engster Verbindung mit den Umsatzbewegungen während eines Jahresablaufes durchgeführt wird, kann sie einen Einblick über die Lage eines Betriebes und seines Gesamtgefüges vermitteln.

Der Umsatz ist das wesentlichste Betriebselement aller Unternehmungen. Das geschäftliche Ergebnis und damit die wirtschaftliche Bedeutung und Lebensfähigkeit der Betriebe hängen zum größten Teil von ihm ab. Jede Unternehmung ist daher auf eine bestimmte Umsatzgröße eingestellt, in einem Steigen und Fallen der Umsatzkurve ist ihre Lebensäußerung ersichtlich. Sämtliche Maßnahmen gehen von dem zu erwartenden oder beabsichtigten Umsatze aus, der von drei Gesichtspunkten aus geprüft wird: entstehende Kosten, Risiko und Ertrag. Nach dem Ergebnis dieser Untersuchungen werden dann der Bedarf an Kapital sowie alle künftigen organisatorischen Maßnahmen bestimmt.

Die Kosten, die letztlich aus dem Umsatzerlös gedeckt werden müssen, verhalten sich zu den Bewegungen des Umsatzes unterschiedlich. Ihre Abhängigkeit vom Umsatz beruht hauptsächlich auf dem Vorhandensein fixer Kostenelemente. Je stärker der Anteil dieser Kosten an den Gesamtkosten ist, um so empfindlicher ist der Betrieb gegen Umsatzschwankungen. Der Weinhandel mit seinen umfangreichen Warenlagern und seinem geringen Kapitalumschlag erweist sich durch das Vorherrschen fixer Kostenelemente gegen Umsatzschwankungen besonders empfindlich. — Mit den schwankenden Umsätzen sind wechselnde Finanzaufgaben verbunden, die darin bestehen, die Finanzmittel zeitlich, mengen- und artmäßig bereitzustellen. [8]) Um dieser notwendigen Forderung gerecht zu werden, müssen die Umsatzschwankungen und die sie verursachenden Marktfaktoren erkannt werden.

Im folgenden werden die Saisonschwankungen eines Weinhandelsbetriebes einer Untersuchung unterzogen. Sie sind innerhalb der Umsatzbewegungen die rhythmisch gebundenen Schwankungen, die — als kurzfristige — die Finanzaufgabe am dringlichsten erscheinen lassen. Während die Rhythmen innerhalb der Wochen und Monate sich vorwiegend aus den Gehalts- und Lohnzahlungsterminen ergeben, sind saisonale Schwankungen jahreszeitlich bedingt.

Am einfachsten geschieht die Ermittlung normaler Saisonschwankungen mit Hilfe der Monatsdurchschnittsmethode. Danach errechnet man die Saisonbewegungen, aus einer Reihe von Jahren, indem man aus allen Januar-, Februar-, Märzwerten usw. der vorhandenen Ursprungsreihe die arithmetischen Mittel feststellt. Aus den sich daraus ergebenden Saisonzahlen werden die Saisonindexziffern dadurch gebildet, daß man die Saisonzahlen in Prozenten ihres Durchschnitts ausdrückt.

Ausgehend von den Gesamtumsätzen eines Weinhandelsbetriebes im Verlauf von 8 Jahren (siehe folgende Statistik und graphische Darstellung) wurden in Reihe 12 der Statistik die Saisonindexzahlen ermittelt. Die dabei über oder unter dem Durchschnitt liegenden Zahlen weisen sich als Zeichen der günstigen oder ungünstigen Saison aus. Veranschaulichen wir uns die entsprechende Umsatzkurve, so erkennen wir, daß mit dem Wechsel der Jahreszeiten eine Zu- und Abnahme der Umsätze verbunden ist. Der Witterungswechsel ordnet den zeitlichen Ablauf der kurzwelligen Bedarfsschwankungen in einem deutlich erkennbaren Rhythmus. Dieser Rhythmus der Saison muß sich also, wie der des Wetters, immer auf ein Jahr beziehen, dabei müssen die Jahresrhythmen, entsprechend den Witterungsrhythmen, einander ungefähr gleichen.

Der untersuchte Betrieb zeigt zwei saisonale Absatzspitzen und zwar in den Monaten März und Dezember. Die Dezemberspitze mit einem Saisonindex von 214 v.H. ist die wesentlich bedeutendere, die Märzspitze tritt mit nur 114 v.H. dagegen zurück. Den tiefsten saisonalen Stand zeigen die Monate Januar mit 76 v.H. und August mit 74 v.H. Die Monate Mai bis August weisen einen ziemlich gleichmäßigen Rückgang auf, um dann nach Überwindung des Augusttiefpunktes eine Belebung zu erfahren. Auffallend ist der Umsatzrückgang im November im Vergleich zu seinem Vormonat, eine Erscheinung, die sich infolge der verstärkten Absatzwerbung im Oktober in der gesamten Bran-

[8]) Deutsch, Paul, a. a. O., Seite 48.

Umsätze absolut in 10 000 RM.

	1	2	3	4	5	6	7	8	9	10	11	12
Monat	1930	1931	1932	1933	1934	1935	1936	1937	Summe von 1—8	Mittelwerte (m)	$\frac{m}{a}$	Saisonindex
Januar	3,20	1,73	0,91	1,24	1,32	1,51	1,33	1,55	12,79	1,599	0,758	76
Februar	2,29	1,62	1,28	2,13	1,56	1,75	1,68	2,29	14,60	1,825	0,865	87
März	3,63	2,49	1,51	2,05	2,40	2,41	2,17	2,65	19,31	2,414	1,145	114
April	3,40	1,68	1,16	1,71	1,60	1,89	1,97	1,89	15,30	1,913	0,907	91
Mai	3,34	2,34	1,42	1,52	1,82	1,53	1,69	1,89	15,55	1,944	0,922	92
Juni	2,00	1,59	1,26	1,64	1,65	1,81	1,64	1,82	13,41	1,676	0,795	80
Juli	2,15	1,65	1,06	1,79	1,50	1,77	1,48	1,62	13,02	1,628	0,772	77
August	2,15	1,34	1,08	1,46	1,50	1,72	1,48	1,70	12,43	1,554	0,737	74
September	2,08	1,42	1,38	1,53	1,72	1,77	2,97	2,00	14,87	1,859	0,881	88
Oktober	2,54	1,34	1,79	1,79	2,00	2,79	2,46	3,24	17,95	2,244	1,064	106
November	2,25	1,67	2,00	2,14	2,10	2,17	2,23	2,52	17,08	2,135	1,012	101
Dezember	4,32	3,04	5,04	4,56	4,60	4,29	5,25	4,96	36,06	4,508	2,138	214
Summe:	33,35	21,91	19,89	23,56	23,77	25,41	26,35	28,13	202,37	25,299	—	1200
Mittelwert	2,78	1,83	1,66	1,96	1,98	2,12	2,28	2,34	16,86	2,108	—	100

che bemerkbar macht. Die Bestimmungsgründe für die stark ausgeprägte Hochsaison im Dezember — rund 20 v.H. des Gesamtjahresumsatzes vereinigt der Dezember auf sich — sind in den Weihnachtsfesttagen und dem darauffolgenden Jahreswechsel zu suchen. Die zweite Saisonphase fällt — wie wir gesehen haben — in den Monat März. Hier sind es vor allem gesellschaftliche Faktoren (Konfirmation), die eine Umsatzsteigerung verursachen. Auch sonst zeigt

Schaubild des Saisonverlaufes.

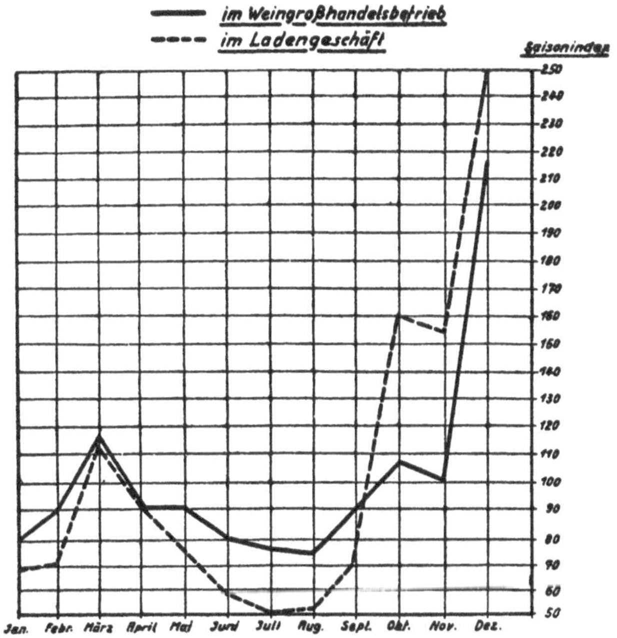

die Kurve einen uneinheitlichen Verlauf. So liegen saisonale Tiefpunkte in den Monaten Januar und August. Ersterer erklärt sich daraus, daß nach den Festtagen im Dezember eine Übersättigung eingetreten und die Kaufkraft in den Saisonmonaten aufgebraucht ist. Der Tiefpunkt im August findet seine Erklärung vor allem darin, daß der Teil des Einkommens, der sonst für Wein zur Verfügung steht, für Urlaub und Reisen verbraucht wird. Auch ist zu berücksichtigen, daß in den warmen Sommermonaten der Verbrauch von alkoholischen Getränken schlechthin zurückgeht.

Noch größer war die Saisonempfindlichkeit eines Ladengeschäftes desselben Weinhandelsbetriebes. Die Kurve folgt zwar in ihrer Richtung der der Gesamtumsätze des Unternehmens, doch treten hier die jahreszeitlichen Schwankungen noch deutlicher hervor. Für die saisonale Absatzentwicklung genannter Filiale konnten folgende Saisonnormalen ermittelt werden, die zum Vergleich denen des Gesamtbetriebes gegenübergestellt seien:

Absatzschwankungen im Handel mit Wein.[9])

Betrieb	Jan.	Febr.	März	April	Mai	Juni	Juli	Aug.	Sept.	Okt.	Nov.	Dez.
insgesamt	76	87	114	91	92	80	77	74	88	106	101	214
Ladengesch.	65	68	113	91	73	57	51	52	70	160	155	245

Wir erkennen, daß es sich bei Wein und Spirituosen um eine Ware mit einem kurzlebigen, einmaligen Saisonhoch handelt. Der Höchstabsatz liegt im letzten Vierteljahr.

Aus der Erkenntnis dieser Saisontendenzen entsteht die Frage nach den jeweiligen innerbetrieblichen Maßnahmen gegenüber den Vor- und Nachteilen, die die Saison mit sich bringt. Einerseits müssen die Betriebe ihre Umsatzkapazität auf den Monat Dezember ausrichten, andererseits müssen sie bestrebt sein, diese Kapazität auch während der übrigen Monate weitgehend auszunutzen. Die umsatzschwache Zeitspanne ist unrentabel. Die während dieser Zeit in einer Unternehmung investierten Kräfte werden nur in geringerem Umfange ausgenutzt. Da diese aber in der Regel fixen Kostencharakter tragen, ist diese Zeit stets mit einem gleichbleibenden Bedarf an Finanzmitteln verbunden.

Zwei Möglichkeiten bieten sich dem Unternehmer, diese Schwankungen zu mildern:

1) soweit die saisonalen Bewegungen beeinflußbar sind, sie durch umsatzfördernde Maßnahmen zu mindern;

2) den beeinflußbaren jahreszeitlichen Bewegungen innerbetrieblich durch eine entsprechende Beschaffungslage und Finanzpolitik[10]) weitgehend gerecht zu werden.

---

[9]) Vgl. graphische Darstellung auf Seite 177.
[10]) Deutsch, Paul, a. a. O., Seite 55.

In der Werbung und in der Warenkompensation haben wir Mittel, die zur Umsatzsteigerung während der saisonschwachen Zeit in anderen Branchen erfolgreich angewandt wurden, im Weinhandel aber bisher nur teilweise Verwendung gefunden haben. Gerade die Einzelwerbung im Weinhandel erstreckt sich vielfach nur auf die Vor-, Hoch- und Nachsaison. Im Interesse des gesamten Weinhandels muß aber gefordert werden, Einzelwerbungen auch während der Sommermonate durchzuführen, die nicht ohne Erfolg bleiben werden. Als zweite umsatzfördernde Maßnahme wurde die Warenkompensation genannt. Nach dem Weltkriege brachte ein vermehrter Verzehr von alkoholfreien Getränken eine Verlagerung des Getränkekonsums. Da mit der Werbung für alkoholfreie Getränke jedoch ein heftiger Kampf gegen den Alkohol verknüpft war, verschloß sich der Weinhandel diesen Getränken gegenüber. Nachdem die öffentliche Meinung den Standpunkt vertritt, daß heute beide Getränkearten sehr gut nebeneinander bestehen können,[11]) steht es dem Weinhandel offen, sich auch der alkoholfreien Getränke zu bedienen, um so einen gewissen Ausgleich im Absatz während der Sommermonate zu haben.

Grundlegend ist jedoch festzustellen, daß Werbung und Warenkompensation wohl saisonal bedingte Umsatzschwankungen teilweise auszugleichen vermögen, jahreszeitliche Bewegungen, die die Wirtschaft beherrschen, können mit ihrer Hilfe jedoch nicht beseitigt werden.

Folglich muß sich der Betrieb noch anderer Mittel bedienen, um die jahreszeitliche Depression unter möglichst kleinem Kapitalverlust zu überstehen. Seine innerbetrieblichen Dispositionen müssen immer den jeweiligen Anforderungen gerecht werden können und sich dabei so wenig wie möglich belastend auswirken.

b) Einkaufs- und Lagerpolitik.

Während die Absatzschwankungen auf die Zusammensetzung und den jeweiligen Kapitalbedarf des Anlagevermögens keinen Einfluß haben, sind sie für das Betriebsvermögen mit um so größeren Veränderungen verbunden. So verursacht ein vergrößerter Wareneinkauf einen erhöhten Kapitalbedarf. Dazu kommen für den Weinhandel die Bewegungen der landwirtschaftlichen Produktion. In stiller Zeit ist das Betriebsvermögen zum größten Teil im Lager investiert und durchläuft damit nicht den Betrieb, erst in der Saison kommt es in eine stärkere, schnellere Bewegung.

Den größten Teil am Betriebsvermögen machen, wie schon mehrfach erwähnt, im Handel mit Wein die in den Lagervorräten steckenden Kapitalien

[11]) Geisthardt, W., Verlagerung des Getränkekonsums, a. a. O., Seite 1199.

aus. Gerade im Weinhandel ist es schwierig, eine scharfe Trennung zwischen Umsatz- und Spekulationslager durchzuführen, da ein Gesamtlager sowohl das eine als auch das andere sein kann. Grundsätzlich kann man sagen, daß ein Umsatzlager eine Sicherungsfunktion ausübt und zwar die der kontinuierlichen Umsätze, es soll einen gleichmäßigen Gewinn garantieren. Das Spekulationslager will dagegen die zeitlichen Unterschiede zwischen Erzeugung und Verbrauch wertmäßig ausnutzen.

Um dieser Diskrepanz aus dem Wege zu gehen, wurde bei der später durchgeführten Untersuchung das gesamte Lager eines Betriebes erfaßt, von einer Unterteilung wurde abgesehen.

Die Lagerpolitik des Weinhandels wird somit durch zwei Elemente bestimmt:

1) durch den landwirtschaftlichen Charakter der Ware und

2) durch jahreszeitliche Umsatzschwankungen.

Herbst und Frühjahr sind die Haupteinkaufszeiten. Für den Großhandel der Produktionsgebiete wies Stolleis [12]) diese Lagerbewegungen mit der Begründung der verstärkten Nachfrage nach. Ähnlich liegen die Verhältnisse für den Handel im Verbrauchergebiet, soweit er überwiegend Einzelhandelsfunktionen ausübt. Nur folgen die Zeiten seiner Höchstumsätze etwa denen des Großhandels.

Nachstehend wird die Lagerbewegung einer konsumorientierten Weingroßhandlung verfolgt. (Siehe folgende Statistik und graphische Darstellung.)

Einkaufs-, Verkaufs- und Lagerbewegungen im Weinhandel.

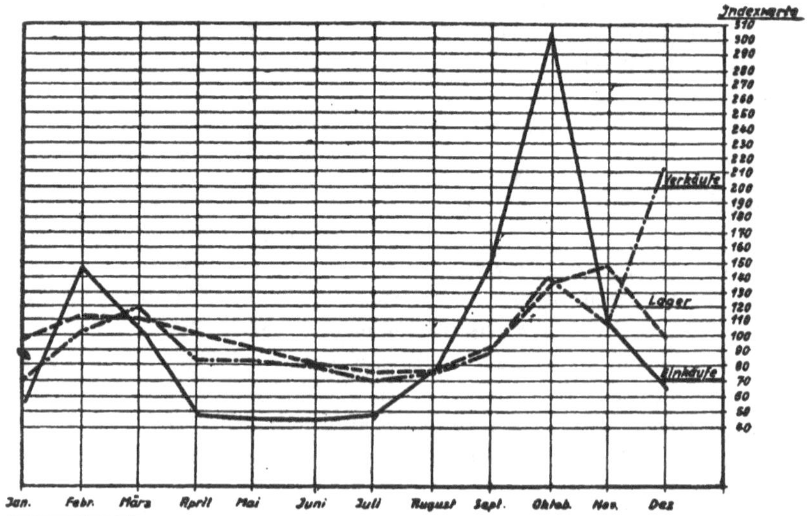

12) Stolleis, a. a. O., S. 103.

	Lagerbestand	Index 1	Index 2	Lagerzugänge	Index 1	Index 2
Januar	81 400	96	8,0	12 600	54	4,5
Februar	93 300	110	9,1	34 800	149	12,4
März	92 100	109	9,0	25 300	108	9,0
April	84 600	99	8,3	11 400	49	4,1
Mai	76 400	90	7,5	10 700	46	3,8
Juni	68 600	81	6,7	10 400	45	3,7
Juli	63 500	75	6,3	11 100	48	4,0
August	63 800	75	6,3	17 300	74	6,1
September	78 000	92	7,7	34 200	147	12,3
Oktober	116 600	137	11,4	71 000	304	25,4
November	116 800	138	11,5	25 400	109	9,1
Dezember	82 800	98	8,2	15 600	67	5,6
	1 017 900	1 200	100,0	279 800	1 200	100,0
Durchschn.	84 830			23 320		

	I Umsätze	II Index 1	III Index 2
Januar	15 500	66	5,5
Februar	22 900	98	8,2
März	26 500	113	9,4
April	18 900	81	6,8
Mai	18 900	81	6,8
Juni	18 200	78	6,5
Juli	16 200	69	5,7
August	17 000	72	6,0
September	20 000	85	7,1
Oktober	32 400	138	11,5
November	25 200	107	8,9
Dezember	49 600	212	17,6
	281 300	1200	100,0
Durchschn.	23 440		

Die Zahlen drücken die wertmäßigen Lagerbewegungen aus, und zwar sind es die jeweiligen Verkaufspreise, die unter der Voraussetzung ermittelt worden sind, daß zum Einkaufspreis durchschnittlich ein Kalkulationssatz von 30 v.H. zugeschlagen wurde, da anderenfalls eine Vergleichsmöglichkeit mit den entsprechenden Umsätzen nicht gegeben ist. Eine Erhöhung des Lagers tritt zunächst in den Monaten März/April auf, da sich jetzt der Betrieb mit den konsumreifen Weinen des letzten Jahres eindeckt, um der verstärkten Nachfrage in dieser Zeit nach dem neuen Jahrgang gerecht zu werden. Die Kurve fällt dann steil ab, da jetzt die Einkäufe fast ganz aufhören. Der Verkauf erfolgt aus den vorhandenen Beständen. Der zweite und bedeutendere Höhepunkt erscheint in der Zeit von Oktober bis Dezember, die erhöhte Nachfrage durch den Handel wird dabei durch zwei Gründe bestimmt:

1) Der Handel deckt sich mit der jetzt anfallenden Ernte ein, um durch eigene Kelterung — soweit er im Besitz von Kelteranlagen ist — und eigenen Ausbau der Ware besondere Vorteile zu haben.
2) Die vorhandenen Bestände werden mit älteren Jahrgängen aufgefüllt, um der zu erwartenden — saisonal bedingten — verstärkten Nachfrage seitens der letzten Verbraucher gerecht werden zu können.

Die Frist der Voreindeckung ist dabei verhältnismäßig kurz. Sie beträgt oft nur 4—6 Wochen, da die Ware konsumreif geliefert wird und unmittelbar nach der Lieferung abgefüllt werden kann, um dann nach einer der Qualität entsprechenden Flaschenlagerzeit den Weg zum Verbraucher anzutreten. Die Zeitspanne ist natürlich für jeden Betrieb verschieden und ergibt sich aus der normalen Lieferungszeit, sowie aus der bis zur Verkaufsbereitschaft nötigen Zeit.

Wie ersichtlich, wird die Lagerpolitik dieses Weinhandelsbetriebes durch das Bestreben bestimmt, den jahreszeitlichen Umsatzschwankungen unter Berücksichtigung der Erntezeit Rechnung zu tragen. Wenn auch dabei der gleichmäßige Ablauf des Betriebes lagerpolitisch sichergestellt ist, tritt doch zu gewissen Zeiten eine große kapitalmäßige Belastung ein, die nur mit Krediten gelöst werden kann. Die Bereitstellung des Kapitals ist somit ebenfalls diesem zeitlichen Umsatzrhythmus unterworfen, denn eine saisonmäßige Beschaffung bringt naturgemäß eine entsprechende Zahlungsverpflichtung mit sich. Besonders die Monate März/April und Oktober/November stellen an den Betrieb finanzpolitisch große Aufgaben.

Bei der Finanzierung des Lagers und der dazu nötigen Erstellung von Kapital sind einige Faktoren bestimmend, die, zum Umsatz in Beziehung gesetzt, wichtige Anhaltspunkte geben. Als wesentliche Beziehungsgröße ist der durchschnittliche Lagerbestand zu nennen, weil man aus dem Verhältnis Umsatz :

durchschnittlicher Lagerbestand den Lagerkoeffizienten errechnet, der angibt, wie oft sich der Lagerbestand während eines bestimmten Zeitabschnittes umgeschlagen hat. Dabei kann die Berechnung wert- oder mengenmäßig erfolgen.

Die Umschlagshäufigkeit des Lagers im Weinhandel ist sehr gering, meist wird das Lager im Verlauf eines Jahres nur zwei- bis dreimal umgeschlagen, d. h. aber, daß die Hälfte bis ein Drittel des Einkaufswertes der Ware an Kapital investiert werden muß. Eine Steigerung der Umsatzhäufigkeit kann entweder durch Erhöhung des Umsatzes bei gleichbleibendem Lagerbestand oder durch Senkung des durchschnittlichen Lagerbestandes bei konstantem Umsatz erreicht werden. Folgende Umschlagshäufigkeit des Lagers ergab sich auf Grund der vom Statistischen Reichsamt durchgeführten Untersuchung (siehe nächste Seite).

Wie ersichtlich, nimmt im Einzelhandel 1931 und in seiner Verbindung mit dem Großhandel 1935 mit zunehmender Betriebsgröße auch die Umschlagshäufigkeit zu, im Gegensatz zum Einzelhandel 1935, der das umgekehrte Bild zeigt. Die Umschlagsdauer als reziproker Wert der Umschlagshäufigkeit, bezogen auf ein Jahr, verändert sich entsprechend. Im ersten Fall sinkt, im zweiten steigt sie. Neben der Betriebsgröße haben auch der Standort und das Sortiment auf die Umschlagshäufigkeit Einfluß. So wird sich im Produktionsgebiet das Lager eines Weinhändlers öfter umschlagen, da es hier jederzeit ergänzt werden kann, während der Weinhändler z. B. im Osten des Reiches durch den langen Transportweg ein größeres Lager halten muß. Der Warenumschlag muß entsprechend geringer sein.

Wie das Sortiment den Warenumschlag bestimmend beeinflußt, zeigen die folgenden, von der Forschungsstelle für den Handel ermittelten Zahlen eines Lebensmittelgeschäftes: [13])

[13]) FfH. Mitteilungen, Jahrgang 1935, Heft 7/8, S. 76 ff.

Umsatz, Kapital- und Lagerumschlag in Weinhandelsbetrieben. *)

	Weineinzelhandel 1931				Weineinzelhandel 1935					Weineinzelhandel mit Großhandel 1935				
Umsatzgrößenklassen:	I	II	III	IV	I	II	III	IV	V	I	II	III	IV	V
Umsätze	23,1	49,9	97,8	163,4	12,9	35,2	73,9	193,5	685,5	17,2	33,2	76,9	194,3	708,2
Umsatz je Beschäftigte (in 1000 RM)					6,2	10,0	13,0	15,7	12,4	8,0	10,0	13,4	16,3	13,0
Kapitalumschlag:														
a) in gemieteten Räumen	1,7	0,7	0,7	0,8	2,0	1,9	1,8	1,6	1,5	2,1	2,0	1,9	1,7	1,6
b) in eigenen Grundst.	1,1	0,5	0,6	0,5	0,8	1,0	1,1	1,1	1,1	1,0	1,0	1,2	1,2	1,2
Lagerumschlag	2,6	1,0	1,1	1,5	3,8	3,7	3,5	3,4	3,1	3,9	4,0	4,2	4,4	4,5
Umschlagsdauer des Lagers (in Tagen)	140,4	365,0	331,8	243,3	96,1	98,6	104,3	107,4	117,7	93,6	91,3	86,9	83,0	81,1

Anmerkung: Bei diesen Angaben ist zu beachten, daß die Umsätze auf einer zeitlich und wertmäßig anderen Grundlage stehen als das Gesamtkapital und der Wert der Lagervorräte, da letztere am Jahresschluß in der Bilanz zu Einkaufswerten erfaßt sind, während die Umsätze die Summe der Verkaufserlöse darstellen.

*) Einzelschriften zur Statistik des Deutschen Reiches Nr. 30 und 38.

	Lagerumschlag [14]) 1933 . . . . mal
Wein, Spirituosen, Flaschenbier	2,6
davon Flaschenbier	34,3
Limonade, Mineralwasser	11,6
Fruchtsäfte	6,4
Fruchtweine	2,4
Rhein-, Mosel-, Saar- u. Pfalzweine	2,4
Schaumweine	1,8
Ausländ. Weine	1,8
Spirituosen und Liköre	1,1

Je stärker naturgemäß der Anteil z. B. an Spirituosen und ausländischen Weinen am Gesamtumsatz ist, desto niedriger wird der Lagerumschlag sein.

3. Die Finanzquellen.

Nachdem der Kapitalbedarf der Weinhandelsbetriebe analysiert worden ist, bleibt zu untersuchen, aus welchen Quellen der Weinhandel den besonders für sein Lager nötigen Kapitalbedarf schöpft. Grundsätzlich stehen sich Eigen- und Fremdkapitalquellen gegenüber, je nachdem, ob sich der Betrieb aus eigener Kraft oder mit Hilfe Dritter finanziert. Die Fremdfinanzierung kann, nach dem Merkmal der Fälligkeit gegliedert, durch kurzfristiges oder langfristiges Kapital erfolgen. Schließlich muß das Verhältnis zwischen den einzelnen Vermögens- und Kapitalteilen dargestellt werden. Wie aus den Übersichten auf Seite 103—105 hervorgeht, halten sich im allgemeinen eigene und fremde Mittel die Waage. Die Höhe des Eigenkapitals, ausgedrückt in v.H. des Gesamtkapitals, wächst in der Regel mit zunehmender Betriebsgröße. Um den Grad der Kapitalausnutzung zu ersehen, wurden die Beziehungen Umsatz : Kapital dargestellt (siehe Seite 118). Dabei zeigt sich, daß dieser in Betrieben mit gemieteten Räumen naturgemäß größer ist als in solchen mit eigenen Grundstücken, aber auch hier wird das Kapital günstigstenfalls nur zweimal umgeschlagen. Von Bedeutung ist noch, daß der Kapitalumschlag in Betrieben mit fremden Grundstücken mit zunehmender Betriebsgröße abnimmt, in Betrieben mit gemieteten Räumen verändert er sich dagegen nur wenig.

---

[14]) Umsatz zu Einkaufspreisen : durchschnittlichen Lagerbestand (Jahresanfangs- + -endbestand) zu Einkaufspreisen.

Der Weineinzelhandel in eigenen Grundstücken benötigte 1936 beispielsweise zu einem Umsatz von RM 35 200 ein Gesamtkapital von 34 800 RM, welches sich nur zu RM 18 200 aus Eigenkapital, das sind 52,4 v.H. des Gesamtkapitals, und zu 16 100 RM aus Fremdkapital zusammensetzte. Die Lagerfinanzierung umfaßte 27,2 v.H., die der Forderungen 10,8 v.H. des Gesamtkapitals. Das im Lager investierte Kapital schlug sich 3,7 mal, das im Betrieb arbeitende Gesamtkapital einmal um.

Die Saisonempfindlichkeit des Weinhandels, sowie seine ausgedehnte Kundenkreditpflege machen eine Inanspruchnahme von Krediten unabdingbar, ihre Art und Fristigkeit wird dabei maßgeblich von den Ursachen des Kapitalbedarfs bestimmt. Entsprechend dem Grundsatz der Finanzierung, daß das in die Unternehmung hereingenommene Kapital in derselben Weise zu verwerten ist, wie es ihr zur Verfügung gestellt wird,[15]) sollten zur Finanzierung von Anlagen, falls Eigenkapital nicht vorhanden ist, nur langfristige Kredite Verwendung finden. In Betrieben mit eigenen Grundstücken herrscht überwiegend die Fremdfinanzierung als langfristige Schulden in Form von Hypotheken und Grundschulden vor.

Unter den kurzfristigen Krediten steht der Lieferantenkredit im Vordergrund. In Betrieben mit gemieteten Räumen wird mit kleiner werdender Betriebsgröße der Lieferantenkredit als Mittel der Finanzierung bedeutungsvoller, in eigenen Grundstücken nimmt er dagegen teilweise mit wachsender Betriebsgröße an Umfang zu. Die folgende Tabelle zeigt, wie der Lieferantenkredit insbesondere zur Finanzierung des Warenlagers und der Forderungen dient:

Lieferantenschulden in v.H. der Summe von Lagervorräten und Forderungen.

	I	II	III	IV	V
Einzelhandel 1935	48,3	34,8	29,4	23,5	19,5
Einzelhandel in Verbindung mit Großhandel 1935	46,9	39,7	36,0	32,4	29,2

Bei der Finanzierung des Lagers handelt es sich um die Überwindung der großen rhythmischen Umsatzspitzen. Die kurzfristigen Lieferantenkredite sollen dabei die Zeit von der Einlagerung der Ware bis zur Einnahme des Gegenwertes überbrücken helfen. Betriebe mit geringerem Eigenkapital verwenden ferner noch Lieferantenkredite zur Kreditgewährung an die Kundschaft, dabei ist besonders

[15]) Mellerowicz, K., Allgemeine Betriebswirtschaftslehre, Seite 15.

auf die Kreditfristen zu achten, die im Einklang mit den bei dem Absatz an die Kunden gewährten stehen müssen.

Neben dem Lieferantenkredit steht dem Weinhandel der von Kreditinstituten zur Verfügung, welcher aber nur dem Großhandel in größerem Umfange gewährt wird, da der Einzelhandel vielfach nicht als kreditfähig angesehen wird. Die Kreditfähigkeit, die in der Person des Kreditnehmers und in materiellen Werten zu suchen ist, wird noch besonders durch die kreditwirtschaftliche Rentabilität bestimmt, deren Nachweis dem Weineinzelhandel bisher vielfach nicht gelang, der aber im Interesse des Handels gefordert werden muß. Einen ausschlaggebenden Beitrag zu diesem Nachweis wird ein vereinheitlichtes und verbessertes Rechnungswesen in Verbindung mit Betriebsvergleichen und -kontrollen liefern, was anschließend noch dargestellt wird.

C. Die rechnerische Kontrolle der Werterhaltung im Weinhandel.

1. Buchführung und Kalkulation als Grundlage für die Aufwands- und Ertragsmessung.

Als dringliche Forderung an die Gesamtwirtschaft steht heute ein nach einheitlichen Gesichtspunkten gestaltetes Rechnungswesen aller Unternehmungen im Vordergrund. Höchster Leistungseinsatz und größtmögliche Wirtschaftlichkeit heißen die Aufgaben, die der deutschen Wirtschaft besonders im Rahmen des Vierjahresplanes gestellt sind.

In Würdigung dieser bedeutungsvollen Aufgaben ergingen vom Reichs- und Preußischen Wirtschaftsministerium mehrere Erlasse (vom 7. 7. 1936, 28. 7. 1936, 12. 11. 1936),[1]) in denen eine Vereinheitlichung und Verbesserung des innerbetrieblichen Rechnungswesens für Handel, Industrie und Handwerk als notwendig bezeichnet wurden. Im letzteren[2]) heißt es u. a.: „Unter den betriebswirtschaftlichen Aufgaben ist in vielen Wirtschaftszweigen die Verbesserung des Rechnungswesens und die Aufstellung einheitlicher Buchhaltungs- und Kalkulationsrichtlinien besonders vordringlich. Einem einwandfreien betrieblichen Rechnungswesen und einem auf gleichartiger Kostenermittlung beruhenden Unkostenvergleich kommt eine erhebliche Bedeutung zu. Das ermöglicht den Betrie-

---

[1]) Ziegler, F., Kontenrahmen für den Großhandel, erschienen in den Schriften zur Förderung der Großhandelsarbeit, Seite 9.

[2]) R. K. W., Größere Wirtschaftlichkeit durch geordnetes Rechnungswesen, Leipzig, 1937, Seite 91.

ben nicht nur den Überblick über die eigenen Kosten, sondern auch den Vergleich mit den Kosten anderer Betriebe oder zum mindesten mit den Durchschnittskosten ihres Wirtschaftszweiges. So trägt es dazu bei, die Wirtschaftlichkeit der deutschen Unternehmungen in Richtung auf eine Kosten- und Preissenkung und auf eine Verhinderung unnötiger Preissteigerungen zu fördern."

Das Ziel, welches demnach der staatlichen Wirtschaftsführung mit der Einführung einheitlicher Richtlinien für Buchhaltung und Abrechnung vorschwebt, ist in einer Überwachung und Förderung der wirtschaftlichen Gesamtentwicklung in Verbindung mit der Gestaltung jedes einzelnen Betriebes zu sehen. Dadurch, daß auf die Handhabung der Richtlinien kein Einfluß ausgeübt wird, ist ihre Anwendungsmöglichkeit nicht begrenzt. Auch ist der den Richtlinien zugrunde liegende Kontenrahmen nicht als ein starres Gebilde aufzufassen.

Einheitliche Buchhaltungs- und Kalkulationsrichtlinien können aber auch im Weinhandel nur die Wirtschaftsgruppen und ihre Untergruppen in Verbindung mit der Hauptvereinigung aufstellen. Wenn daher im folgenden das Rechnungswesen im Weinhandel aufgezeichnet und ein Vorschlag zu seiner Vereinheitlichung gemacht wird, soll damit keineswegs eine vollständige Lösung der innerbetrieblichen Fragen des Faches gegeben sein. Vielmehr kam es darauf an, Anregungen zu geben, gerade im Handel mit Wein künftig diesem Arbeitsgebiet mehr Beachtung zu schenken.

Das kaufmännische Rechnungswesen, welches alle betrieblichen Erscheinungen erfaßt, besteht aus Buchhaltung, Kalkulation, Statistik und Wirtschaftsplan. Sie haben die Aufgabe, über betriebliche Vorgänge der vergangenen Wirtschaftsepoche Rechenschaft abzulegen und für die in der Zukunft liegenden Maßnahmen Unterlagen zu schaffen.

Die kaufmännische Buchhaltung zeichnet auch im Weinhandel die Vorgänge auf, die mit Vermögens- und Kapitalveränderungen verbunden sind. Während sich kleinere und mittlere Weinhandlungen bei der Erfassung wirtschaftlicher Vorgänge lediglich auf die Buchhaltung beschränken, verfügen die Großhandlungen sowohl des Erzeuger- als auch des Verbrauchergebietes über ein etwas vollkommeneres Rechnungswesen. Allerdings ist auch hier nur die Kalkulation zu erwähnen, die Statistik findet man nur vereinzelt angewandt, und die Wirtschaftsplanung tritt vollständig zurück.

Die Buchhaltung widmet sich insbesondere der Verrechnung von Forderungen und Schulden. Am Ende des Geschäftsjahres ermittelt sie mit Hilfe der Bilanz den Erfolg. Zeitlich und sachlich erreicht die Buchhaltung diese Aufgaben durch Aufzeichnungen aller Geschäftsvorfälle in Büchern und Konten. Neben Journalen, die zeitlich das Betriebsgebaren erfassen, tritt die Kasse und das

Hauptbuch mit seinen Konten. Schließlich finden wir noch eine Anzahl von Neben- und Hilfsbüchern, die — wie die gesamte Buchhaltung überhaupt — den Betriebsablauf aufzeichnen.

Im Gegensatz zur kaufmännischen Buchhaltung, die an sich keine Besonderheiten aufweist, die eine noch eingehendere Betrachtung notwendig machen würden, ist die Betriebsbuchhaltung [3]) auf die besonderen inneren Verhältnisse der Weinhandelsbetriebe ausgerichtet. Stolleis [4]) und Böhning [5]) berichten über die Einkaufs-, Lager- und Absatzbuchhaltung im deutschen Weinhandel, die, da sie zum Teil gesetzlich vorgeschrieben sind, für den gesamten Weinhandel Deutschlands Anwendung finden. Ausschlaggebend für die gesamte Betriebsbuchhaltung ist der § 19 nebst Ausführungsbestimmungen des Weingesetzes von 1930, wo die Buchführungspflichtigen gekennzeichnet und die zur Verwendung kommenden Buchmuster vorgeschrieben sind. Zur Ermittlung des Lagerbestandes dient dabei ein Kellerbuch, das Sortiment erfaßt das Weinlagerbuch, Herkunft und Faßinhalt werden im Faßlagerbuch aufgezeichnet, das Buch für Geschäftsvermittler dient zur Eintragung der vermittelten Geschäfte, das Zuckerkontrollbuch weist schließlich die Verwendung des Zuckers aus. Der Hauptzweck, den eine geordnete Weinbuchführung erfüllen soll, ist in einem einwandfreien Nachweis zu suchen, den der Betrieb über Herkunft und Menge des Weinlagers sowie über den bereits in den Verkehr gebrachten Wein liefern soll. Es wird so jederzeit eine leichte Übersicht und gute Kontrollmöglichkeit durch dazu eigens geschaffene Weinkontrolleure gegeben, um Weinfälschungen zu unterbinden.

Neben diese, durch das Gesetz zwangsweise eingeführte Buchführung tritt die freiwillige. Sie erstreckt sich insbesondere auf das Weinlager, um dies nach Höhe, Zusammensetzung und nach Veränderungen einer Kontrolle zu unterwerfen. Da keine Formvorschriften bestehen, ist die freiwillige Buchhaltung sehr verschieden ausgestaltet. In Anlehnung an die gesetzlichen Muster stellt Überle [6]) ein Sortenlagerbuch dar, welches in drei Rubriken: Wareneingang, Lager und Warenausgang gegliedert ist, die ihrerseits noch eine Unterteilung nach Zeit, Menge und Lagerart erfahren. Für den Erzeugergroßhandel schlägt Stolleis [7]) drei Lagerbücher vor, welche die Warenvorräte nach Lagerkellern und Eigentumsverhältnissen erfassen sollen, so daß ein genauer Überblick über gekaufte und verkaufte Weine im eigenen oder fremden Keller gegeben wird.

---

[3]) Hellauer, J., Kalkulation, Stuttgart, 1931, Seite 15.

[4]) Stolleis, W., a. a. O., Seiten 73, 117, 178.

[5]) Böhning, K., Der Weinhandel in Baden, Mannheimer Hochschulstudien, Mannheim u. Leipzig 1924, Seite 42 ff.

[6]) Überle, a. a. O., Seite 68.

[7]) Stolleis, a. a. O., Seite 126 ff.

Indem die kaufmännische Buchhaltung alle innerbetrieblichen und wirtschaftlichen Vorgänge im Betrieb aufzeichnet, liefert sie der Kalkulation die nötigen Unterlagen. Es würde den Rahmen dieser Arbeit sprengen, wollte man die zahllosen Probleme der Kalkulation in Verbindung mit der Buchhaltung behandeln. Wir müssen uns vielmehr auf die in der Praxis angewandten Kalkulationsmethoden beschränken.

Das Kalkulationsproblem im Weinhandel ist insofern besonderen Schwierigkeiten unterworfen, als die Eigenart der Ware grundsätzlich den Verkaufspreis ausschlaggebend beeinflußt, er hängt hauptsächlich von „inneren“ Werten ab, die nur wenig durch menschliche Arbeit beeinflußt werden können. Wein ist nicht „tot“, sondern „lebt“, d. h. er ist einer dauernden Veränderung unterworfen, Hefereste und Bakterien bewirken, daß sich eine Weinsorte innerhalb kurzer Zeit geschmacklich stark verändern kann. Baut sich z. B. ein Wein aus irgendwelchen Gründen, denen auch der Kellermeister machtlos gegenübersteht, nicht so aus, wie dies der Fall sein sollte, so kann der Wein nie zum kalkulationsmäßig berechneten Preis abgesetzt werden. Aber auch der umgekehrte Fall kann eintreten, indem sich Weine, die von Anfang an wenig versprachen, gegen alles Erwarten gut entwickeln. — Fernerhin legt die Notwendigkeit, jede Weinsorte einer besonderen Behandlungsmethode zu unterwerfen, die nie im voraus bestimmt und festgelegt werden kann und mit ständig wechselnden Arbeitsleistungen und Veränderungen in der Ausnutzung der Arbeitskräfte verbunden ist, einer genauen kostenmäßigen Erfassung zu kalkulatorischen Zwecken unüberwindliche Hindernisse in den Weg. Daß unter diesen Voraussetzungen der Kalkulation im Weinhandel nicht die Beachtung geschenkt wird, die ihr in anderen Handelszweigen zukommt, nimmt nicht wunder. Man kann in Weinhandelskreisen immer wieder hören, daß eine „gute Weinzunge“ des Einkäufers den besten Erfolg verspricht, eine Kalkulation hält man vielfach für überflüssig.

Zweifellos ist der Einkauf der Ware im rohen, halbfertigen oder konsumreifen Zustand für Weinhandelsbetriebe von grundlegender Bedeutung. Hier muß der Einkäufer seine fachmännischen Kenntnisse verwerten, hier zeigt sich der tüchtige Weinkenner, ein Fehlgriff beim Einkauf macht jede Kalkulation zunichte. So ausschlaggebend wie für eine durch die Weinmarktordnung geforderte Kostensenkung und Leistungssteigerung das kalkulative Rechnungswesen ist, das bis 1934 hauptsächlich unter dem Einfluß vorherrschender marktwirtschaftlicher, dabei zum großen Teil spekulativer Erfolgsquellen vernachlässigt wurde, so wesentlich ist für die marktwirtschaftlichen Aufgaben des Ein- und Verkaufs die Marktbeobachtung. Mindest-, Richt- und Höchstpreise zwingen heute auch diesen Handelszweig, dem Verhältnis von Aufwand und Ertrag mehr Beachtung zu schenken. Eine mangelhafte Kontrolle über Kosten und Leistungen gefährden die Betriebsexistenz. Wenn so der Handel mit Wein auf seine Verdienstspanne nicht mehr den Einfluß hat wie ehedem, er vielmehr teilweise gezwungen wird, seinen Gewinnzuschlag den Markterfordernissen entsprechend zu verringern, kann er nur durch eine Kostensenkung im gleichen Maße gewinnbringend arbeiten. Kostensenkung setzt aber Kostenerkenntnis voraus [8]).

Schmalenbach [9]) teilt die Kalkulation nach ihren inhaltlichen Zwecken in Preis- und Betriebskalkulation ein. Erstere erfüllt dabei ihre Aufgabe mit der Ermittlung der Selbstkosten und eines Gewinnzuschlages. Der sich ergebende Verkaufspreis kann dabei keineswegs endgültig und unumstößlich sein, vielmehr soll er ein Maßstab dafür sein, zu erkennen, in welchem Umfange Preissenkungen vorgenommen werden können und welche Kosten dann noch durch die herabgesetzten Preise gedeckt werden. Die zweite Aufgabe wird besonders bei unwirtschaftlich arbeitenden Betrieben bedeutungsvoll. Hier wird man mit der durch die Kalkulation klar gekennzeichneten Kostengestaltung eines Betriebes versuchen, die Kosten herabzudrücken, sei es durch inner- oder außerbetriebliche Maßnahmen.

Im Gegensatz zur industriellen Kalkulation, die sich hauptsächlich der rechnerischen Erfassung der Produktion widmet, hat die Handelskalkulation ihr Augenmerk besonders auf die Durchdringung des Handelsaktes zu richten. [10])

Eine Kalkulation ist demnach eine Berechnung, deren Art und Verlauf durch ihren jeweiligen Zweck bestimmt und auch benannt wird. Von den verschiedenen Arten der Kalkulation findet im Weinhandel die Bezugs- und Absatzkalkulation Verwendung. Während mit Hilfe der Bezugskalkulation der Einstandspreis der Ware berechnet wird, will die Absatzkalkulation den Verkaufspreis bestimmen. Im allgemeinen bereitet die Ermittlung der Kosten, die bis zum Einlagern von Wein entstehen, keine Schwierigkeiten. Sie setzen sich aus dem Einkaufspreis und den Bezugskosten zusammen. Die Selbstkosten dagegen, die nach Schmalenbach [11]) einen durch Erzeugung, Vertrieb und andere wirtschaftliche Leistungen verursachten Güterverzehr darstellen, demnach alle Kosten umfassen, die bis zur Verkaufsbereitschaft der Ware entstehen und keinen Gewinn und sonstige Verkaufskosten enthalten, setzen für ihre genaue Erfassung eine Kontensystematik voraus. In der Buchhaltung werden in der Regel nur

---

[8]) R. K. W., a. a. O., Seite 3.

[9]) Schmalenbach, E., Grundlagen der Selbstkostenrechnung und Preispolitik, 2. Auflage, Leipzig 1925, Seite 51.

[10]) Kosiol, Erich, Kalkulation und Kostengestaltung im Warenhandel. Bd. 1, Grundlagen der Warenkalkulation, Stuttgart 1931, Seite 12.

[11]) Schmalenbach, a. a. O., Seite 111.

die Kostenarten gesammelt. Aufgabe der Selbstkostenrechnung ist es, die Verteilung dieser Kosten auf die einzelnen Abteilungen und Erzeugnisse vorzunehmen. Dabei müssen für die indirekten Kosten die richtigen Verteilungsschlüssel gefunden werden, die die Anrechnung auf das erzeugte Produkt ermöglichen. Die Selbstkostenrechnung soll demnach die Kosten pro Leistungseinheit ermitteln. [12]) Sie kann sich auf den gesamten Betrieb, seine Teile und auf die einzelnen Stücke beziehen. Im Gegensatz dazu steht die Erfolgsrechnung. Sie erfaßt die Aufwendungen, welche während einer genau begrenzten Zeitspanne entstehen und stellt den Selbstkosten die Betriebserlöse gegenüber. Im Verfolg der Schmalenbach'schen Begriffsbestimmung [13]) kommt der Unterschied zwischen Kosten und Aufwand gut zum Ausdruck. Er versteht unter Kosten einen betrieblichen Güterverzehr, der durch wirtschaftliche Leistung verursacht und somit auch auf die Leistung zu verrechnen ist. Aufwand ist nach Schmalenbach der zeitlich zu verrechnende Gütereinsatz, der an Hand der einfließenden Güterwerte und ausfließenden Geldwerte gemessen wird. Während die Selbstkosten der Kalkulation mit jeder einzelnen Leistung eng verbunden sind, hat der Aufwand als Zeit- und Kapitalbegriff zu dieser nur mittelbare Beziehungen.

Aus rechnungstechnischen Gründen erstreckt sich eine Kalkulation im Weinhandel auf die gesamte Weinmenge, die Kosten pro Liter ergeben sich aus dem Durchschnitt. Die Kosten des gelieferten Weines selbst gehen vom Rechnungspreis des Lieferanten aus. Dieser Einkaufsrechnungspreis ist ein spezifizierter Preis, der genaue Angaben über gelieferte Mengen und Preise pro Mengeneinheit erfordert. Er beruht auf dem Vertragspreis des Kaufabschlusses. Zu diesem Rechnungspreis treten grundsätzlich 1 v.H.[13a]) Schlußscheingebühren und, soweit die Ware mit Hilfe eines Kommissionärs eingekauft wurde, 4 v.H. Vermittlergebühren, die zur Hälfte vom Käufer zu tragen sind. Abweichungen in der gelieferten Menge sind kalkulatorisch dann zu berücksichtigen, wenn sie nicht durch Mengen- oder Preisvergütung ausgeglichen werden. Kommt z. B. die Reichsbahn für Transportschäden auf, die sich in einem Auslaufen von Wein aus der Emballage zeigen, erübrigt sich eine Berücksichtigung bei der Kalkulation. Dagegen müssen Mengenverluste z. B. durch Verdunsten mit einkalkuliert werden. Weiterhin sind die Zahlungsbedingungen von Bedeutung. Häufig ist der Rechnungsbetrag ein Zielpreis, von dem vereinbarungsgemäß bei Barzahlung ein Skonto abgezogen werden kann. Bei Kreditkäufen müssen dagegen Zinsen und Diskontspesen in Anrechnung gebracht werden. Beim Bezug der Ware entstehen schließlich Transportkosten in Form von Fracht- und Rollgeld. Der Han-

[12]) Schmalenbach, a. a. O., Seite 111.

[13]) Schmalenbach, a. a. O., Seite 8 ff.

[13a]) ab 1. I. 1940 nur noch 0,8%.

del mit ausländischen Weinen hat ferner Zölle und Transportversicherungen zu tragen.

Diese bis zur Einlagerung in die eigenen Kellereien entstandenen Kosten können für jede einzelne Sorte ermittelt und ihr zugerechnet werden. Alle übrigen Kosten aber, die in Weinhandelsbetrieben in Form von Lager-, Vertriebs- und Verwaltungskosten entstehen, können der Ware nur indirekt zugeschlagen werden. Dabei geht man von den Gesamtunkosten einer bestimmten Zeitspanne aus, die man zum Gesamtumsatz derselben Zeitspanne in Beziehung setzt, und ermittelt so einen Gesamtzuschlag, der dem durchschnittlichen Kostenanteil entspricht. Bei der großen Zahl von Weinsorten, die in kleinsten Mengen zum Verkauf kommen, ist es undurchführbar, etwa festzustellen, wieviel einer Kostenart auf eine einzige Sorte entfällt, oder an welcher Stelle diese Kosten entstanden sind. Eine Kostenstellenrechnung nach Betriebsabteilungen erübrigt sich im Weinhandel, da getrennt geführte Abteilungen nicht in dem Umfang vorhanden sind.

Zum ermittelten Selbstkostenpreis kommt schließlich ein Gewinnzuschlag, der sich nach der Leistungsfähigkeit des Betriebes auszurichten hat. Er muß wegen des geringen Lagerumschlags verhältnismäßig hoch sein.

Nachdem heute für die Verkaufspreise der Winzer Mindestpreise festgesetzt worden sind, ergeben sich automatisch auch für den Weinhandel auf kalkulatorischer Basis gewisse Preisuntergrenzen, die nicht unterschritten werden sollten. Heute sind durch die Winzerbedingungen [14]) die Lieferungs- und Zahlungsbedingungen zwischen Erzeuger und Handel geregelt worden. Ferner wurde mit der Regelung des Wettbewerbs [15]) für alle am Wein-, Schaumwein-, Trauben- und Süßmostabsatz beteiligten Kreise die bisherige Macht des Kapitals gebrochen. Daher ist es an der Zeit, das Schleuderunwesen im Handel zu beseitigen. In einer nationalsozialistischen Wirtschaft dürfen Preisunterbietungen lediglich zum Zwecke der Unschädlichmachung der Konkurrenz nicht mehr vorkommen. Wenn auch die wiederholt ausgesprochene Forderung, normale Mindestpreise auf Grund einer Kalkulation etwa durch die Hauptvereinigung für den gesamten Handel für verbindlich zu erklären, niemals den verschiedenartigen Verhältnissen gerecht werden würde, müssen auch für den Weinhandel zu erstrebende Kalkulationsrichtlinien ungesunden Preisunterbietungen Einhalt gebieten.

Der Großhandel im Produktionsgebiet rechnet im Durchschnitt mit einem Kalkulationsaufschlag von 35 bis 40 v.H. auf den Mostpreis. Er liefert dann den Wein blank, füllfertig, Gebinde zu 600 oder 1000 Liter, zahlbar in zwei

---

[14]) Anordn. Nr. 4 d. HV. d. Dt. Weinwirtsch. vom 17. 7. 1937, RNVBl. Nr. 47 vom 17. 7. 37, Seite 326 f.

[15]) Anordn. Nr. 48 d. Vors. d. H. dt. G. u. W. vom 14. 1. 36, veröffentlicht im Verkünd. Bl. d. Reichsnährst. Nr. 9 vom 25. 1. 1936.

Wochen mit 2 v.H. Skonto oder spesenfreies Dreimonatsakzept. Folgende Kalkulation wird angestellt: [16])

1. Rechnungsbetrag 1000 Liter Most			RM 500,—
2. Fuhrlohn und Herrichten des Fasses			" 10,—
3. Fracht ab Winzerstation			" 10,—
4. Küferlohn			" 6,—
5. Behandlungskosten und Verluste bis zum 2. Abstich			" 50,—
6. Kosten des Verkaufs:			
	a) 3 v.H. Skonto	RM 21,—	
	b) 5 v.H. Vertreterprovision	" 35,—	
	c) Herrichten des Transportfasses	" 10,—	
	d) 2 v.H. Umsatzsteuer	" 15,—	
	e) 10 v.H. Bruttoverdienst	" 73,—	RM 154,—
	Verkaufspreis		RM 730,—

Wollte man einen Bruttoverdienst von 10 v.H. erzielen, ist, wie aus diesem Kalkulationsschema hervorgeht, ein Aufschlag von 46 v.H. auf den Mostpreis erforderlich. In diesem Beispiele wurden besonders die Generalunkosten nicht einwandfrei ausgewiesen. Sie konnten auch nicht ermittelt werden, wie überhaupt dieser Kalkulationsvorschlag kein einwandfreies Bild ergibt. Genauer war die Kalkulationsmethode einer Weingroßhandlung im Konsumgebiet, die anschließend wiedergegeben wird. Die einzelnen Kosten, die ermittelt werden konnten, wurden dabei nach dem noch zur Besprechung gelangenden Kontenrahmen gegliedert:

I. Einkaufskosten

1. Rechnungsbetrag: 600 Ltr. Weißwein	RM 500,—
2. ./. Rechn.Abzüge 2 v.H.	" 10,—
3. + Schlußschein u. Komm.-Gebühren 3 v. H. vom Einkaufspreis	" 15,—
Netto-Einkaufskosten	RM 505,—
4. + Transportkosten 6 v.H.	" 30,—
Beschaffungskosten	RM 535,—
5. Allgem. Handlungsunkosten als Lager-, Vertriebs- u. Verwalt.-Kosten 30,8 v.H. vom Beschaffungswert	" 164,80
Selbstkosten	RM 699,80
6. Reingewinn 10 v.H. v. Beschaffungswert	" 53,50
Verkaufspreis	RM 753,30

[16]) D.W.Z. vom 8. 5. 34, Nr. 35, Jahrg. 71.

Die 600 Liter wurden demnach zu einem Verkaufspreis von RM 753,30 abgesetzt, eine $^3/_4$ l Flasche kostete RM 0,96. Verkaufskosten wurden bei der Kalkulation dieses Betriebes nicht ausgewiesen, sie waren schon bei der Unkostenrechnung mit berücksichtigt. Der Zuschlag von 30,8 v.H. war auf Grund der vergangenen Rechnungsperiode ermittelt worden. Dabei geschah die Unkostenverrechnung unter der Annahme, daß im kommenden Geschäftsjahr sich sowohl die Umsätze als auch die Kosten nicht wesentlich verändern. Die Verteilung der Kosten geschah kumulativ, d. h. von den Gesamtkosten ausgehend. Einem Umsatz von RM 300 000 standen Gesamtunkosten inkl. Gewinn von RM 87 000 gegenüber, die sich wie folgt auf die einzelnen Kostenarten verteilten:

Kostenart	abs. in RM	in v. H. vom Verkaufspreis	in v. H. vom Beschaffungswert
Raumkosten	5 700	1,9	2,7
Personalkosten	22 500	7,5	10,5
Steuern	7 200	2,4	3,4
Werbungskosten	4 500	1,5	2,1
Provision	6 000	2,0	2,8
Verpackung	1 800	0,6	0,9
Eigene Transportkosten	3 000	1,0	1,4
Allgemeine Geschäftsausgaben	3 900	1,3	1,8
Abschreibungen	2 100	0,7	1,0
Zinsen und Diskont	9 000	3,0	4,2
Gewinn	21 300	7,1	10,0
Allgem. Unkosten inkl. Gewinn	87 000	29,0	40,8

Bei der Verschiedenheit in der Weinhandelsgeschäftsführung sind die Kostenarten starken Schwankungen unterworfen; sie können zwischen 10 v.H. und 40 v.H. vom Umsatz liegen, oft auch noch darüber. Der überwiegend fixe Charakter der Gesamtkosten im Weinhandel rechtfertigt diese Kalkulationsmethode insofern, als auch bei steigenden Umsätzen sich keine wesentliche zusätzliche Kostenbelastung zeigt, vielmehr ist diese stark degressiv.

Die aufgezeichnete Kalkulationsmethode, ihrem Wesen nach eine Vorkalkulation, muß im übrigen einer ständigen Kontrolle unterworfen werden, um etwaigen im laufenden Geschäftsjahr auftretenden Abweichungen in der Kostengestaltung gerecht zu werden. Die Kostenkontrolle muß die tatsächlich anfallenden Kosten (Istzahlen) möglichst kurzfristig den vorkalkulatorisch ermittelten (Sollzahlen) gegenüberstellen, die errechneten Veränderungen müssen dann in der Kalkulation durch entsprechende Berichtigung berücksichtigt werden.

Verschiebungen im Umsatz, die mit einer Veränderung der Kosten verbunden sind, müssen in der Zukunft in der Kalkulation Berücksichtigung finden. Eine nach dem Kontenrahmen vorgenommene Gliederung der Kostenarten und eine entsprechend ausgerichtete statistische Erfassung ihrer Größe ist eine notwendige Voraussetzung zur Ausübung dieser Kontrollfunktion.

Zusammenfassend kann gesagt werden, daß die Grundlage für das im Weinhandel angewandte Kalkulationsschema von der Buchhaltung und der Kostenrechnung gebildet wird. Während die Beschaffungskosten durch Kalkulation je Weinsorte im einzelnen ermittelt werden, indem Rechnungspreis, Bezugs- und Transportspesen direkt erfaßt werden, liefert die Buchhaltung alle anderen Kostenteile, die nicht mittelbar anfallen, sammelt sie während einer Zeitspanne und zeichnet sie in der Erfolgsrechnung auf. Sie schafft damit die Unterlagen für eine anteilmäßige Zurechnung der allgemeinen Unkosten für die zu kalkulierenden Weinsorten.

2. Einheitlicher Organisationsplan mit Hilfe eines Kontenrahmens.

Mit der Aufstellung von Buchhaltungs- und Kalkulationsrichtlinien und insbesondere mit der Ausarbeitung eines einheitlichen Kontenrahmens wurde ein im Frühjahr 1937 [17]) beim R.K.W. vom Wirtschaftsministerium eingesetzter Reichsausschuß für Betriebswirtschaft beauftragt. Dieser arbeitete Grundsätze für die Gestaltung des Rechnungswesens in Handel, Industrie und Handwerk aus, in deren Mittelpunkt ein allgemeiner Kontenrahmen stand. Durch einen Erlaß vom 11. November 1937 [18]) wurden die Gruppen der gewerblichen Wirtschaft angewiesen, diese Grundsätze bei der Ausarbeitung von Buchhaltungsrichtlinien ihrerseits zu Grunde zu legen und anzuwenden, insbesondere sollte ein einheitlicher Kontenrahmen für Industrie, Handel und Handwerk zur Anwendung kommen.

In Wahrnehmung dieser Forderung hat die Wirtschaftsgruppe Groß-, Ein- und Ausfuhrhandel einen Kontenrahmen angefertigt [19]), der nach Genehmigung des Reichswirtschaftsministers und des Reichskommissars für die Preis-

---

[17]) Ziegler, a. a. O., Seite 9.
[18]) II Pr. 19 263/37. VI 9991/37.
[19]) Ziegler, a. a. O.

bindung für ihre Mitglieder spätestens zum 1. April 1939 pflichtmäßig eingeführt wird.[20])

Ehe im einzelnen auf den Aufbau dieses Kontenrahmens eingegangen wird, soll ein Überblick über die bis dahin erschienenen Vorschläge, eine Kontensystematik durchzuführen, gegeben werden.

Die Notwendigkeit, mit Hilfe eines „Rahmens" oder „Planes" eine Ordnung der Konten zu erreichen, ergibt sich aus einer ordnungsgemäß durchgeführten Selbstkostenrechnung. Eine Buchhaltung soll den Aufbau und die Anordnung ihrer Konten nach den Gesetzen der Selbstkostenrechnung vornehmen, um dieser ohne Schwierigkeiten die nötigen Unterlagen liefern zu können. Nach Schmalenbach erfüllt der Kontenplan die dringlichste Forderung, die an ein Rechnungswesen gestellt werden muß, in seinem organischen Aufbau. Das Rechnungswesen einer Unternehmung muß in allen seinen Teilen ein Ganzes bilden.[21]) Andererseits sollen die Konten nicht starr die Geschäftsvorfälle sammeln, vielmehr sollen sie ihre Rechnungslegung der Organik des Betriebes anpassen.

Entsprechend diesen Gesichtspunkten ist der industrielle Kontenrahmen von Schmalenbach gegliedert. Er beruht auf der Differenzierung mehrerer Klassen, dabei trennt er grundsätzlich die Konten der Finanzbuchhaltung[22]) von denen der Betriebsbuchhaltung. Die aufgeführten 10 Klassen sind gegliedert in ruhende Konten (Klasse 0) und bewegte Konten (Klasse 1—9).[23]) Bei den bewegten Konten steht Klasse 1, die die sogen. Finanzkonten verrechnet, im Vordergrund. Die Klassen 2—9 enthalten bewegte Konten der gesamten Aufwands-, Leistungs- und Erlösrechnung, also den Niederschlag der innerbetrieblichen Vorgänge. Dieser Schmalenbachsche Kontenplan ist in seiner Gruppierung und Gliederung der Konten für alle anderen auf diesem Gebiet gemachten Vorschläge beispielgebend gewesen, sowohl der R.K.W.-Kontenplan als auch die von Prieß und Ziegler weisen im wesentlichen die Grundgedanken des Schmalenbachschen Kontenrahmens auf.

Der erwähnte Kontenplan des Reichskuratoriums für Wirtschaftlichkeit[24]) stellt eine Anwendung der Buchhaltungsrichtlinien des Reichsausschusses für

---

[20]) Martin, O., Der Pflichtkontenrahmen für den Großhandel, R.K.W.-Nachrichten, 12. Jahrg., Heft 1.

[21]) Schmalenbach, E., Der Kontenrahmen, Seite 5.

[22]) Schmalenbach, E., Der Kontenrahmen, Leipzig, 1937, 5. Aufl., Seite 15.

[23]) Schmalenbach, E., a. a. O., Seite 14.

[24]) veröffentlicht in: Größere Wirtschaftlichkeit durch geordnetes Rechnungswesen und Betriebsuntersuchungen. Herausgegeben vom R.K.W. und d. Reichsgr. Industrie, Berlin, 1937, Glöckner-Verlag.

Betriebswirtschaft spez. auf die Reichsgruppe Industrie dar. In Anlehnung an den Schmalenbachschen Kontenrahmen ist er jedoch nur auf Kostenarten [25]) abgestellt. Die Kostenstellenrechnung wird nach Übernahme aus der Buchhaltung nur in statistischer Form durchgeführt.

Für den Handel sind diese Vorschläge einer geordneten Kontensystematik nicht das geeignete Hilfsmittel, wenngleich auch einzelne Großbetriebe ihr Rechnungswesen danach nutzbringend ausrichten könnten. Vielmehr werden sich einzelne Kontenklassen erübrigen, andere wiederum bedürfen einer stärkeren Beachtung. Speziell auf die Eigenart des Einzelhandels ausgerichtet, wurde daher von der Wirtschaftsgruppe Einzelhandel [26]) ein Kontenrahmen entwickelt, der im weitesten Maße den kleinen und mittleren Einzelhandelsbetrieben gerecht wird. Er weist insgesamt 10 Hauptgruppen auf, und zwar:

Klasse 0: Anlage- und Kapitalkonten
Klasse 1: Finanzkonten
Klasse 2: Abgrenzungskonten
Klasse 3: Wareneinkaufskonten
Klasse 4: Konten der Kostenarten
Klasse 5: Verrechnete Kosten
Klasse 6: Kosten für Nebenbetriebe
Klasse 7: frei
Klasse 8: Erlöskonten
Klasse 9: Abschlußkonten.

Mit dieser Gruppierung ist der Kontenplan für den Einzelhandel mit den beiden genannten in Einklang zu bringen.

Wenn nun im folgenden an Hand des Kontenrahmens für den Groß-, Ein- und Ausfuhrhandel einige Hinweise für die Ausgestaltung einer geordneten Kontensystematik im Weinhandel gegeben werden, so geschieht dies mit Rücksicht darauf, daß die Gliederung der Konten, die bereits für den Großhandel bindend ist, für den Weinhandel als besonders geeignet betrachtet wird. Im übrigen wurde davon abgesehen, die allgemein gültigen Hauptgruppen, soweit sie für den Weinhandel nicht von besonderer Bedeutung sind, näher zu erörtern. Auch kann hier nicht im einzelnen auf die Buchungstechnik eingegangen werden, vielmehr sei dafür auf die einschlägige Literatur verwiesen.

---

25) (Kontenklasse 2) und Kostenträger (Kontenklasse 5 u. 6).
26) Janiszewski, Buchführungspflicht und Kontenrahmen im Einzelhandel, in: „Der Markenartikel", Heft 12, 1938.

Der Kontenrahmen des Großhandels weist 10 Kontenklassen auf, die in Kontengruppen und Kontenklassen unterteilt sind.[27]) Zur besseren Übersicht ist jede Kontenklasse fortlaufend numeriert und zwar von 0—9, die Unterteilung wird durch Hinzufügen einer entsprechenden zweiten Ziffer gekennzeichnet. Im einzelnen werden folgende 10 Klassen ausgewiesen:

Klasse 0: Anlage- und Kapitalkonten,
Klasse 1: Finanzkonten,
Klasse 2: Abgrenzungskonten,
Klasse 3: Wareneinkaufskonten,
Klasse 4: Boni und Skonti,
Klasse 5: Konten der Kostenarten,
Klasse 6: Kosten für Nebenbetriebe,
Klasse: 7: Freie Konten,
Klasse 8: Warenverkaufskonten,
Klasse 9: Abschlußkonten.

Diese Gliederung ergab sich aus der Notwendigkeit, sowohl jeweils das Vermögen, die Schulden und das Eigenkapital einer Unternehmung als auch die entstandenen Kosten und die sich ergebenden Erträge zu erkennen, ohne dabei gegen die praktischen Erfahrungen und die rechtlichen Bestimmungen zu verstoßen. Diesen Anforderungen muß auch ein Kontenrahmen des Weinhandels genügen. Deshalb wurden ihm gleichfalls die 10 Kontenklassen zugrunde gelegt. Die Unterteilung erfährt dagegen entsprechend der Struktur jedes einzelnen Weinhandelsbetriebes eine Aufgliederung bzw. Einschränkung. Der schon wiederholt betonte individuelle Charakter des Weinhandels und die ungeheure Verschiedenheit der einzelnen Geschäftsführung läßt ein starres Kontenschema nicht bestehen, eine Kontenordnung muß aber im Interesse des Faches gefordert werden. Nachstehend werden zur Erreichung dieses Zieles einige Vorschläge gemacht.

Die Kontenklasse 0 entspricht den ruhenden Konten Schmalenbachs, auf denen während des Jahresablaufs keine oder nur wenig Buchungen vorgenommen werden. Während sich im Weineinzelhandel die Anlagewerte meist nur auf Einrichtungen beschränken, auf die diesbezüglichen Kontengruppen somit weitgehend verzichtet werden kann, wird sich eine Unterteilung für den Weingroßhandel sowohl im Erzeuger- als auch im Verbrauchergebiet nach Kontengruppen und -arten als notwendig erweisen. Folgende Kontenarten wären beispielsweise zu bilden:

---

[27]) Ziegler, a. a. O., Seite 16.

Klasse 0 Anlage und Kapitalkonten (siehe unten). Unter Beibehaltung sämtlicher Kontengruppen erfahren diese eine Unterscheidung u. a. nach verschiedenen Grundstücksarten, da gerade die mit Weinbau verknüpften Spezialanlagen eine besondere Beachtung verdienen. Daneben müssen die unbebauten Grundstücke, soweit sie mit Reben oder anderen landwirtschaftlichen Kulturen bepflanzt sind, gesondert ausgewiesen werden, vorausgesetzt, daß der Weinhandelsbetrieb eigenen Weinbau betreibt und dieser nicht gesondert erfaßt wird. Die Gruppe 02 erfaßt die Einrichtungen, sie wird wie die übrigen Gruppen entsprechend der Größe des Betriebes unterteilt werden müssen.

Kontenrahmen für den Weinhandel.

Klasse	Gruppe	Art	
0			Anlage- und Kapitalkonten
	00		Bebaute Grundstücke
		000	Verwaltungsräume
		001	Kelleranlagen
	01		Unbebaute Grundstücke
		010	Weinberge
		011	Sonst. landw. Nutzfläche
	02		Maschinen u. Geräte einschl. Transporteinrichtungen
		020	Trauben- bzw. Obstkeltern
		021	Trauben- bzw. Obstmühlen
		022	Filter
		023	Pumpen
		024	Flaschenreinigungsmaschinen
		025	Kork- und Kapselmaschinen
		026	Fuhrpark
	03		Betriebs- und Geschäftsausstattung
		030	Lagerfässer
		031	Transportfässer
		032	Sonstige Mobilien
	04		Rechtswerte
		040	Konzessionen
		041	Markenrechte
	05		Beteiligungen, Wertpapiere d. Anlagevermögens
	06		Langfristige Forderungen
		060	Darlehn

Klasse	Gruppe	Art	
		061	Hypotheken
	07		Langfristige Verbindlichkeiten
	08		Kapital- und Rücklagekonten
	09		Wertberichtigungen, Rückstellungen, Abgrenzungsposten der Jahresrechnung
1			Finanzkonten
2			Abgrenzungskonten

Die Finanzkonten (Klasse 1) erfassen den gesamten Bargeldverkehr, außerdem die Forderungen und die Schulden. Hier würde eine besondere Unterteilung des Kontos 15 : Zahlungsmittel in z. B. Spesenkasse, Postkasse dazu beitragen, die Übersichtlichkeit des Bargeldverkehrs zu erhöhen. Die Hilfskassen sind dann nach einer bestimmten Zeit mit der Hauptkasse zu verrechnen.

Die Klasse 2 (Abgrenzungskonten) dient der klaren Abgrenzung der Jahreserfolgs- von der Kostenrechnung für Aufwand und Erträge. Aufwand und Ertrag werden in den Klassen 20—26 bzw. 27—29 ausgewiesen. Da dieser Klasse Allgemeingültigkeit für den gesamten Handel zukommt, wird sich hier nur ein Unterschied für die einzelnen Betriebe, nicht aber für einen Handelszweig ergeben.

Im Gegensatz dazu stehen die Wareneinkaufskonten, deren Gliederung sich jeweils aus der Eigenart des einzelnen Handelszweiges ergibt. Sie muß grundsätzlich den fachlichen Erfordernissen genügen. Entsprechend der Bedeutung, die dieser Kontenklasse zukommt, [28]) wäre für Weinhandelsbetriebe folgende Gruppierung vorzunehmen:

Klasse	Gruppe	Art	
3			Wareneinkaufskonto
	30		Konsumweine
		300	Bruttoeinkaufspreis
		301	Vermittlergebühren, Zölle
		302	Schlußscheingebühren
		303	Transportkosten
	31		Mittlere Tischweine
	32		Qualitätsweine
	33		Rotweine
	34		Südweine
	35		Schaumweine

[28]) Ziegler, a. a. O., Seite 36.

Klasse	Gruppe	Art		
	36		Spirituosen und Weinbrand	
	37		Süßmoste, Fruchtsäfte, sonstige Getränke, Zucker	
	38		Kommissionsware	
	39		Emballage	
4			Boni und Skonti	
5			Konten der Kostenarten	
	50		Raumkosten	
		500	Miete oder Mietwert	
			5000	Kellerräume
			5001	Geschäftsräume
			5002	Sonst. v. Betrieb benutzte Gebäude
		501	Heizung, Beleuchtung, Reinigung, Kraft, Wasser	
		502	Instandhaltung, Bewachung	
	51		Personalkosten	
		510	Gehälter	
			5100	Gehälter für Reisende
			5101	Gehälter für Geschäftsführung
			5102	Gehälter für sonst. kaufm. Personal
		511	Löhne	
			5110	Löhne für Kellerpersonal
			5111	Sonstige Betriebslöhne
		512	Soziale Aufwendungen	
	52		Steuern	
		520	Umsatzsteuer	
		521	Gewerbesteuer	
		522	Sonst. betriebl. Steuern	
		523	Beiträge zu Wirtschaftsvereinigungen	
	53		Werbungskosten	
		530	Preislisten, Marktberichte	
		531	Inserate	
		532	Reisespesen der Betriebsangehörigen	
		533	Spesen für Reisende	
		534	Sonst. Werbung	
	54		Provisionen	
		540	für Reisende	
		541	für Vertreter	

Klasse	Gruppe	Art	
	55		Verpackung
	56		Eigene Transportkosten
	57		Allgemeine Geschäftsausgaben
		570	Postgelder, Telegramme, Telephon
		571	Bürobedarf
		572	Probesendungen
		573	Flaschenausstattung
		574	Behandlung und Pflege der Ware
		575	Fremde Fuhrkosten
		576	Zeitungen, Fachliteratur
		577	Freiwillige Beiträge
		578	Versicherungen
		579	Reparaturen
	58		Abschreibungen
6			Kosten für Nebenbetriebe
7			Freie Klasse
8			Warenverkaufskonten
9			Abschlußkonten.

Es wurden entsprechend der Anzahl der Warengruppen Konten gebildet, und zwar wurde die Gliederung nach dem Merkmal der stofflichen Beschaffenheit der einzelnen Getränke durchgeführt. Für Weingroßhandlungen im Erzeugergebiet, die sich auf den Vertrieb von einer nur geringen Zahl von Weinsorten beschränken, kann die Gliederung auch genauer durchgeführt werden. Im übrigen ist zu empfehlen, zumindest eine Unterteilung nach der Qualität vorzunehmen, wie z. B. Konsumweine, mittlere Tischweine, Qualitätsweine. Für den Handel, der sich auf den Einkauf bereits konsumfertiger Weine beschränkt und keine Spirituosen herstellt, erübrigt sich das Konto Zucker. Wie weit im einzelnen eine Unterteilung des Warenkontos vorgenommen werden kann, hängt von der Größe des einzelnen Betriebes ab. Auf alle Fälle ist für jede Warengruppe eine gesonderte Berechnung der Beschaffungskosten durchzuführen.

Die Klasse 4 (Boni und Skonti) ist leicht verständlich. Sie umfaßt alle von Lieferanten und an Kunden gewährten Vergütungen.

Die Konten der Kostenarten (Klasse 5) sind bedeutungsvoll für die Handelsspanne und den Erfolg. Ziegler zählt drei Gesichtspunkte auf, nach denen die Kostenkonten aufgestellt wurden. Es sollten 1. eine Kostenverminderung durch genaue Kostenerkenntnis erreicht werden, 2. eine Vergleichbarkeit der einzelnen Kosten in ihrer Höhe mit anderen gleichartigen Betrieben gewährleistet sein und 3. zur exakten Kalkulation alle entstehenden Kosten erfaßt werden.[29]) Die für den Weinhandel durchgeführte Kostengliederung erfüllt diese Forderung in weitestem Maße.

Im einzelnen ist dazu noch zu bemerken:

Bei der Gliederung der Gruppen und Arten wurde die von Prieß verwandte Terminologie eingesetzt, da sie besonders gut gewählt und übersichtlich erscheint. Der Bedeutung und dem Umfang der Raumkosten muß durch eine weitgehende Unterteilung der Mietkosten Rechnung getragen werden, die nach Kellerräumen, Büro und sonstigen vom Betrieb genutzten Gebäuden durchgeführt werden kann. Ebenso ist eine getrennte Erfassung der Löhne nach Keller- und Betriebslöhnen empfehlenswert, da es sich bei ersteren um Facharbeiterlöhne handelt. Die Gruppe 52 (besondere Steuern) muß in Verbindung mit Gruppe 22 beachtet werden, da hier nur die Umsatzsteuer, die Gewerbe- und Lohnsteuer, sowie sonstige betrieblichen Steuern und Beiträge erfaßt werden. Die Werbekosten entfallen, entsprechend der Ausrichtung des Weinhandels, besonders auf Werbeschriften und Inserate. Der Bedeutung der Provisionen und der Verpackung im Weinhandel wurde durch die Einrichtung besonderer Kontengruppen Rechnung getragen. Soweit der Versand von Proben größere Ausmaße annimmt, kann auch dafür eine gesonderte Kontengruppe eingerichtet werden.

Die Klasse 6 (Kosten für Nebenbetriebe) hat für Weinhandelsbetriebe dann Bedeutung, wenn diese mit Weinbau, Brennerei, Süßmosterei u. a. verbunden sind und diese nicht getrennt als Hauptbetriebe erscheinen. Ist der Verteilerhandel im Verbrauchergebiet im Besitz von Weinbergen, so treten diese in der Regel als Nebenbetriebe auf. Bei der Unterteilung muß auf die Besonderheiten entsprechend Rücksicht genommen werden. Im übrigen ist analog der Klasse 5 eine Gliederung der Kosten nach Raumkosten, Personalkosten etc. vorzunehmen, um eine scharfe Trennung des Aufwandes und der Leistung der Nebenbetriebe vom Hauptbetrieb durchzuführen. Ein- und Verkaufskonten werden hier nicht erfaßt, vielmehr gehören sie zur Klasse 3 bzw. 8. Soweit der Umfang der Nebenbetriebe eine gesonderte Betriebsbuchhaltung erforderlich macht, muß ein Verbindungskonto zur Geschäftsbuchhaltung geschaffen werden.[30])

---

[29]) Ziegler, a. a. O., Seite 40.
[30]) Ziegler, a. a. O., Seite 49.

Da sich im Weinhandel eine Kostenstellenrechnung erübrigt, kann in den meisten Fällen auf die Klasse 7 (freie Klasse), die insbesondere dafür vorgesehen ist, verzichtet werden.

Die Warenverkaufskonten (Klasse 8) geben die Umsätze an, die erzielt worden sind und zwar in gleicher Reihenfolge wie Klasse 3. Eine gut durchgeführte Warengliederung läßt die einzelnen Erträge genau hervortreten. Sie bildet eine Erkenntnisquelle für die erzielten Gewinne innerhalb jeder Ware und bietet die Grundlage und den Ausgang für die im einzelnen im Betrieb zu ergreifenden Maßnahmen. Die Vergünstigungen, die an Kunden gewährt werden, müssen analog der Kontenart 300 erscheinen.

Die Gruppe 9 schließlich enthält ein Verlust- und Gewinnkonto und ein Jahresbilanzkonto.

Auf Grund dieses einheitlichen Kontenrahmens werden sich dann auch die Kalkulationen und die Betriebsstatistiken auf einen einheitlichen Nenner bringen lassen. Er würde so dazu beitragen, die Grundsätze, die in den Erlassen zum Ausdruck kommen, verwirklichen zu helfen.

3. Aufwands- und Ertragsübersicht.

Die in den letzten Jahren vom Institut für Konjunkturforschung und der Forschungsstelle für den Handel durchgeführten Betriebsvergleiche im Handel verfolgen die Aufgabe, Erfahrungen, die in den einzelnen Betrieben gemacht wurden, der Öffentlichkeit zur Kenntnis zu bringen, um so den einzelnen Betrieben die Möglichkeit zu geben, Fehlentwicklungen zu ermitteln und abzustellen. Für den Weinhandel wurden von den genannten Trägern der Handelsforschung bisher noch keine diesbezüglichen Untersuchungen angestellt. Lediglich die bereits mehrfach erwähnte Richtzahlensammlung des Statistischen Reichsamtes bietet die Möglichkeit, eine Aufwands- und Ertragsübersicht zu geben, die, obgleich sie sich nur auf eine Teilerhebung stützen kann und auch die Gesamtkosten nicht erfaßt wurden, geeignet ist, Grundlegendes über Kosten und Aufwand aufzuzeigen.

Eingangs sei zunächst auf die in der nachstehenden Aufstellung dargestellten Betriebsausgaben für die Beschaffung der Ware eingegangen: (siehe folgende Statistik auf Seite 140)

Aufwand- und Ertragsübersicht in Weinhandelsbetrieben, ausgedrückt in % vom Umsatz. [31])

	Weineinzelhandel 1931				Weineinzelhandel 1935					Weineinzelhandel mit Großhandel 1935				
Umsatzgrößenklassen in 1000 RM:	16	34	83	134	13	35	74	193	685	17	33	77	194	708
Wareneinkauf (in 1000 RM)					7,4	22,4	49,0	133,6	485,1	9,5	19,1	45,7	132,0	482,3
Wareneinkauf (in %)					57,0	63,8	66,2	69,1	70,8	54,9	57,4	59,3	67,9	68,1
Löhne und Gehälter	3,1	8,4	7,9	13,6	3,5	4,5	6,6	8,4	14,1	1,5	4,6	7,4	8,6	14,5
Miete für die Betriebsräume	4,6	8,9	5,4	11,6	9,3	5,2	4,4	3,9	3,3	5,3	5,8	4,0	3,0	2,3
Grundstückskosten insgesamt					4,4	2,6	2,5	2,3	1,9	3,1	2,7	2,2	1,7	1,3
Zinsen für														
a) Hypotheken u. Grundschulden					2,3	1,3	0,8	0,7	0,6	1,3	0,9	0,8	0,6	0,5
b) Sonst. langfristige Schulden:														
mit eigenem Grundstück	1,0	5,4	5,8	1,3	0,3	0,4	0,4	0,5	0,6	0,3	0,3	0,5	0,5	0,6
in gemieteten Räumen	—	3,1	4,3	—										
c) Kurzfristige Schulden					0,4	0,3	0,4	0,2	0,2	0,4	0,5	0,7	0,8	1,0
Steuern vom Gewerbebetrieb*)														
mit eigenem Grundstück	—	5,2—5,9	—	6,6—7,0	2,2	2,8	2,6	2,7	2,6	1,9	2,1	2,2	2,1	2,1
in gemieteten Räumen	—	2,3—2,9	—	2,6—3,0										
Reineinkünfte a. Gewerbebetrieb**)														
a) mit eigenem Grundstück	7,2	6,1	4,0	4,6	14,1	11,1	9,4	7,8	5,5	13,0	10,7	8,5	6,1	4,4
b) in gemieteten Räumen	5,8	3,4	2,1	1,1	11,5	9,8	8,3	6,9	4,8	12,1	9,4	7,5	5,4	3,8

*) 1935 ohne die aus dem Gewinn zu entrichtenden Steuern.
**) einschließlich Zinsen für Eigenkapital und Entgelt für die Mitarbeit des Betriebsinhabers und seiner Angehörigen.

[31]) Einzelschriften zur Statistik des Deutschen Reiches Nr. 30 und 38.

Diese liegen in allen hier angeführten Fällen über 50 v.H. des Umsatzes. In der höchsten Umsatzklasse im Einzelhandel erreichen sie sogar über 70 v.H. vom Umsatz. Die Spanne zwischen dem Wareneinkauf und dem Umsatz ist im übrigen im Großhandel geringer als im Einzelhandel, eine Folge des vermehrten Anteils des Großhandelsumsatzes. Ferner ist zu ersehen, daß der Wareneinkauf in v.H. des Umsatzes mit wachsender Betriebsgröße zunimmt, als Folge der besseren Ausnutzung der Betriebskapazität.

Löhne und Gehälter zeigen gleichfalls mit wachsender Betriebsgröße eine steigende Tendenz. Sie weisen sonst, besonders in den kleinen Umsatzgrößenklassen, einen verhältnismäßig niedrigen Betrag aus, da hier die Betriebsinhaber mit ihren Angehörigen und wenig fremden Hilfskräften tätig sind. Das Entgelt für die vom Inhaber und seinen Angehörigen geleisteten Arbeiten ist in den Reineinkünften enthalten. Größere Betriebe beschäftigen noch besondere Facharbeitskräfte (Küfer), die entsprechend entlohnt werden müssen, so daß der Anstieg der Lohn- und Gehaltsanteile mit wachsender Betriebsgröße zum Teil beträchtlich ist.

Die Ausgaben für Mieten beziehen sich nur auf Betriebe mit gemieteten Räumen. Sie sind höher als die Grundstückskosten, da in der Miete die Verzinsung für das im Grundstück angelegte Eigenkapital enthalten ist, während diese bei Betrieben mit eigenem Grundstück in den Einkünften erscheint. Mit wachsender Betriebsgröße nehmen die Ausgaben für Mieten und Grundstückskosten ab, im reinen Einzelhandel sind sie dabei größer als in dem mit Großhandel verbundenem, die Räumlichkeiten werden also in größeren Betrieben besser ausgenutzt.

Zinsen und Steuern zeigen in den einzelnen Betriebsgrößen einen unterschiedlichen Verlauf. Grundstückszinsen dürften mit Grundstückskosten identisch sein. Kurzfristige Schulden erreichen im Höchstfalle 1 v.H. vom Umsatz. Die Reineinkünfte fallen mit steigendem Umsatz, als Folge der erwähnten Entgeltsberechnung. Mit wachsendem Umsatz wirken sich die an die fremden Arbeitskräfte zu zahlenden Löhne und Gehälter immer mehr aus.

Wesentliche Unterschiede weisen die Einkünfte von Einzelhandel und Großhandel nicht auf. Gegen 1931 erfuhren die Einnahmen jedoch eine beachtliche Steigerung, und zwar — ausgedrückt in v.H. vom Umsatz — um den doppelten bis sechsfachen Betrag. In eigenen Grundstücken sind die Gewinne höher, da hier die Erträge aus den Grundstücken mit enthalten sind.

4. Statistik und betriebliche Vorschaurechnung.

Sowohl die Statistik als auch die Planung sind mit fortschreitender Entwicklung des Rechnungswesens selbständige Rechnungsgebiete geworden. Während die Statistik die auf Zeit und Leistung bezogenen Betriebszahlen erfaßt und auswertet, will die Planung den in der Zukunft liegenden Betriebsablauf mit Hilfe einer Vorrechnung ermitteln und gesondert ausweisen. Mit Hilfe der Statistik können die Grundlagen und Methoden des gesamten Leistungs- und Finanzumlaufes eines Betriebes aufgezeichnet werden. Sie erbringt den Nachweis über den Umfang der Beteiligung des Betriebes an der gesamten Marktwirtschaft und ist, da sie das Betriebsgeschehen sowohl zahlen- als auch bildmäßig erfassen kann, auf eine Vergleichsrechnung abgestellt. Die statistische Forschung erstreckt sich einmal auf den Betrieb selbst, zum andern auf den Markt schlechthin. Innere und äußere Kräfte werden als wesentliche Elemente erkannt, nach denen sich die Führung des Betriebes zu richten hat.

Die Erfassung von Betriebsdaten geschieht in Form von absoluten Zahlen, die in Verhältniszahlen, Mittelwerten, Indexzahlen weiterverarbeitet, zur Wiedergabe von Beziehungen und Durchschnitten dienen. Das ursprüngliche Material für die Statistik liefert die Buchhaltung und Selbstkostenrechnung, daneben werden gesonderte Erhebungen angestellt. Die Untersuchungen können sich dabei auf einen Betrieb beschränken oder sich auf mehrere Betriebe eines oder mehrerer Geschäftszweige (Zweigvergleich) erstrecken und sowohl Zeitpunkt- (statisch) als auch Zeitablaufrechnungen (dynamisch) sein.

Die Planung will einen in der Zukunft liegenden Bedarf an Leistungs- und Finanzmitteln abschätzen, um danach die Betriebspolitik auszurichten und zu überwachen. Nachdem der Absatz, der auf Grund einer Marktbeobachtung erwartet wird, geschätzt worden ist, bildet dieser die Grundlage für den Beschaffungs-, Kosten- und Finanzplan, die wieder in einzelne Pläne gegliedert werden.

Insbesondere wurde im Verlauf dieser Arbeit der Markt in seiner Analyse und Beobachtung als Anwendungsgebiet für die Statistik im Weinhandel dargestellt. Die von ihm ausgehenden Kräfte konnten als Grundlage für die Aufgaben charakterisiert werden, die der Weinhandel zu erfüllen hat. Für diesen Geschäftszweig ergeben sich im übrigen noch weitere, teils allgemein auch für andere Branchen gültige Verwendungsmöglichkeiten der betriebswirtschaftlichen Statistik, welche insbesondere die im Betrieb auftretenden Elemente erkennen lassen. Von Bedeutung sind in erster Linie Beschaffungs-, Lager- und Absatzstatistiken. Dazu treten Kunden- und vereinzelt Werbestatistiken. Um eine reibungslose Geschäftsabwicklung zu garantieren, muß sich die Beschaffung nach einheitlichen Grundsätzen ausrichten. Zu diesem Zweck werden die eingekauften, lagernden und verkauften Weinmengen aufgezeichnet und nach gleichen Gesichtspunkten gegliedert. Zunächst wird eine Gliederung nach der Warenart durchgeführt. Innerhalb dieser ist jedoch in Anbetracht der Vielzahl von Erzeugnissen eine Untergliederung nach allen Sorten nicht möglich. Da sich jedoch alle Weiß- und Rotweine mit geringer werdender Qualität ähnlicher werden, steht einer Zusammenfassung mehrerer Sorten zu einer Gruppe nichts im Wege.

Diese statistischen Ermittlungen sollen möglichst kurzfristig angestellt werden, um den Betriebsablauf in seinen einzelnen Phasen zu erkennen. — Der Kontrolle des Finanzablaufes dienen die Ermittlungen der Ein- und Ausgaben, die sich einmal auf Grund der Warenbeschaffung und der erzielten Umsätze, zum andern auf Grund sonstiger Einnahmen und Ausgaben, die die Betriebsführung mit sich bringt, ergeben.

Die Art der Gruppierung von Beschaffungs-, Lager- und Absatzstatistiken ist in den einzelnen Betrieben verschieden. So wird im Absatzhandel eine Unterscheidung nach Konsum-, mittleren und Qualitätsweinen zu empfehlen sein, daneben können Rot- und Südweine, Schaumweine, Spirituosen u. a. zu einer Gruppe zusammengefaßt werden. Ein pflichtmäßig einzuführender Kontenrahmen würde hier eine Hauptgliederung mit sich bringen.

Bei der Ermittlung der verfügbaren Lagerbestände, die sich entweder auf die Aufzeichnung im Faßlagerbuch und Bestandsbuch oder auf eine Lageraufnahme stützt, müssen einerseits gekaufte, aber noch nicht gelieferte Weine, andererseits eingegangene, aber noch nicht ausgeführte Aufträge der Kunden berücksichtigt werden.

Besonders empfiehlt es sich, die Absatzstatistik weiter auszubauen. Eine Untergliederung z. B. nach Absatzgebieten zeigt, wie der Betrieb sich in den einzelnen Bezirken eingeführt hat, welche Weine hinsichtlich ihrer Herkunft und Qualität besonders bevorzugt werden, und welche Erfolge die Vertreter erzielt haben.

Neben den Absatzstatistiken nach einzelnen Bezirken werden vereinzelt noch Kunden- und Werbestatistiken geführt. Die Kundenstatistik kann nach Wiederverkäufern und letzten Verbrauchern gegliedert werden. Letztere unterteilt man z. B. nach Berufsgruppen, zu schätzendem Einkommen, Absatzgebieten oder der Höhe der in einer bestimmten Zeitspanne erteilten Aufträge. Eine Gegenüberstellung der einzelnen Jahre zeigt dann die Kundenbewegung. Die Gesamtkundenzahl kann nun in Beziehung zum mengen- und wertmäßigen Umsatz gesetzt werden.

Die statistische Erfassung der Werbewirksamkeit ist im Weinhandel kaum durchgeführt. Sie scheitert grundsätzlich an der Tatsache, daß man neben den verschiedenen Werbemitteln den persönlichen Besuch durch Betriebsführer oder Reisende als Werbefaktor zu berücksichtigen hat, dessen Erfolg von dem der eigentlichen Werbung nicht zu trennen ist, zumal Aufträge von einzelnen Kunden grundsätzlich nur an Reisende oder Vertreter vergeben werden, um diesen die Provision zukommen zu lassen. Lediglich bei einzelnen Werbefeldzügen, die mittels Sonderangebot einen Wein anbieten, der sonst nicht auf anderen Listen erscheint, ist eine annäherungsweise Feststellung des Werbeerfolgs möglich. Auch durch eine abweichende Numerierung wäre eine Erfolgsermittlung durchzuführen.

Parallel zu diesen Aufzeichnungen laufen die über die finanzielle Lage des Betriebes. Die Gesamteinnahmen werden den Gesamtausgaben gegenübergestellt, um so eine Grundlage für die finanziellen Dispositionen zu erhalten.

Nach diesen Feststellungen werden zur Vervollständigung der Übersicht über die finanzielle Lage des Betriebes laufend Aufzeichnungen insbesondere über die verfügbaren Mittel, Außenstände, Verbindlichkeiten und laufenden Akzepte gemacht, die in Gegenüberstellung der Einnahme- und Ausgaberechnung dann insbesondere die Grundlage für eine durchzuführende Planung ergeben.

Die Weinhandelsbetriebe sind — wie wir gesehen haben — besonders stark der Dynamik der Wirtschaft unterworfen. Sie müssen daher bestrebt sein, sich weitgehend diesen Veränderungen anzupassen. Der Forderung nach einer rationellen Betriebsgestaltung können sie am besten durch eine möglichst genaue Vorausbestimmung der in der Zukunft liegenden Betriebsgebarung gerecht werden, die damit die nötigen Anhaltspunkte für die Disposition der Betriebsmittel gibt. Diese auch als Planung bezeichnete Tätigkeit gipfelt in einem Finanzplan, der den zukünftigen Finanzbedarf des Betriebes bestimmen und daraus für die einzuschlagende Finanzpolitik Schlüsse ziehen will. Nach Deutsch [32]) hat ein Finanzplan folgende drei Aufgaben zu erfüllen:

1. Er soll alle für den Betrieb finanzpolitisch bedeutungsvollen Elemente ohne Ausnahme möglichst exakt erfassen.
2. Er soll daraus eine in der Zukunft liegende Einnahme- und Ausgabeberechnung aufstellen.
3. Er soll den jeweiligen Überschuß an Finanzmitteln oder einen zu deckenden Fehlbetrag ermitteln.

---

[32]) Deutsch, a. a. O., Seite 138.

Bei der Aufstellung eines Finanzplanes ist demnach zunächst der zu erwartende Leistungsablauf in Form von Verkaufs-, Lager- und Einkaufsplänen zu ermitteln, da der Finanzplan durch die Betriebsplanung für den Leistungsumlauf bestimmt wird. Zur Technik dieser auch als Vorstufen zu bezeichnenden Teilpläne ist folgendes zu sagen:

Der Absatzplan ist der Ausgangspunkt für die Finanzplanung. Auf ihm bauen sich alle anderen Vorgänge wie Beschaffung, Lagerung, Finanzierung auf. Zur Durchführung dieser Planung ist eine möglichst genaue Vorausbestimmung der Absatzhöhe erforderlich. Die zahlreichen umsatzwirksamen Faktoren können zwar im voraus nicht genau bestimmt werden, doch kann auf Grund einer Marktabschätzung und einer Beobachtung der allgemeinen wirtschaftlichen Bewegungen die zu erwartende Umsatzgröße geschätzt werden. Der für den Verkauf anzunehmende Gesamtbetrag wird den Saisonindexziffern entsprechend auf die einzelnen Monate verteilt. Auf der geschätzten Absatzentwicklung wird die Beschaffungs- und Lagerplanung aufgebaut. Dabei ergibt sich der Einkaufswert unter Berücksichtigung der jeweiligen Handelsspanne. Er wird ähnlich wie der Umsatz nach den Einkaufsindizes auf das Jahr verteilt. Bei der Aufstellung des Lagerplanes wird der Lagerumschlag als Hilfsfaktor herangezogen. Der durchschnittliche Lagerwert ergibt sich dann auf der Umsatzgrundlage zu Ein- oder Verkaufspreisen.

Die praktische Durchführung einer Einkaufs-, Lager- und Verkaufsplanung sei in Anlehnung an die von Deutsch aufgezeigte Durchführungsmethode [33]) an einem Beispiel gezeigt. Angenommen, es ist zu erwarten, daß der ermittelte Umsatz eines Weinhandelsbetriebes von RM 281 300 im nächsten Geschäftsjahr sich auf RM 300 000 erhöhen wird, so gestaltet sich die Planungsarbeit wie umseitig folgt:

[33]) Deutsch, a. a. O., Seite 145 ff.

	Vorrechnung:			Indexgrundlage der Vorrechnung:		
	Verkauf	Lager	Einkauf	Verkauf	Lager	Einkauf
Januar	16 500	61 963	9 585	5,5	8,1	4,5
Februar	24 600	70 483	26 412	8,2	9,1	12,4
März	28 200	69 709	19 170	9,4	9,0	9,0
April	20 400	64 287	8 733	6,8	8,3	4,1
Mai	20 400	78 090	8 094	6,8	7,5	3,8
Juni	19 500	51 894	7 881	6,5	6,7	3,7
Juli	17 100	48 796	8 520	5,7	6,3	4,0
August	18 000	48 796	12 993	6,0	6,3	6,1
September	21 300	59 640	26 199	7,1	7,7	12,3
Oktober	34 500	88 298	54 102	11,5	11,4	25,4
November	26 700	89 072	19 383	8,9	11,5	9,1
Dezember	52 800	63 512	11 928	17,6	8,2	5,6
Rechnungs-grundlage	300 000 = 100 v.H.	774 540 = 100 v.H.	213 000 = 100 v.H.	100 v.H. = 300 000	100 v.H. = 774 540	100 v.H. = 213 000

Bei einer Handelsspanne von 29 v.H. und einem dreimaligen Lagerumschlag ergab sich ein Einkaufswert von RM 213 000 und ein durchschnittlicher Lagerwert auf der Umsatzbasis zu Einkaufspreisen von 64 545:

RM 300 000 : 3.3 =	90 909	Lagerwert zu Verkaufspreisen
	./. 26 364	= 29 v.H. Handelsspanne
	64 545	Lagerwert zu Einkaufspreisen.

Die Planung der Einkäufe, Verkäufe und der Lagerbestände der Reihen 1—3 wurde nach den Indizes der Reihen 4—6 vorgenommen.

Diese bisher dargestellte umsatzorientierte Planung bildet die Ausgangsbasis für den aufzustellenden Finanzplan. Von den voraussichtlichen Einkäufen und Verkäufen läßt sich ein Einnahme- und Ausgabeplan ableiten. Erfahrungsgemäß werden in Weinhandelsbetrieben ca. 50 v.H. Barkäufe getätigt, der Rest der Zahlungen verteilt sich auf die folgenden Monate. Von eventuellen Abzügen oder Verlusten wurde im Beispiel abgesehen. (Siehe folgende Statistiken.)

Zur Vervollständigung des Einnahme- und Ausgabeplanes muß ein Aufwands- und Ertragsplan aufgestellt werden. Ersterer soll einen möglichst nahekommenden Überblick über die in der kommenden Geschäftsperiode entstehenden Gesamtaufwendungen vermitteln, letzterer will in der gleichen Zeit die zu erwartenden Gesamterträge schätzen. Der Aufwand ist dabei nach Art und Stelle möglichst weitgehend gegliedert zu erfassen, desgleichen müssen die Quellen der Erträge ermittelt werden. In unserem Beispiel ergaben sich die Aufwendungen aus der 29prozentigen Handelsspanne unter Berücksichtigung ihrer voraussichtlichen Fälligkeit und Zahlung während der einzelnen Monate. (Siehe die Statistiken auf Seite 150/151.)

Der Einnahme- und Ausgabeplan unter Berücksichtigung von Aufwand und Ertrag gibt schließlich einen Überblick über die jeweilige finanzielle Lage des Betriebes. Er ermittelt die Zeiten mit einem Mangel oder Überschuß an finanziellen Mitteln. Die starke finanzielle Beanspruchung der Weingroßhandelsbetriebe im Herbst ist unumgehbar. Sie kann meist nur durch eine Kreditaufnahme gelöst werden.

Im Interesse der Betriebselastizität ist ein starres Festhalten an einer Jahresplanung nicht wünschenswert. Kurzfristige Dispositionen machen sich gerade im Handel mit Wein häufig notwendig. Sowohl günstige Einkaufsmöglichkeiten im Herbst als auch zusätzliche Absatzquellen durch Sonderaktionen bringen Abweichungen für die beschaffungs- und absatzorientierte Planung und damit für den Finanzplan mit sich, die korrigiert werden müssen, wenn nicht ein ungünstiges Verhältnis z. B. zwischen Umsatz und Lager eintreten oder der Betrieb in eine Liquiditätskrise kommen soll. Verständlicherweise muß auf eine möglichst kurzfristige Kontrolle der Soll- und Istzahlen Wert gelegt werden, damit unmittelbar bei Eintritt von Veränderungen der neue Plan den künftigen Dispositionen zugrunde gelegt werden kann.

Voraussichtliche Einnahmen aus Warenverkäufen.

	Forderungen aus Verkäufen	Jan.	Febr.	März	April	Mai	Juni	Juli	August	Sept.	Okt.	Nov.	Dez.	Vortrag
am 31. 12.	14 000	7 000	7 000											
Januar	16 500	8 250	4 125	4 125										
Februar	24 600		12 300	6 150	6 150									
März	28 200			14 100	7 050	7 050								
April	20 400				10 200	5 100	5 100							
Mai	20 400					10 200	5 100	5 100						
Juni	19 500						9 750	4 875	4 875					
Juli	17 100							8 550	4 275	4 275				
August	18 000								9 000	4 500	4 500			
September	21 300									10 650	5 325	5 325		
Oktober	34 500										17 250	8 625	8 625	
November	26 700											13 350	6 675	6 675
Dezember	39 600												26 400	13 200
Summe	300 800	15 250	23 425	24 375	23 400	22 350	19 950	18 525	18 150	19 425	27 075	27 300	41 700	19 875

Voraussichtliche Ausgaben für Wareneinkäufe.

	Warenschulden	Jan.	Febr.	März	April	Mai	Juni	Juli	August	Sept.	Okt.	Nov.	Dez.	Vortrag
am 31. 12.	12 000	6 000	4 000	2 000										
Januar	9 585	5 400	2 360	1 825										
Februar	26 412		20 400	2 812	3 200									
März	19 170			10 070	5 100	4 000								
April	8 733				4 633	2 100	2 000							
Mai	8 094					4 000	2 094	2 000						
Juni	7 881						4 000	2 000	1 881					
Juli	8 520							3 500	2 020	3 000				
August	12 993								5 900	4 093	3 000			
September	26 199									8 199	10 000	8 000		
Oktober	54 102										34 102	10 000	10 000	
November	19 383											10 383	4 000	5 000
Dezember	10 928												7 928	3 000
Summe:	224 000	11 400	26 760	16 707	12 933	10 100	8 094	7 500	9 801	15 292	47 102	28 383	21 928	8 000

Ausgaben für Wareneinkäufe und Betriebsführung.

	Gesamt-beträge	Jan.	Febr.	März	April	Mai	Juni	Juli	August	Sept.	Okt.	Nov.	Dez.
Ausgaben für Einkäufe	216 000	11 400	26 760	16 707	12 933	10 100	8 094	7 500	9 801	15 292	47 102	28 383	21 928
Aufwand für Betriebsführung:													
a) Personal	22 500	1 875	1 875	1 875	1 875	1 875	1 875	1 875	1 875	1 875	1 875	1 875	1 875
b) Raum	5 700	475	475	475	475	475	475	475	475	475	475	475	475
c) Zinsen	7 200	600	600	600	600	600	600	600	600	600	600	600	600
d) Werbung	4 500	375	750	375	—	—	—	—	—	—	750	750	1 500
e) Steuern u. sonstige Ausgaben	25 800	2 050	2 300	2 200	2 000	2 000	1 950	1 900	1 900	2 000	2 200	2 400	2 900
Summe:	281 700	16 775	32 760	22 232	17 883	15 050	12 994	12 350	14 651	20 242	53 002	34 483	29 278

Einnahmen aus Verkäufen und laufenden sonstigen Erträgen.

	Gesamt-beträge	Jan.	Febr.	März	April	Mai	Juni	Juli	August	Sept.	Okt.	Nov.	Dez.
Bar- und Zielverkäufe	280 925	15 250	23 425	24 375	23 400	22 350	19 950	18 525	18 150	19 425	27 075	27 300	41 700
Sonstige Erträge in Form von Miete, Zinsen 2c.	10 000	500	500	600	500	500	2 000	500	500	600	500	500	2 800
Summe:	290 925	15 750	23 925	24 975	23 900	22 850	21 950	19 025	18 650	20 025	27 575	27 800	44 500

Gesamtplanung von Einkäufen, Verkäufen, Ausgaben und Einnahmen.

Monat	Einkäufe	Verkäufe	Ausgaben für Einkäufe	Einnahmen aus Verkäufen	Ausgaben für Einkäufe und Betriebsführung	Einnahmen aus Verkäufen und sonstige Einnahmen	Überschuß der Einnahmen (+) bezw. Überschuß der Ausgaben (—)
Januar	9 585	16 500	11 400	15 250	16 775	15 750	— 1 025
Februar	26 412	24 600	26 760	23 425	32 760	23 925	— 8 835
März	19 170	28 200	16 707	24 375	22 232	24 975	+ 2 743
April	8 733	20 400	12 933	23 400	17 883	23 900	+ 6 017
Mai	8 094	20 400	10 100	22 350	15 050	22 850	+ 7 800
Juni	7 881	19 500	8 094	19 950	12 994	21 950	+ 8 956
Juli	8 520	17 100	7 500	18 525	12 350	19 025	+ 6 675
August	12 993	18 000	9 801	18 150	14 651	18 650	+ 3 999
September	26 199	21 300	15 292	19 425	20 242	20 025	— 217
Oktober	54 102	34 500	47 102	27 075	53 002	27 575	— 25 427
November	19 383	26 700	28 383	27 300	34 483	27 800	— 6 683
Dezember	11 928	52 800	21 928	41 700	29 278	44 500	+ 15 222
Summe:	213 000	300 000	216 000	280 925	281 700	290 925	+ 9 225

Literatur-Verzeichnis.

Allgayer, H.: „Bilanz des Weinmarktes", in: Der deutsche Volkswirt, 1937, Nr. 11.
— „Der deutsche Weinmarkt", in: Der deutsche Volkswirt 1933, Nr. 10.
— „Weinabsatz und Weinwerbung", in: Der deutsche Volkswirt 1935, Nr. 3.
Arthold, M.: „Grundlegendes vom österreichischen Weinbau", in: Deutsche Weinzeitung (D.W.Z.) vom 16. 5. 1938.
Babo u. Mach: „Handbuch des Weinbaus und der Kellerwirtschaft",
1. Band: Handbuch des Weinbaus, 1. Halbband, 4. Aufl.
2. Band: Handbuch d. Kellerwirtschaft, 1. Halbband, 6. Aufl. Berlin 1927.
Böhnung, K.: Der Weinhandel in Baden. Mannheimer Hochschulstudien. Herausgegeben von Prof. Dr. Nicklisch, Mannh. u. Leipz. 1924.
Böhm, K. F.: Der deutsche Weinumsatz, Ware, Organisation und Absatzproblem. Diss. Freiburg 1932.
Boraszati Zsebnaptar (Ungarischer Weinbaukalender) Budapest 1935.
Bruns, E.: Genossenschaftlicher Weinabsatz. Diss. Bonn 1935.
Bülow, Fr.: Volkswirtschaftslehre, 3. Aufl., Leipzig 1934.
Choinowski, A.: „Grundsätze für Buchhaltungsrichtlinien", in: Die deutsche Volkswirtschaft 1937, 3. Novemberheft.
Combe, E.: Die Bedeutung des Weinbaues für die württembergische Volkswirtschaft. Diss. Köln 1933.
Deutsch, P.: Die finanzielle Führung der Handelsbetriebe. Leipz. 1936.
— „Die Marktaufgabe der Betriebe in der Wirtschaft", in: Die sächsische Wirtschaft 1938, Heft 16.
— „Die Werbung für die Fertigwaren der Textilwirtschaft", in: Deutsche Werbung 1935, 1. Novemberheft.
Deutsch-Hirai: Neues Betriebswirtschaftliches Quellenbuch. Leipz. 1938.
Eicke, W.: „Der Weineinfuhrhandel im neuen Deutschland", in: Das Weinblatt 1937, Heft 39.
Einzelschriften zur Statistik des Deutschen Reiches, Verlag für Sozialpolitik, Wirtschaft und Statistik, Berlin.
Fischer, G.: Betriebswirtschaftslehre, Eine Einführung. Leipzig 1935.
FfH-Mitteilungen, herausgegeben von der Forschungsstelle für den Handel, Berlin.
Fritzen, A.: Das Weingesetz vom 25. Juli 1930 mit Ausführungsbestimmungen. Berlin 1930.

Geisthardt, W.: „Verlagerung des Getränkekonsums", in: Die deutsche Volkswirtschaft 1937, 1. Dezemberheft.

Gewerbliche Betriebszählung in der Republik Österreich vom 14. 6. 30. Gesamtergebnisse für Österreich. Herausgegeben vom Bundesamt für Statistik, Wien 1932, Druck und Verlag: Österreich. Staatsdruckerei.

Hellauer, J.: Kalkulation. Stuttgart 1931.

Hieronimi, J.: Der Handel mit deutschem Wein. Düren/Rhld. 1929. Diss. Köln.

Institut für Konjunkturforschung: Vierteljahrshefte zur Konjunkturforschung, Verlag Reimar Hobbing, Berlin.

— Wochenberichte des Instituts für Konjunkturforschung, Verlag: Hanseatische Verlagsanstalt, Hamburg.

Klatt, W.: Die Verwertung der deutschen Rebenernten. Berlin 1932. Schriftenreihe des Inst. f. landw. Marktforschung, herausgegeben von Prof. Dr. Karl Brandt, Heft 7.

Klingner, H.: Das deutsche Weinbuch, Neustadt a. d. Haardt, 1935.

Kosiol, E.: Kalkulation und Kostengestaltung im Warenhandel unter besonderer Berücksichtigung der deutschen Handelsenquete:
1. Band: Grundlagen der Warenkalkulation. Stuttgart 1931.
2. Band: Gestaltung der Kalkulation und Kosten im Warenhandel. Stuttgart 1932.

Landwirtschaftliche Betriebszählung in der Republik Österreich vom 14. 6. 30. Gesamtergebnisse für Österreich. Herausgegeben vom Bundesamt für Statistik, Wien 1932. Druck und Verlag: Österreich. Staatsdruckerei.

Lippmann, W.: Der Standort des Einzelhandels. Diss. Berlin 1933.

Martin, O.: „Der Pflichtkontenrahmen für den Großhandel", in: R.K.W. Nachrichten, herausgegeben vom R.K.W. 12. Jahrg., 1. H.

Mayer, P.: Das Kommissionsgeschäft im Weinhandel. Diss. Heidelberg 1934.

Meininger, P.: Wein-Werbung. Neustadt an der Weinstraße 1933.

Mellerowicz, K.: Allgemeine Betriebswirtschaftslehre. 2. Auflage, Berlin und Leipzig 1932.

Michaelis, H.: Die Gemeinschaftswerbung. Diss. Marburg 1934.

Monatliche Nachweise über den auswärtigen Handel, herausgegeben vom Statistischen Reichsamt.

Müller, J.: Die deutschen Winzergenossenschaften unter bes. Berücksichtigung des Nahe-Weinbaugebietes. Diss. Frankfurt 1936.

Müller, K.: Weinbau-Lexikon. Berlin 1930.

Neßler, J.: Die Bereitung, Pflege und Untersuchung des Weines. 9. Auflage. Stuttgart-Geisenheim 1930.

Nicklisch, H.: „Selbstkostenrechnung und Aufwandsrechnung" in: Die Betriebswirtschaft, 1937, Heft 10.

Oberparleiter, K.: Funktionen- und Risikenlehre des Warenhandels. Berlin-Wien 1930.

Olbert, K.: „Winzergenossenschaften", ein wichtiger Abschnitt aus dem deutschen Qualitätsweinbau. N.S. Landpost vom 18. September 1936.

Plesse, G.: Die Finanzierung des Einzelhandels unter besonderer Berücksichtigung der Lieferantenkredite und des Problems ihrer Ablösung durch Bankkredite. Betriebs- und verkehrswirtschaftliche Forschung. Herausgegeben von Prof. Mellerowicz-Berlin, Prof. Deutsch-Leipzig und Dr. W. Rohrbeck-Berlin. Heft 3, Berlin und Leipzig 1937.
Prieß, F.: Der Kontenplan. Berlin 1935, 2. Auflage.
Reichsgesetzblatt Teil 1.
Reichskuratorium für Wirtschaftlichkeit: Größere Wirtschaftlichkeit durch geordnetes Rechnungswesen. Leipzig 1937.
R.K.W.-Veröffentlichungen
R.K.W.-Nachrichten.
Reichsnährstandsverkündigungsblatt, Berlin, Verantw. Dr. Hans Merkel.
Scheu, O.: Die Technik der Betriebsanalyse im Einzelhandel. Pforzheim 1931. Diss. Mannheim.
Schmalenbach, E.: Der Kontenrahmen. 4. Auflage, Leipzig 1937.
— Dynamische Bilanz, 6. Auflage, Leipzig 1933.
— Finanzierungen. 6. Auflage, Leipzig 1937.
— Grundlagen der Selbstkostenrechnung und Preispolitik. 6. Auflage, Leipzig 1934.
Schultze-Kummert: Marktverschiebungen für Bier und Wein. Diss. Leipzig 1934.
Seyffert, R.: Allgemeine Werbelehre. Stuttgart 1928.
— „Die Absatz- und Werbeplanung", in: Deutsch-Hirai: Neues Betriebswirtschaftliches Quellenbuch. Leipzig 1938.
Statistik des Deutschen Reiches.
Statistische Jahrbücher des Deutschen Reiches.
Stolleis, K.: Umsatzwirtschaft im pfälzischen Weingroßhandel. Leipzig 1927, Diss. Frankfurt.
Teleki, S.: Weinbau und Weinwirtschaft in Ungarn. Wien 1937.
Tönduri, H.: Kostenrechnung im Einzelhandel. Zürich 1934.
Überle, H.: „Die Tätigkeit der Weinvermittler in der Weinbauwirtschaft und ihre Erfassung im Rahmen der Marktordnung", in: D.W.Z. Nr. 51 vom 8. 7. 37.
— Der konsumorientierte Weinhandel. Diss. Mannheim 1933.
Vierteljahrshefte zur Statistik des Deutschen Reiches, herausgegeben vom Statistischen Reichsamt.
Weinfach-Kalender 1938, Verlag J. Diemer, Mainz.
Wehr, B.: Weinbau und Konjunktur. Würzburg 1934.
Wirtz, E.: „Gegenwartsaufgaben des betrieblichen Rechnungswesens im Rahmen der Organisation der gewerblichen Wirtschaft", in: Die Betriebswirtschaft 1937, Heft 3.
Würmlin, F.: Erzeugungs- und Absatzbedingungen für Wein in Südbaden. Diss. Freiburg i. Br. 1936.
Ziegler, F.: Kontenrahmen für den Großhandel, erschienen in den Schriften zur Förderung des Großhandels, herausgegeben von der Wirtschaftsgruppe Groß-, Ein- und Ausfuhrhandel, Landmann-Verlag Berlin-Schöneberg, Heft 4.

Zeitschriften und Zeitungen.

Braune Wirtschaftspost, Mitteilungsblatt des Instituts für Ständewesen, Düsseldorf. Verlag J. Klein.

Bulletin international du vin, Mitteilungsblatt des intern. Weinamtes Paris.

Der deutsche Volkswirt, Verlag: Der deutsche Volkswirt, Berlin.

Der deutsche Weinbau, Fachblatt des Reichsnährstandes für Weinbau und Weinhandel, Reichsn.-Verlags-Gesellschaft m.b.H. Berlin.

Der praktische Betriebswirt, Die aktive betriebswirtschaftliche Zeitschrift. Deutscher Betriebswirte-Verlag Berlin.

Der Vierjahresplan, Franz Eher-Verlag, Berlin.

Die Betriebswirtschaft, Zeitschrift für Handelswissenschaften und Handelspraxis, Verlag Poeschel-Stuttgart.

Die Deutsche Volkswirtschaft, Verlag: Die Deutsche Volkswirtschaft, Max Paschke, Komm.Ges., Berlin.

Die Nationale Wirtschaft, Deutscher Rechtsverlag, Berlin.

Die Sächsische Wirtschaft, Verlag Wilhelm Limpert, Dresden.

Das Weinblatt, Allgemeine deutsche Weinfachzeitung, Neustadt a. d. Weinstraße. Verlag Daniel Meininger.

Das Weinland, Zeitschrift für Kellertechnik und Weinbau, Wien.

Deutsche Weinzeitung, Amtliches Organ der Reichsfachschaft Weinverteiler im Reichsnährstand und Fachblatt für die weinverarbeitende Industrie. Verlag J. Diemer, Mainz.

Deutsche Werbung, Rudolf Lorenz, Berlin-Charlottenburg.

Deutsche Wirtschaftszeitung, Organ der Arbeitsgemeinschaft der Industrie- und Handelskammern in der Reichswirtschaftskammer. Verlag Robert Klett & Co. G.m.b.H., Berlin.

Frankfurter Zeitung.

Hallische Nachrichten.

N.S.Landpost, Hauptblatt des Reichsnährstandes. Reichsnährstand-Verlag G.m.b.H.

Völkischer Beobachter.

Weinmarkt-Rundschau.

Wein und Rebe, Wissenschaftliches Organ des Reichsnährstandes und des Forschungsdienstes für Weinbau und Kellerwirtschaft, Verlag J. Diemer, Mainz.

Wirtschaft und Statistik, herausgeg. vom Statistischen Reichsamt, Berlin.

Tabellen-Anhang.

Tabelle I.

Weinbau und Weinernte in den wichtigsten deutschen Weinbaugebieten 1937.[35])

Gebiet	im Ertrag stehende Rebfläche	Erntemenge insgesamt	Traubenmost-Erntemenge vom ha	Mostertrag 1936	Mostertrag 1937 gegen 1936 mehr (+) oder weniger (—)	
	in ha	in hl	in hl	in hl	in hl	in %
Preußen	16 325	679 745	41,6	721 074	— 41 329	— 5,73
darunter Rheingau	2 120	81 390	38,4	54 123	+ 27 267	+ 50,38
" Rheingebiet	1 846	46 151	25,0	52 583	— 6 432	— 12,23
" Nahegebiet	2 963	114 646	38,7	108 189	+ 6 457	+ 5,97
" Mosel-, Saar-, Ruwergebiet	8 392	402 698	48,0	474 209	— 71 511	— 15,80
" Ahrgebiet	638	25 682	40,2	21 586	+ 4 096	+ 18,98
Bayern	20 455	562 519	27,5	1 007 746	— 445 227	— 44,18
darunter Pfalz insgesamt	17 066	460 474	27,0	902 869	— 442 395	— 49,00
" Unterfranken	3 092	90 809	29,4	98 645	— 7 836	— 7,94
Württemberg	9 970	344 291	34,5	352 182	— 7 891	— 2,24
darunter unteres Neckartal	5 315	195 833	36,8	209 239	— 13 406	— 6,41
" Remstal	1 053	31 410	29,8	21 343	+ 10 067	+ 47,17
" Zabergäu	1 438	48 683	33,9	53 442	— 4 759	— 8,90
Baden	11 417	312 505	27,4	497 555	— 185 050	— 37,19
darunter Markgräflergegend	1 637	25 415	15,5	78 193	— 52 778	— 67,50
" Kaiserstuhl	1 946	49 470	25,4	99 608	— 50 138	— 50,34
" Breisgau	1 998	38 208	19,1	112 143	— 73 935	— 65,93
" Ortenau und Bühlergegend	2 334	73 450	31,5	98 304	— 24 854	— 25,28
" Kraichgau und Neckargegend	1 834	62 440	34,0	43 649	+ 18 791	+ 43,05
Hessen	15 435	618 001	40,0	733 270	— 115 269	— 15,72
darunter Worms und Umgebung	4 304	155 479	36,1	218 410	— 62 931	— 28,81
" Oppenheim und Umgebung	1 244	40 037	32,2	39 715	+ 322	+ 0,81
" Mainz und Umgebung	1 213	46 685	38,5	41 778	+ 4 907	+ 11,75
" Ingelheim nnd Umgebung	1 670	61 784	37,0	85 716	— 23 932	— 27,92
" Wiesbachgebiet	1 816	86 102	47,4	99 883	— 13 781	— 13,80
" Bingen und Umgebung	476	17 695	37,2	15 391	+ 2 304	+ 14,97
" Alzey und Umgebung	3 877	170 276	43,9	187 412	— 17 136	— 9,14
Übrige Gebiete*)	97	4 956	51,1	3 560	+ 1 396	+ 39,21
Deutsches Reich	73 699	2 522 017	34,2	3 315 387	— 793 370	— 23,93

*) davon Sachsen 83 ha und Thüringen 14 ha.

[35]) Statistisches Jahrbuch für das Deutsche Reich Bd. 1938.

Tabelle II.
Deutschlands Weinbaubetriebe. [36])

Größenklassen nach der Weinbaufläche	Weinbaubetriebe		Fläche dieser Betriebe					
			Gesamtfläche		Weinbaufläche		sonst. landw. genutzte Fläche	
	Gesamtzahl	in %	in ha	in %	in ha	in %	in ha	in %
unter 20 ar	98 614	52,0	215 325	34,6	9 585	14,5	185 000	38,9
0,5 bis 1 ha	79 788	42,0	279 752	44,9	33 813	51,2	219 890	46,2
1 bis 2 ha	8 656	4,6	64 400	10,4	11 064	16,7	43 522	9,1
2 ha und mehr	2 700	1,4	63 081	10,1	11 612	17,6	27 527	5,8
Summe:	189 758	100,0	622 558	100,0	66 074	100,0	475 939	100,0

Tabelle III.
Weinernte und Rebfläche der wichtigsten weinbautreibenden Länder der Welt.

Länder [37])	Weinernte 1934 [38]) in 1000 hl	Rebfläche [39]) in 1000 ha 1932	Anteil am Durchschnitt 1932—1934 der Weltweinproduktion in v. H.	Anteil an der Weltweinbaufläche 1932 in v. H.
Frankreich	75 144	1 500	30,48	15,85
Italien	30 549	3 944	19,24	41,66
Spanien	20 440	1 420	10,85	15,00
Algier	22 043	352	10,09	3,72
Rumänien	8 704	260	4,25	2,75
Portugal	8 805	344	4,25	3,65
Argentinien	7 500	133	3,01	1,40
UdSSR	5 000 (?)	250 (?)	2,65	2,64
Jugoslavien	3 867	200	1,96	2,11
Griechenland	3 551	135	1,93	1,43
Ungarn	2 532	212	1,62	2,24
USA.	2 788	220 (nur Kalifornien)	1,48	2,32
Deutsches Reich	4 525	72	1,42	0,76
Chile	3 200	85	1,39	0,90
Bulgarien	3 049	90	1,27	0,95
übrige Länder	8 468	208	4,11	2,62
Weltweinproduktion	210 165	Weltweinbaufläche 9 465	100,00	100,00

[36]) Statistik des Deutschen Reiches, Band 411.

[37]) Die Reihenfolge der Länder ergab sich aus dem Anteil an der Weltweinproduktion.

[38]) Bulletin international du vin Nr. 96, Mai 1936, Seite 78.

[39]) Zahlenangaben sämtlich aus den bisher erschienenen Jahrgängen des B. J., dem Mitteilungsorgan des internat. Weinamtes in Paris.

Tabelle IV.

Die Reichsbevölkerung der Gemeindegrößenklassen seit 1871 [40]) umgerechnet auf jetziges Reichsgebiet. [41])

Jahr	Gesamtbevölkerung (in 1000)	von 100 Personen der Gesamtbevölkerung entfallen auf Gemeinden mit: weniger als 2000 Einwohner (ländliche Bev.)	2000 Einwohner und mehr (städtische Bev.)	davon entfallen auf: 2000 bis unter 5000	5000 bis unter 20 000	20 000 bis unter 100 000	100 000 und mehr
1871	36 274	62,6	37,4	12,9	11,6	7,5	5,4
1900	50 626	43,9	56,1	12,2	13,5	13,2	17,2
1910	58 451	38,3	61,7	11,3	13,8	13,8	22,8
1925	63 181	35,4	64,6	11,0	13,3	13,7	26,6
1933	66 029	32,7	67,3	10,7	13,4	13,0	30,2

Tabelle V.

Ausgaben je Haushaltung für alkoholische Getränke in RM. [42])

Jahreseinkommen je Haushalt	Haushaltungen: ohne Kinder	mit 1 Kind	mit 2 Kindern	mit 3 Kindern	mit 4 Kindern
Arbeiter:					
unter 3000	60,35	66,08	52,09	44,29	68,79
3000—3600	97,49	81,62	89,21	72,18	61,76
über 3600	174,60	116,12	120,51	121,30	74,40
Angestellte:					
unter 3600	59,44	58,97	40,33	55,41	
3600—4300	90,38	69,72	83,59	62,37	
4300—5100	136,60	95,77	74,67	76,35	
über 5100	89,80	112,74	111,08	86,15	
Beamte:					
unter 3600	61,28	58,31	45,73	43,38	
3600—4300	80,23	50,50	55,84	54,96	
4300—5100	108,37	104,04	93,32	76,64	
5100—6100	145,85	77,73	60,93	117,57	
über 6100	157,49	124,90	134,45	119,24	

40) nach dem jeweiligen Gebietsstand der Gemeinden.

41) Statistisches Jahrbuch für das Deutsche Reich, Band 1937.

42) Einzelschriften zur Statistik des Deutschen Reiches, Nr. 22, Teil I.

Tabelle VI.

Die 10 Hauptempfangsgebiete von Wein und die Höhe ihres Bezuges während der Jahre 1931—36. [43])

	in 1000 t (runde Zahlen):					
	1931	1932	1933	1934	1935	1936
1. Berlin	15,2	20,5	15,5	21,0	28,2	28,5
2. Württemberg	24,8	24,6	21,8	27,4	22,5	23,5
3. Nordbayern	18,3	17,2	16,8	19,3	20,5	21,4
4. Sachsen ohne Leipzig	7,9	10,0	9,9	12,7	15,0	16,1
5. Hessen ohne Oberhessen	7,4	7,4	9,2	13,9	13,6	15,5
6. München	8,3	9,1	10,0	10,7	11,1	12,0
7. Hessen-Nassau mit Oberhessen ohne Frankfurt a. M.	6,3	6,7	5,6	8,7	9,3	11,3
8. Baden ohne Mannheim	14,2	14,5	12,5	13,1	11,3	10,4
9. Südbayern ohne München	7,0	8,7	7,1	8,4	9,1	10,4
10. Breslau	3,6	6,3	6,5	8,9	8,4	8,6
zusammen:	113,0	125,0	114,9	144,1	149,0	157,7

[43]) Zusammengestellt nach Statistik des Deutschen Reiches, Bände 1931—36.

Tabelle VII.

Eisenbahnempfang der Bezirke mit insgesamt über 5 000 t.[44])

	1	2	3	4	5	6	7	8	
Name des Bezirks	Empfang von außerhalb ohne Ausland in t	davon aus:				Empfang vom Ausland	davon aus:		Summe von 1 + 6
		Hessen ohne Oberhessen	linksrhein. Provinz ohne Köln	Bayerische Pfalz ohne Ludwigshafen	Hessen-Nassau ohne Thüringen u. Frankf./M. und Umgebung		Ungarn	Italien	
Stadt Berlin	26 832	7 496	7 315	6 044	1 221	1 642	298	1 327	28 474
Württemberg	19 578	5 544	984	9 578	240	3 882	268	3 569	23 460
Nordbayern	18 096	5 202	1 408	7 511	218	3 342	961	2 361	21 438
Sachsen ohne Leipzig und Umgebung	13 349	4 814	2 672	2 815	368	2 759	1 568	1 176	16 108
Hessen ohne Oberhessen	12 153	—	7 162	3 441	545	3 374	2 376	885	15 527
Stadt München	9 284	2 205	954	3 924	188	2 736	625	1 985	12 020
Hessen-Nassau ohne Thüringen u. Frankfurt/M. u. Umgebung	9 248	1 925	4 510	877	—	2 012	1 621	310	11 260
Baden ohne Mannheim	8 452	2 053	579	4 681	150	1 951	508	1 101	10 403
Südbayern o. München	9 365	961	832	4 118	122	1 028	64	907	10 393
Breslau	5 665	1 684	1 169	1 621	191	2 907	345	2 540	8 572
Elbhäfen	7 692	2 395	2 237	1 476	293	392	364	15	8 084
Stadt Leipzig	7 275	2 615	1 787	1 468	115	704	15	684	7 979
Rheinprovinz links des Rheins ohne Köln	5 104	1 903	—	1 268	574	2 059	1 550	400	7 163
Reg.-Bez. Hannover, Hildesheim und Braunschweig	6 221	1 915	2 559	567	287	310	310	—	6 531
Ruhrgebiet in der Rheinprovinz	4 822	819	1 738	562	435	1 033	443	590	5 855
Weserhäfen	5 238	1 698	2 238	618	172	477	429	16	5 715
Reg.-Bez. Merseburg und Erfurt	4 953	1 736	912	680	218	92	28	64	5 045

[44]) Zusammengestellt nach Statistik des Deutschen Reiches, Bände 1931—36.

Tabelle VIII.

Weinvorräte bei den Winzern und Winzervereinigungen.[45])

			1. 11. 34	1. 1. 35	1. 3. 35	1. 5. 35	15. 6. 35	1. 8. 35	15. 9. 35	1. 11. 35	1. 3. 36
1934/35	Jahrgang 1934	in % der Ernte	71	60	48	35	28	22	17	11	5,5
	Ernte 4,5 Mill. hl	in Mill. hl	3,2	2,7	2,2	1,6	1,3	1,0	0,8	0,5	0,25
			1. 11. 35	1. 1. 36	1. 3. 36	1. 5. 36	15. 6. 36	1. 8. 36	15. 9. 36	1. 11. 36	1. 3. 37
1935/36	Jahrgang 1935	in % der Ernte	73	63	55	45	36	27	19	9	5
	Ernte 4,1 Mill. hl	in Mill. hl	3,0	2,6	2,3	1,9	1,5	1,1	0,8	0,4	0,2
			1. 11. 36	1. 1. 37	1. 3. 37	1. 5. 37	15. 6. 37	1. 8. 37	15. 9. 37	1. 11. 37	1. 3. 38
1936/37	Jahrgang 1936	in % der Ernte	65	54	39	28	21	16	11	7	4
	Ernte 3,3 Mill. hl	in Mill. hl	2,2	1,8	1,3	0,9	0,7	0,5	0,4	0,25	0,13

[45]) Nach Ermittlungen des Reichsnährstandes;

Tabelle IX.

Vorratsentwicklung bei Weißweinen einiger Weinbaugebiete.[46])

Gebiet	Eingekellerte Mengen am 1. 11. 1934 (35) in % der Gesamternte	Bestand in % der Gesamternte am				
		1. 1. 35 (36)	1. 3. 35 (36)	1. 5. 35 (36)	15. 6. 35 (36)	1. 8. 35 (36)
Baden	72 (70)	55 (57)	36 (43)	26 (31)	24 (25)	17 (18)
Rheinpfalz	66 (68)	59 (62)	46 (50)	30 (33)	26 (31)	17 (28)
Rheinhessen	81 (84)	67 (76)	55 (72)	40 (66)	24 (56)	22 (45)
Ahr	99 (99)	92 (99)	86 (95)	80 (90)	68 (82)	64 (74)
Franken	65 (74)	36 (56)	22 (43)	16 (25)	10 (21)	7 (18)
Nahe und Glan	65 (64)	60 (62)	49 (57)	36 (47)	27 (38)	25 (31)
Rheingau	79 (83)	73 (81)	70 (77)	60 (68)	47 (54)	40 (44)
Mittelrhein	67 (63)	64 (61)	60 (56)	50 (52)	48 (46)	38 (37)
Mosel=Saar=Ruwer	85 (76)	68 (71)	61 (62)	49 (53)	43 (44)	40 (27)
Durchschnitt der ber. Geb.	75 (75)	62 (67)	50 (59)	37 (48)	30 (41)	24 (32)

Vorratsentwicklung bei Rotwein

Gebiet	Eingekellerte Mengen am 1. 11. 1934 (35) in % der Gesamternte	1. 1. 35 (36)	1. 3. 35 (36)	1. 5. 35 (36)	15. 6. 35 (36)	1. 8. 35 (36)
Baden	66 (66)	53 (49)	32 (40)	22 (24)	18 (20)	10 (16)
Rheinpfalz	37 (28)	34 (17)	27 (11)	17 (3)	9 (2)	4 (2)
Rheinhessen	70 (59)	53 (38)	50 (15)	34 (9)	20 (6)	16 (5)
Ahr	94 (98)	89 (97)	85 (94)	77 (89)	66 (84)	56 (74)
Durchschnitt der ber. Geb.	53 (51)	45 (36)	36 (25)	25 (15)	15 (13)	10 (11)

[46]) Aus Weinmarktrundschau Jahrgänge 1934/36.

Tabelle X.

Weinausfuhr Deutschlands. [47])

Jahr	Mengen					Werte				
	Faßweine in hl	in %	Flaschenweine in hl	in %	Faß- und Flaschenweine insgesamt in hl	Faßweine in 1000 RM	in %	Flaschenweine in 1000 RM	in %	Faß- und Flaschenweine insgesamt in 1000 RM
1933	20 928	54,24	17 655	45,76	38 583	2 231	32,19	4 699	67,81	6 930
1934	21 204	42,29	28 940	57,71	50 144	2 261	22,78	7 666	77,22	9 927
1935	20 427	50,01	20 422	49,99	40 849	2 150	28,78	5 321	71,22	7 471
1936	24 272	51,15	23 180	48,85	47 452	2 587	30,48	5 901	69,52	8 488
1937	25 181	48,78	26 440	51,22	51 621	2 661	27,67	6 957	72,33	9 618

[47]) Monatliche Nachweise über den auswärtigen Handel Deutschlands, Dezember- u. Jahresergebnisse 1933—37.

Tabelle XI.

Deutschlands Weinausfuhr nach Ländern.

Land	1935						1936						1937					
	Mengen in hl			Werte in 1000 RM			Mengen in hl			Werte in 1000 RM			Mengen in hl			Werte in 1000 RM		
	Faßweine	Flaschenweine	insgesamt	Faßweine	Flaschenweine	insgesamt	Faßweine	Flaschenweine	insgesamt	Faßweine	Flaschenweine	insgesamt	Faßweine	Flaschenweine	insgesamt	Faßweine	Flaschenweine	insgesamt
Großbritannien	8 859	5 462	14 321	977	1 490	2 467	9 692	6 502	16 194	1 124	1 810	2 934	10 581	6 696	17 277	1 161	1 901	3 062
USA.	—	3 501	3 501	—	1 085	1 085	—	4 406	4 406	—	1 128	1 128	—	7 447	7 447	—	1 875	1 875
Niederlande	2 562	2 357	4 919	231	532	763	2 654	2 450	5 104	231	546	777	3 069	2 063	5 132	279	481	760
Schweden	350	2 122	2 472	31	486	517	221	2 781	3 002	22	656	678	412	2 951	3 363	38	704	742
Dänemark	1 646	331	1 977	183	71	254	3 332	658	3 990	359	143	502	2 643	445	3 088	290	110	400
Belgien	864	452	1 316	89	119	208	1 382	495	1 877	123	128	251	1 661	767	2 428	167	212	379
Britisch Indien	456	328	784	46	86	132	1 410	750	2 160	117	184	301	1 231	520	1 751	89	134	223
Polen	762	323	1 085	76	81	157	1 026	336	1 362	100	98	198	1 176	522	1 698	128	174	302
Norwegen	664	722	1 386	88	144	232	968	854	1 822	127	180	307	477	641	1 118	64	139	203
Tschecho-Slowakei	762	87	849	98	45	143	956	99	1 055	125	43	168	979	100	1 079	123	48	171
Summe:	16 925	15 685	32 610	1 819	4 139	5 958	21 641	19 331	40 972	2 328	4 916	7 244	22 229	22 152	44 381	2 342	5 778	8 117
übrige Länder:	3 502	4 737	8 239	331	1 182	1 513	2 631	3 849	6 480	259	985	1 244	2 952	4 288	7 240	319	1 179	1 501
Ausfuhr insges.:	20 427	20 422	40 849	2 150	5 321	7 471	24 272	23 180	47 452	2 587	5 901	8 488	25 181	26 440	51 621	2 661	6 957	9 618

Anmerkung: Aus „Monatliche Nachweise über den auswärtigen Handel Deutschlands", herausgegeben vom Statistischen Reichsamt, Berlin. Dezember- und Jahresergebnisse 1935/36/37.

FSC
www.fsc.org
MIX
Papier | Fördert gute Waldnutzung
FSC® C083411

Kolibri 360 GmbH
Ferdinand-Jühlke-Straße 7
99095 Erfurt, Deutschland
produktsicherheit@kolibri360.de